VIKING STRIKK

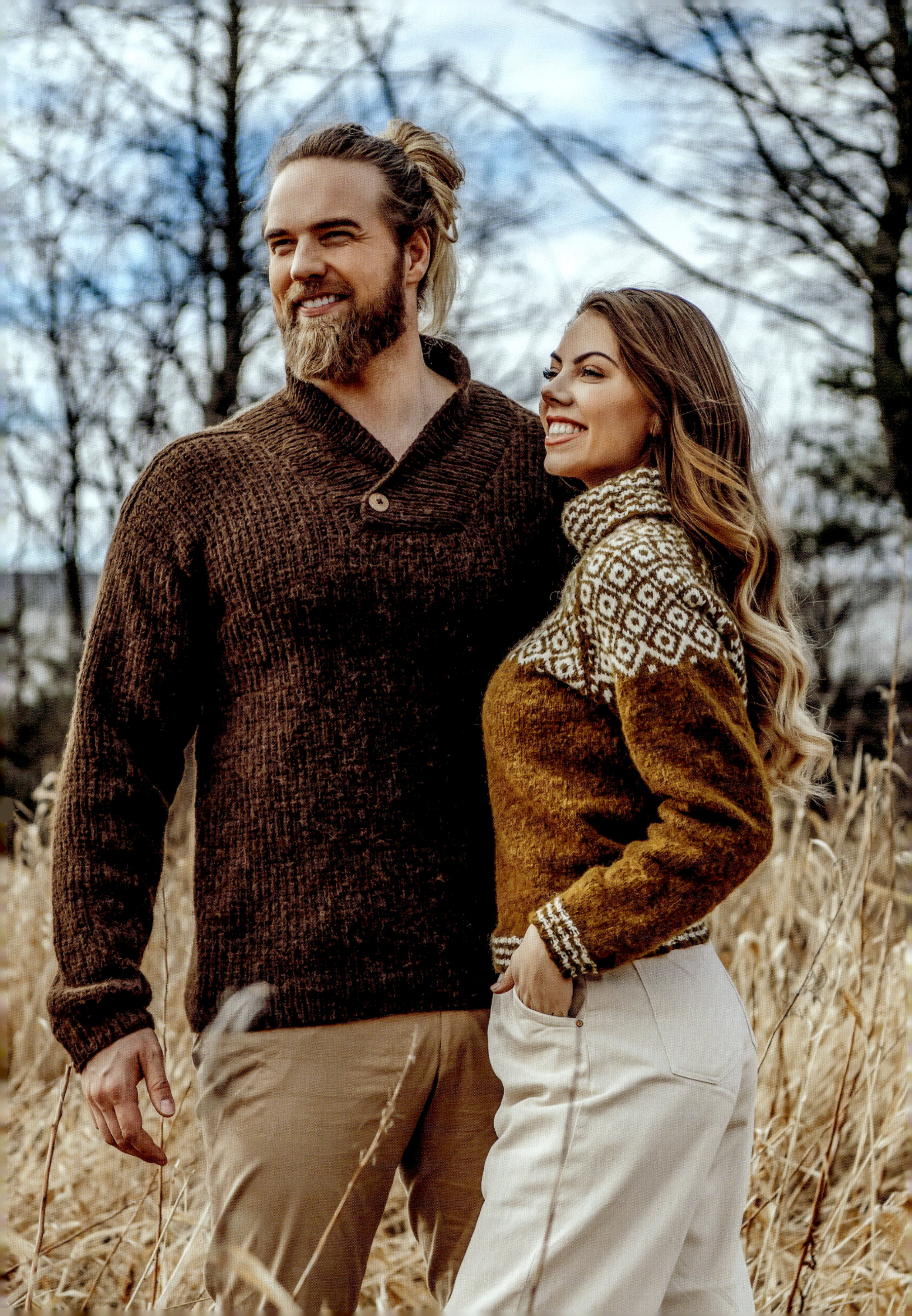

ANLEITUNGEN FÜR DAMEN, HERREN UND KINDER
DER NORWEGISCHEN DESIGNER:INNEN VON **STRIKKEMEKKA**

LASSE L. MATBERG

VIKING STRIKK

STRICKEN IM NORDISCHEN STIL FÜR DIE GANZE FAMILIE

Titel der Originalausgabe: Lassestrikk
ISBN 978-82-419-5440-5

Norwegian edition first published by Vigmostad & Bjørke, Bergen 2021
Published by agreement with Hagen Agency, Oslo
Produktion: John Grieg, Bergen
Satz: Trine + Kim designstudio
Umschlagdesign: Trine + Kim designstudio
Fotos: Heidi Rimereit
Fotos S. 38, 40, 44, 58, 65, 85 (links), 86, 89, 144 und 147: Albertine Vestvik
und S. 22, 126 und 129: Thomas Vaaland
Strickdesign: Strikkemekka und Ber-Lin Design

Übersetzung der deutschen Ausgabe: Marie-Luise Schwarz, Ratingen
Produktmanagement und Lektorat: Katrin Akyol, Leinfelden-Echterdingen
Cover der deutschen Ausgabe: Melanie Herrmann
Satz: Petra Theilfarth
Druck und Bindung: PNB Print Ltd, Lettland

2. Auflage 2022

ISBN 978-3-7358-7000-1 • Best.-Nr. 27000

MIX
Paper from responsible sources
FSC® C084698

Penguin Random House Verlagsgruppe
FSC® N001967

INHALT

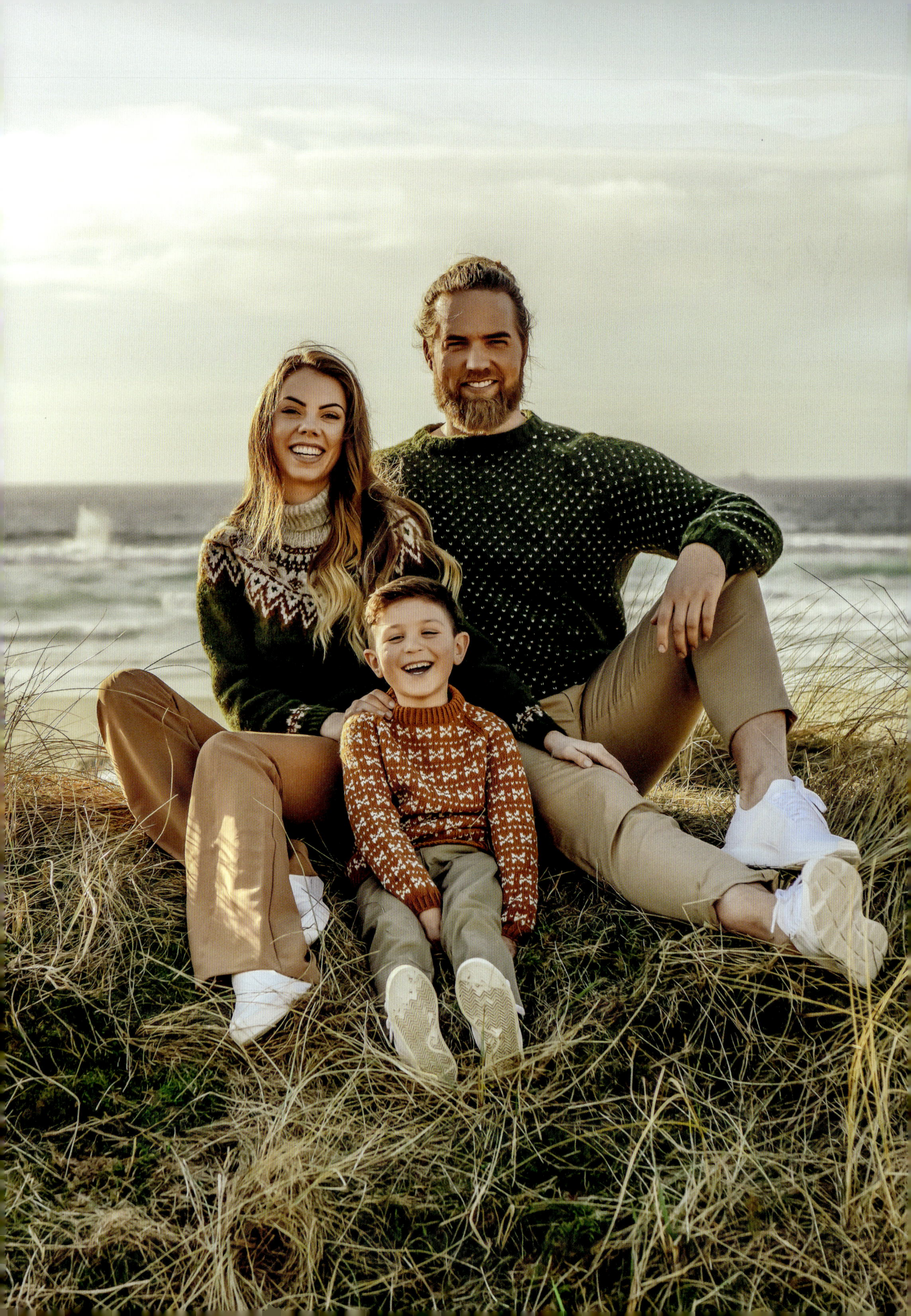

VORWORT

Mit diesem Buch will ich meine Wertschätzung für Handwerk und Handarbeit ausdrücken. Ich komme aus einer Familie, in der die Arbeit mit den Händen über viele Generationen hinweg immer sehr wichtig war. Schon früh interessierte ich mich für die Schreinerarbeiten, die ich bei meinem Vater sah, der Zimmermann war. Neugierig hörte ich auch die vielen Geschichten, die mein Großvater von seinem langen Berufsleben als Wachtmeister, Spengler, Installateur und als Schiffsbauer erzählte. Dazu kamen noch die Geschichten, die er von seinem Vater, meinem Urgroßvater wusste, der nicht nur als Bauer, sondern auch als Schuhmacher für seine ganze Gegend tätig war. Und durch diese ganzen Erzählungen lernte ich frühzeitig, dass „man mit ehrlicher Arbeit am besten durchs Leben kommt."

Aus meiner Kindheit habe ich auch viele schöne Erinnerungen daran, wie Mutter und Großmutter gestrickt haben. Im Herbst und Winter saßen sie jeden Abend mit ihrem Strickzeug da und fertigten schöne Pullover, Mützen, Handschuhe und warme Socken, die von der ganzen Familie fleißig getragen wurden. Einer meiner Lieblingspullover, den ich bis heute aufbewahre, war ein brauner Rollkragenpullover mit einer Karo-Struktur, den Mama für mich gestrickt hat.

Damals machte ich mir keine Gedanken darüber, welche Leistung eigentlich dahintersteckt, einen echten handgestrickten Pullover zu produzieren. Heute weiß ich, dass das Stricken auch eine stolze Tradition ist, die ich gern weitervermitteln möchte. Ein warmer, handgestrickter Pullover, der gut am Körper sitzt, ist für mich eines der besten Kleidungsstücke, das ich gern trage. In diesem Buch habe ich meine Lieblingspullover gesammelt, wobei die Herrenmodelle mit Modellen für Damen und Kinder ergänzt werden. Es sind komfortable und elegante Stricksachen dabei, je nachdem, ob man sich für raue Wetterverhältnisse, aktive Tage draußen oder für laue Sommerabende passend kleiden will.

Einige Pullover sind vom Handwerk und Stil der Wikinger inspiriert. Diese praktischen und warmen Pullover haben auch typische Wikingerornamente im Muster. Die Wikinger damals strickten nicht wie wir heute, sondern sie arbeiteten mit dem historischen Nadelbinden, wie es vor tausend Jahren üblich war. Mit nur einer Nadel stellten sie damals bereits Socken und Handschuhe her. Wir wissen heute auch, dass sie Farben liebten, was sich in den Farben unserer Modelle hier im Buch ebenfalls widerspiegelt.

Ich hoffe, dass dieses Buch Dich dazu inspiriert, selbst etwas Wertvolles mit Deinen eigenen Händen zu schaffen. Es verschafft Dir nicht nur ein Erfolgserlebnis, sondern bereitet auch Dir und anderen für viele Jahre Freude.

Lasse

HINWEISE ZUM STRICKMATERIAL

In allen Anleitungen ist eines der drei Garne angegeben, die unten beschrieben sind. Man kann stattdessen auch andere Garne mit ähnlichen Zusammensetzungen verwenden, dann ist es besonders wichtig, die Maschenproben abzugleichen.

GARNE

Gann Garn – Sky
(62 % Babyalpaka, 16 % Acryl, 22 % Nylon, ca. 150 m/50 g)
Ein flauschiges, leichtes Alpakagarn mit gesponnenem Schlauch-Kern. Die Oberfläche ist fein gebürstet und das Garn ist perfekt für leichte Kleidungstücke. Sky ist sehr ergiebig und in vielen Farben erhältlich. Das Garn ist perfekt für leichte Pullover, Schals und andere Accessoires.

Gann Garn – Tweed
(80 % Wolle, 20 % Polyamid, ca. 112 m/50 g)
Ein klassisches Tweedgarn mit rustikalem Charakter. Geeignet für gemusterte Jacken, Isländer-Pullis und andere Klassiker.

Gann Garn – Myk Merino
(100 % Superwash Merino, ca. 120 m/50 g)
Ein rundgesponnenes Garn mit 100 % weicher Merinowolle. Als Superwash-Qualität eignet es sich besonders für Baby- und Kinderkleidung, die häufig gewaschen werden muss. Das Garn passt aber auch für Cardigans, Strickjacken, Pullover, Röcke und Tops sowohl für Erwachsene als auch für Kinder.

HINWEISE

Größen
Du wirst sehen, dass es bei den Herrenmodellen in diesem Buch eine kleine Besonderheit gibt: Neben den üblichen Größen (S bis XXL) gibt es noch eine maßgeschneiderte Sondergröße LASSE. Wenn du also zufällig genau die gleichen Körpermaße hast, dann kannst du diese Größe stricken. Für alle anderen hier der Hinweis: Die allermeisten Anleitungen können individuell angepasst werden. Am einfachsten lassen sich die Längen von Ärmeln oder Vorder- und Rückenteilen ändern. Wer schon etwas Strickerfahrung hat, kann aber auch fast alle anderen Maße individuell anpassen.

ABKÜRZUNGEN

anschl = anschlagen
Fb = Farbe
Hilfsnd = Hilfsnadel
M = Masche(n)
Nd = Nadel(n)
Ndspiel = Nadelspiel
R = Reihe
Rd = Runde
Rundstricknd = Rundstricknadel
str = stricken
Zopfnd = Zopfnadel

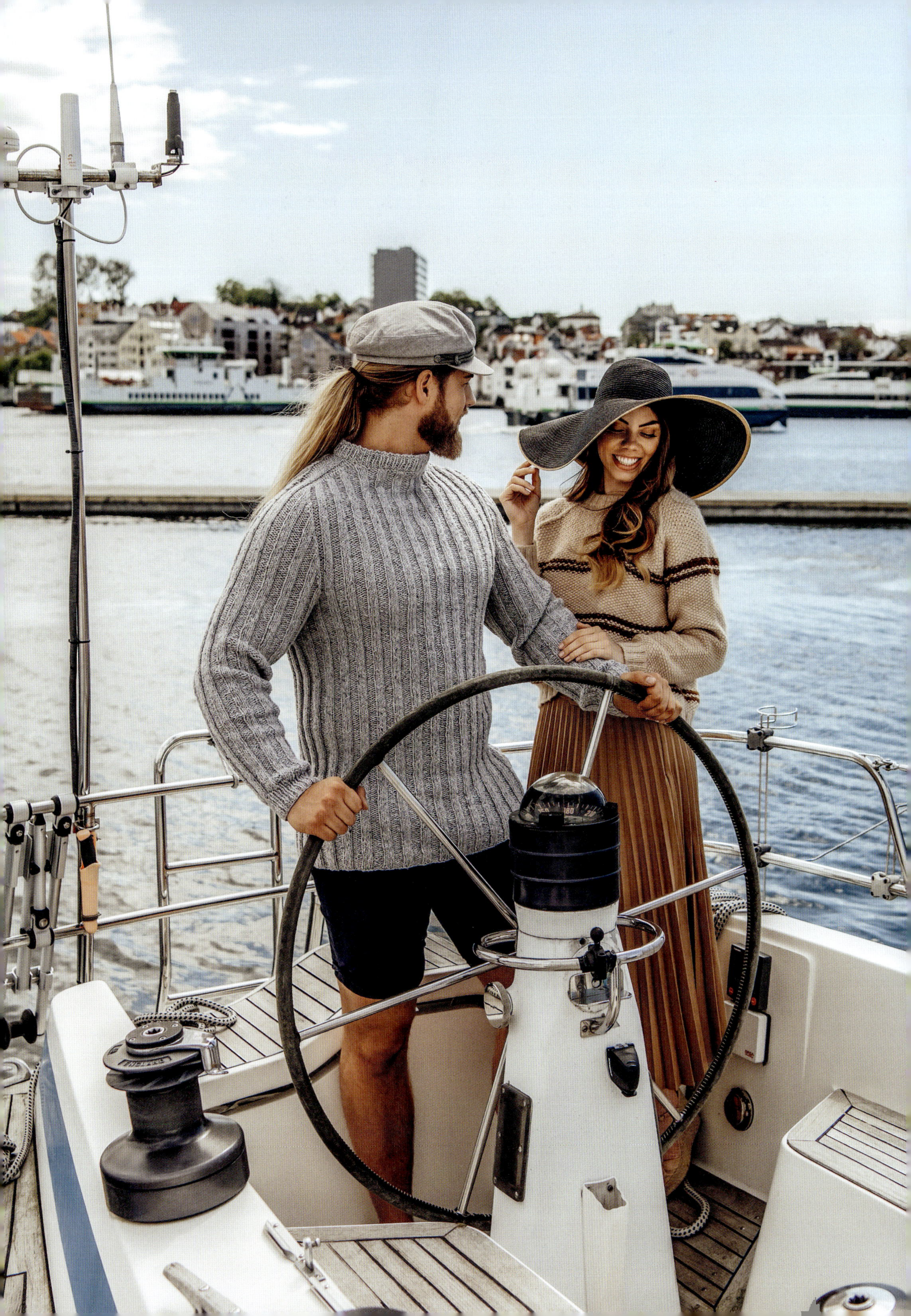

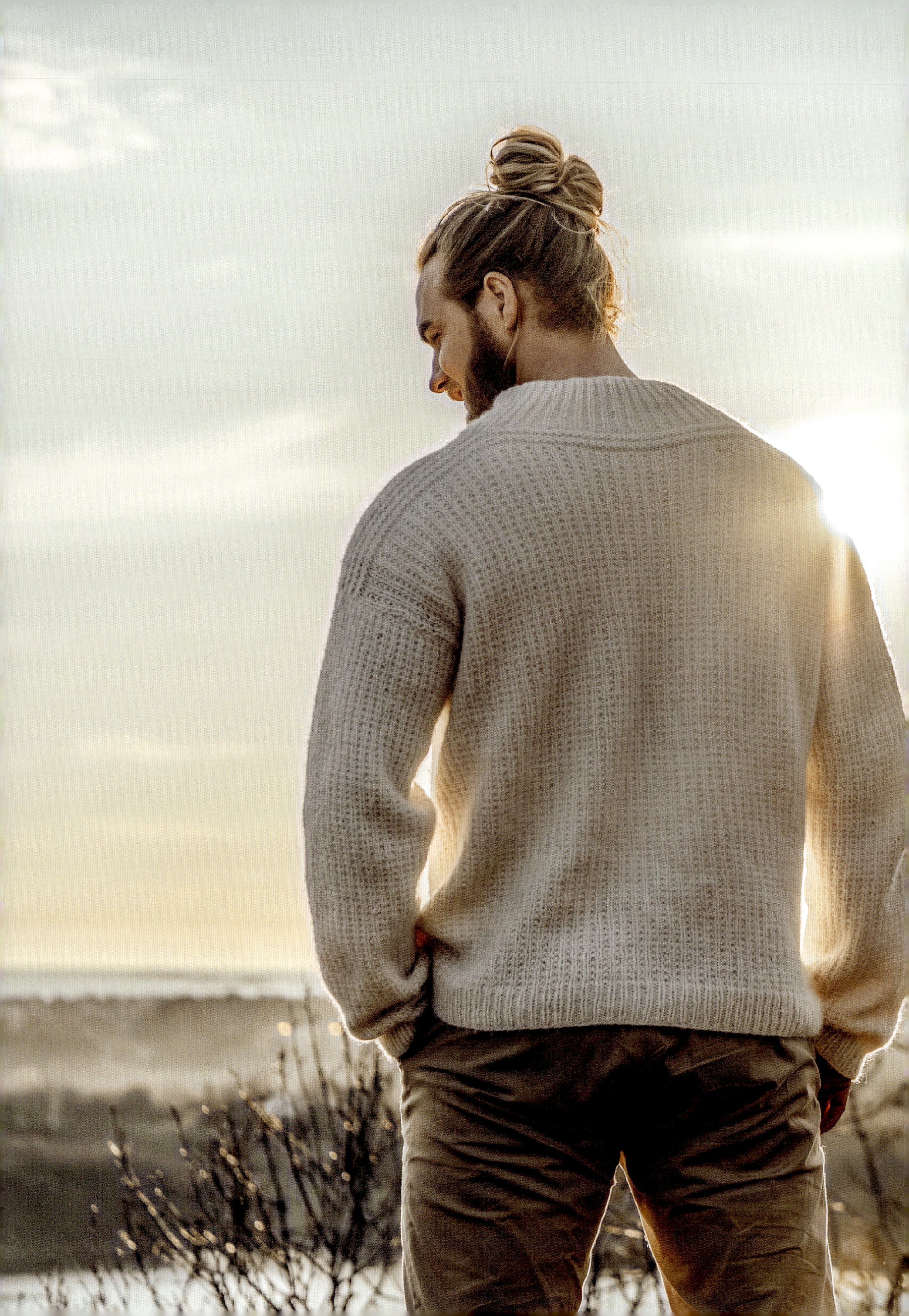

DIE BESTEN PULLOVER FÜR JEDEN TAG

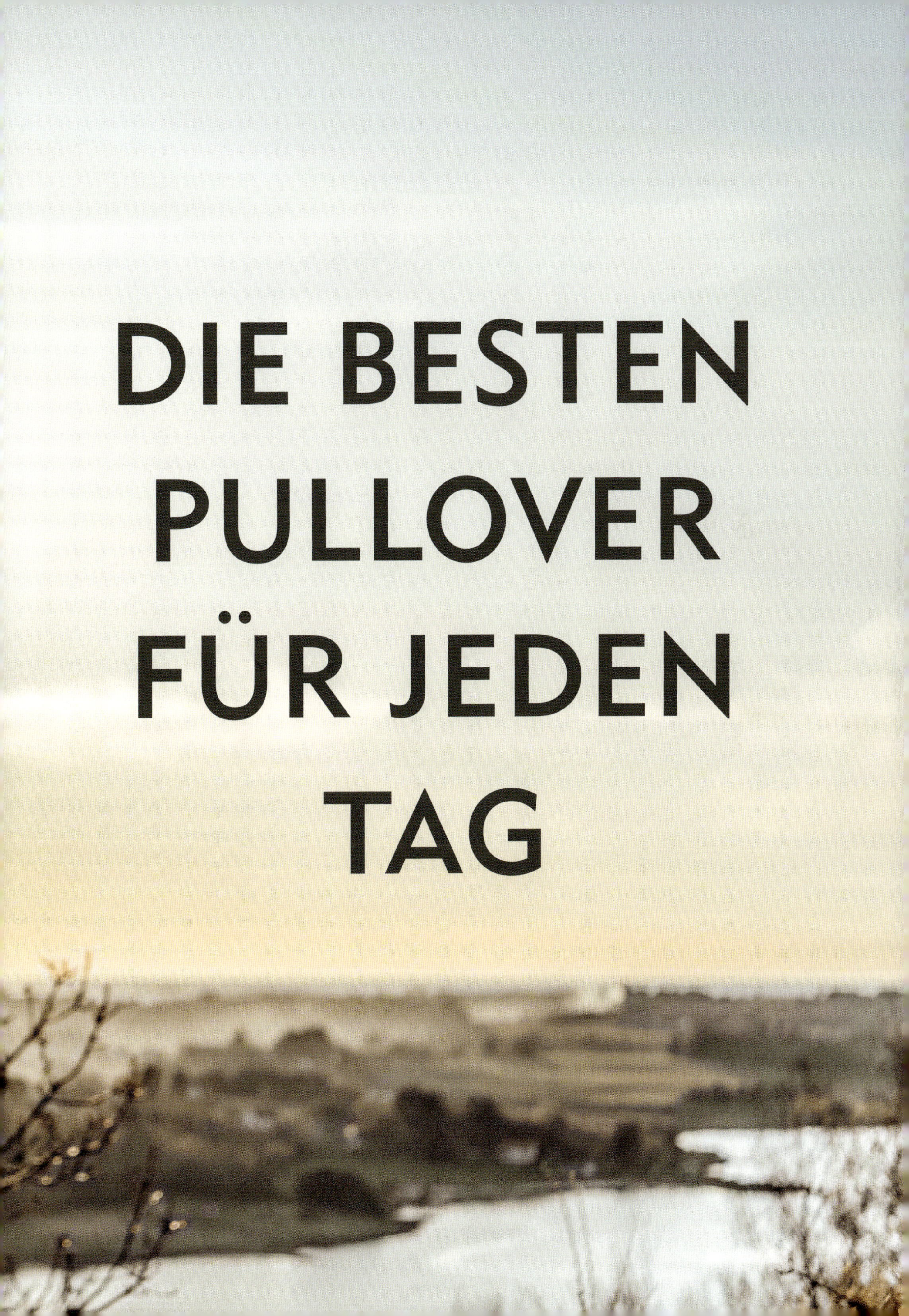

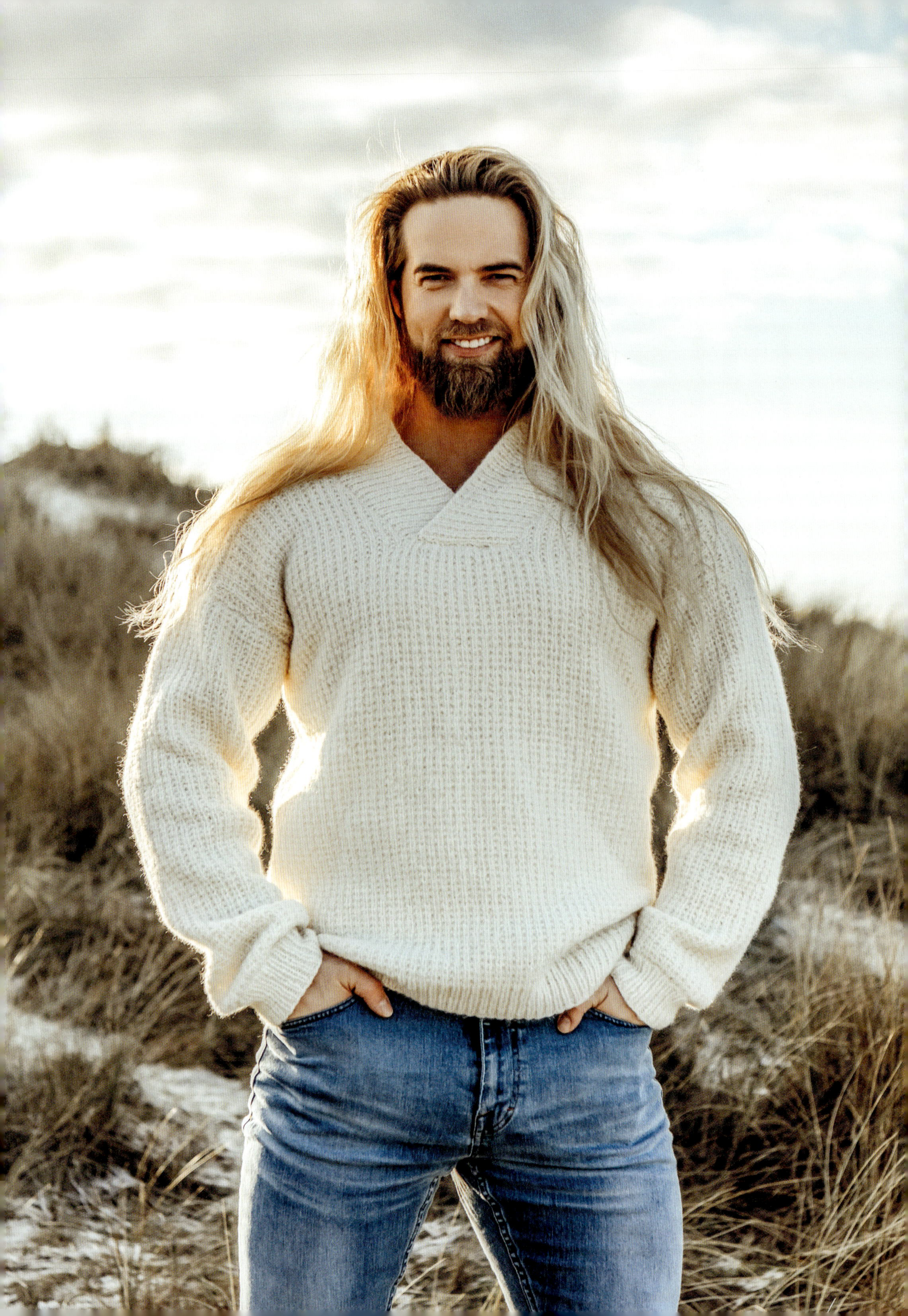

LASSE

Dieser Pullover ist wie für mich geschaffen und bekam deshalb meinen Namen. Es ist ein lässig-warmer und luftiger Pullover, der einen umarmt wie ein Teddy.

SCHWIERIGKEITSGRAD 2

GRÖSSEN

S – M – L – XL – XXL – LASSE
Wähle die passende Größe nach den Maßangaben.

FERTIGMASSE

Oberweite ca. 100 – 108 – 116 – 124 – 136 – 124 cm
Gesamtlänge ca. 65 – 67 – 69 – 71 – 73 – 76 cm
Ärmellänge ca. 55 – 56 – 56 – 57 – 57 – 62 cm

MATERIAL

Gann Garn Sky (62 % Babyalpaka, 16 % Acryl, 22 % Nylon, ca. 150 m/50 g) in Natur (Fb 601), 500 g – 500 g – 550 g – 600 g – 650 g – 650 g
Alternative Farben: Cognac (Fb 604), s. S. 16 und Hellgrau (Fb 606), s. S. 17
Lange und kurze Rundstricknadel und Nadelspiel, 5,0 und 6,0 mm
Optional: 1 Knopf

MASCHENPROBE

Im Muster mit Nd 6,0 mm
18 M und 22 Rd = ca. 10 cm x 10 cm
Beachte, dass die Maschenprobe stimmen muss, damit Du mit dem Ergebnis zufrieden bist. Stricke zunächst ein Probestück und zähle die Zahl der Maschen auf 10 cm. Wenn Du mehr Maschen hast als angegeben, nimm eine größere Nadelstärke. Hast Du weniger Maschen, nimm dünnere Nadeln.

VORDER- UND RÜCKENTEIL

180 – 196 – 208 – 224 – 244 – 224 M auf der Rundstricknd 5,0 mm anschl und 6 cm im Rippenmuster (1 M rechts, 1 M links) str.
Zu Nd 6,0 mm wechseln und weiter nach der Strickschrift str.
Nach 91 – 99 – 105 – 113 – 123 – 113 M jeweils einen M-Markierer für das Vorderteil und nach 89 – 97 – 103 – 111 – 121 – 111 M einen M-Markierer für das Rückenteil setzen.
Bis zu einer Gesamthöhe von 43 – 44 – 45 – 46 – 47 – 50 cm ab Anschlagkante str, dann die beiden Teile getrennt weiterarbeiten.

RÜCKENTEIL

Du hast jetzt 89 – 97 – 103 – 111 – 121 – 111 M auf der Nadel.
Weiter im Muster str und auf beiden Seiten jeweils 1 Rand-M arbeiten. Die Rand-M wird immer rechts gestrickt. Gleichzeitig werden beidseitig für den Armausschnitt in jeder 2. R in allen Größen 1x 2 M und 2x 1 M abgenommen.
Wenn die Arbeit 61 – 63 – 64 – 66 – 67 – 70 cm misst, in doppelten Rillen weiterstr (s. S. 15).
Wenn die Arbeit 63 – 65 – 67 – 69 – 71 – 74 cm misst, die mittleren 33 – 35 – 35 – 37 – 37 – 37 M für den Halsausschnitt abketten. Dann jede Seite getrennt beenden.

Dazu weiter doppelte Rillen in Hin- undRückr arbeiten und gleichzeitig am Hals 1 M in jeder 2. R abnehmen (= 22 - 25 - 28 - 31 - 36 - 31 Schulter-M).
Wenn die Arbeit 65 - 67 - 69 - 71 - 73 - 76 cm misst, die M auf einem Maschenhalter stillegen.
Die zweite Seite ebenso str, aber spiegelverkehrt abnehmen.

VORDERTEIL

Du hast jetzt 91 - 99 - 105 - 113 - 123 - 113 M auf der Nadel.
Den Armausschnitt wie beim Rückenteil str und entsprechend abnehmen.
Zusätzlich 2 - 2 - 3 - 3 - 4 - 4 cm nach der Teilung auch die mittleren 19 - 21 - 21 - 23 - 23 - 23 M für den V-Ausschnitt abketten (= 32 - 35 - 38 - 41 - 46 - 41 M auf jeder Seite). Jede Seite des Vorderteils wird nun separat fertig gestrickt.

Rechte Vorderseite

Den Faden abschneiden und am Halsausschnitt neu ansetzen. Weiter in Hin- und Rückr im Muster str und auf beiden Seiten jeweils 1 Rand-M arbeiten. Gleichzeitig in der 1. - 1. - 1. - 3. - 3. - 3. R 1 M am Hals abnehmen. In jeder 5. R wiederholen (insgesamt 9x), bis noch 23 - 26 - 29 - 32 - 37 - 32 M auf der Nadel sind.
Wenn die Arbeit 61 - 63 - 64 - 66 - 67 - 70 cm misst, die Schulterpartie in doppelten Rillen str.
Wenn die Arbeit 65 - 67 - 69 - 71 - 73 - 76 cm misst, noch 1 M am Hals abnehmen und die restlichen 22 - 25 - 28 - 31 - 36 - 31 M der Schulter auf einem Maschenhalter stilllegen.

Linke Vorderseite

Ebenso wie die rechte Vorderseite str, aber spiegelverkehrt. Die Arbeit zur Seite legen und die Ärmel str.

ÄRMEL

44 - 46 - 46 - 48 - 48 - 48 M mit Nd 5,0 mm anschl und 6 cm im Rippenmuster (1 M rechts, 1 M links) in Rd str. Zu Nd 6,0 mm wechseln. Eine Rd rechts str und dabei gleichmäßig verteilt 8 M zunehmen. (= 52 - 54 - 54 - 56 - 56 - 56 M)
An den Anfang der Rd einen M-Markierer setzen (= Unterarm-Mitte). Nach der Strickschrift weiterstr und gleichzeitig in der 1. Rd auf jeder Seite des Markierers 1 M zunehmen. Die Zunahmen jeweils nach 3,5 - 3 - 3 - 2,5 - 2,5 - 2,5 cm insgesamt 14 - 15 - 16 - 18 - 19 - 19x arbeiten (= 80 - 84 - 86 - 92 - 94 - 94 M).
Wenn der Ärmel 55 - 56 - 56 - 57 - 57 - 62 cm lang ist oder die gewünschte Länge hat, wird die Arbeit am M-Markierer geteilt. Nun in Hin- und Rückr im Muster weiterstr und gleichzeitig auf beiden Seiten 1x 2 M und 2x 1 M in jeder 2. R in allen Größen für den Armausschnitt abnehmen. Danach abketten.
Den zweiten Ärmel ebenso str.

FERTIGSTELLEN

An den Schultern zusammenstr oder -nähen.

SCHALKRAGEN

An der rechten Vorderseite von rechts am V-Ausschnitt, dann am Nacken und an der linken Seite des V-Ausschnitts 137 - 141 - 141 - 145 - 145 - 145 M mit Nd 5,0 mm aufnehmen.
Die Maschenanzahl muss eine ungerade Zahl sein.
12 cm im Bündchenmuster (1 M rechts, 1 M links) in Hin- und Rückr str. Dann locker im Muster abketten.
Die Kragenteile an den Enden übereinanderlegen und am Vorderteil festnähen. Eventuell einen Schmuckknopf wie auf der Abbildung annähen.
Die Ärmel einstr oder einnähen.

DOPPELTE RILLEN (2 R GLATT RECHTS, 2 R GLATT LINKS) AUF DEN SCHULTERN:

* 1. R (Hinr): Rechte M

2. R (Rückr): Linke M

3. R. (Hinr): Linke M

4. R. (Rückr): Rechte M *

Von * bis * wdh.

STRICKSCHRIFT

V		V	
V		V	

Rapport (Reihen) · Rapport (Maschen)

(leeres Kästchen)	1 M rechts str (auf der Vorderseite), 1 M links str (auf der Rückseite)
V	1 M links str (auf der Vorderseite), 1 M rechts str (auf der Rückseite)

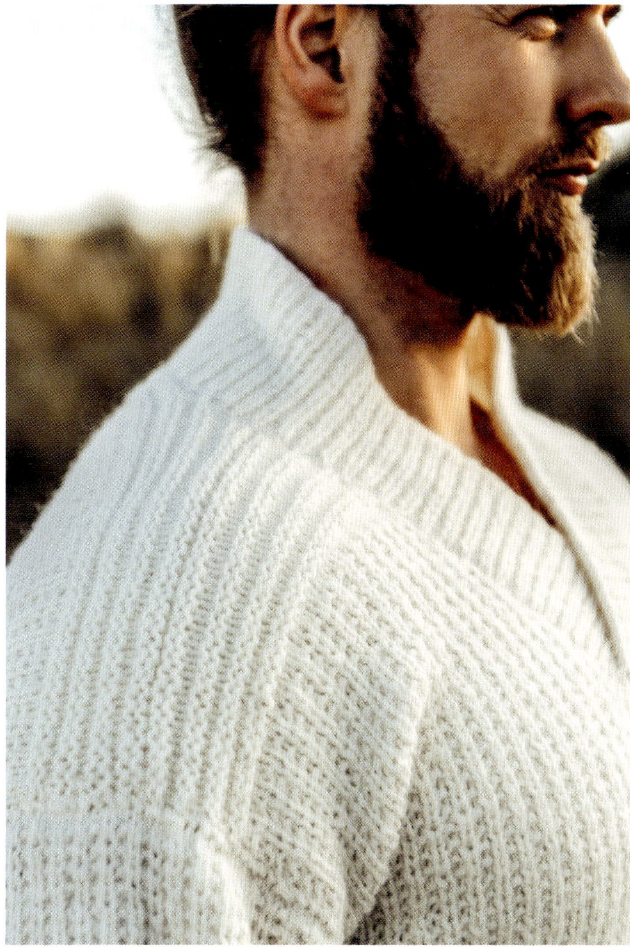

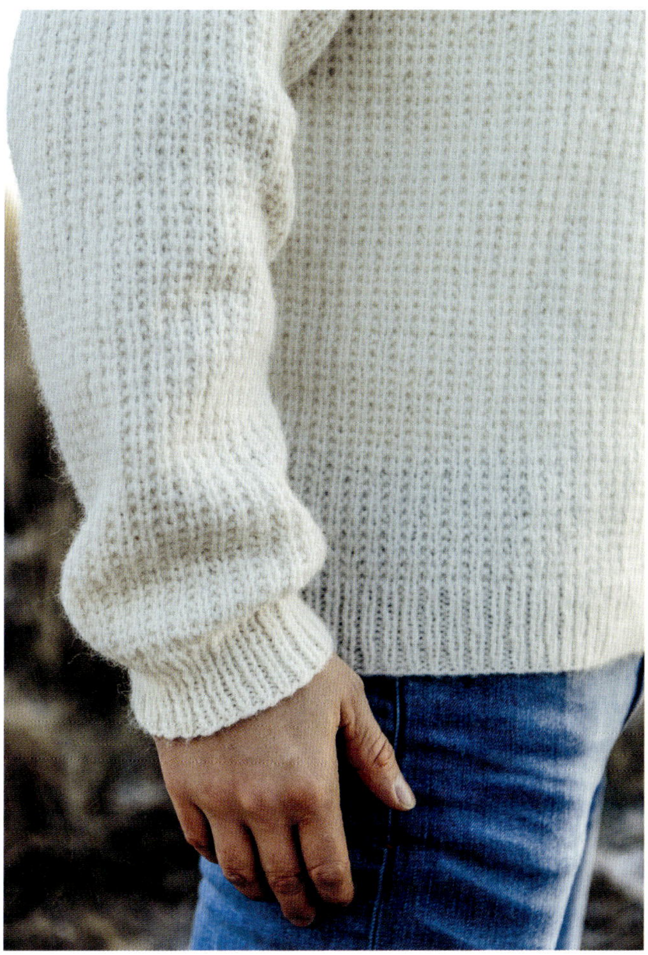

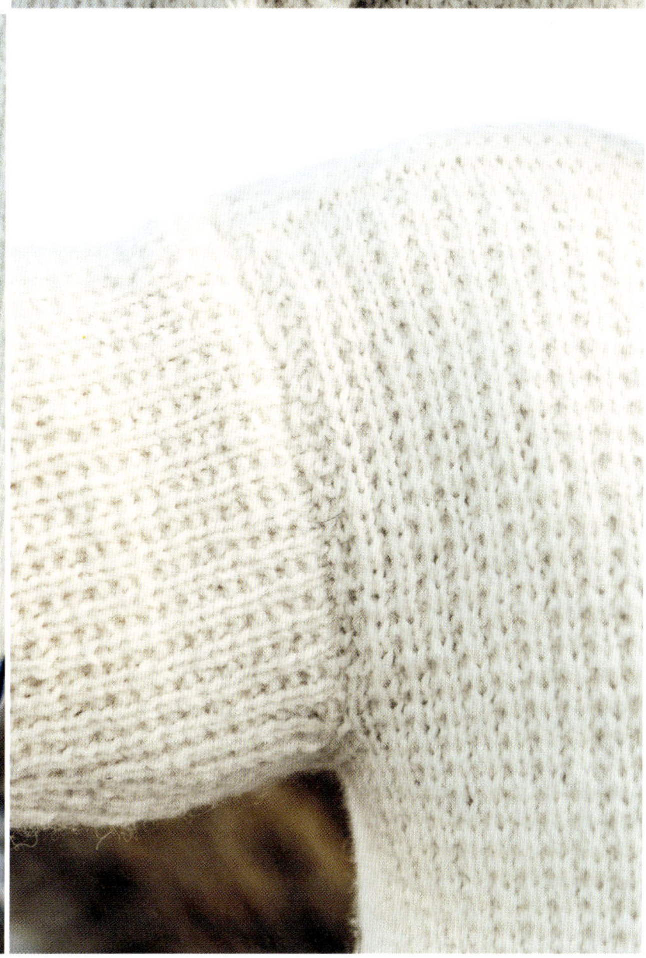

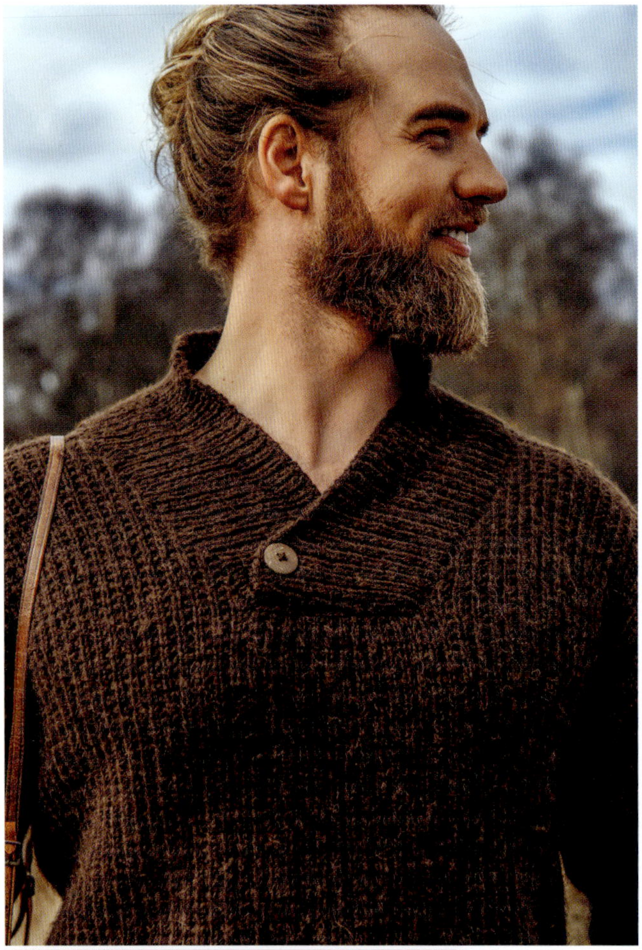
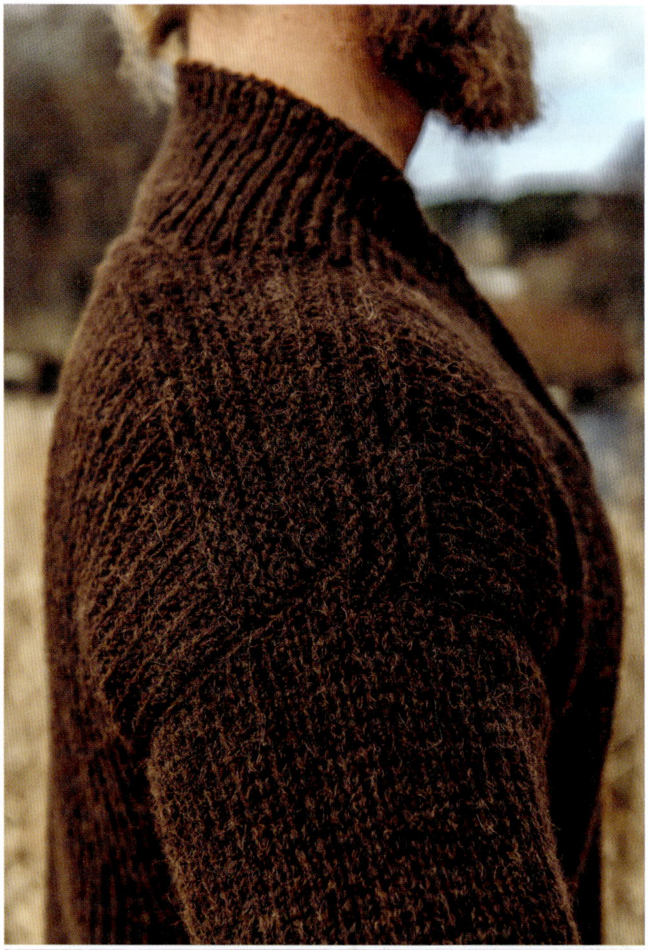
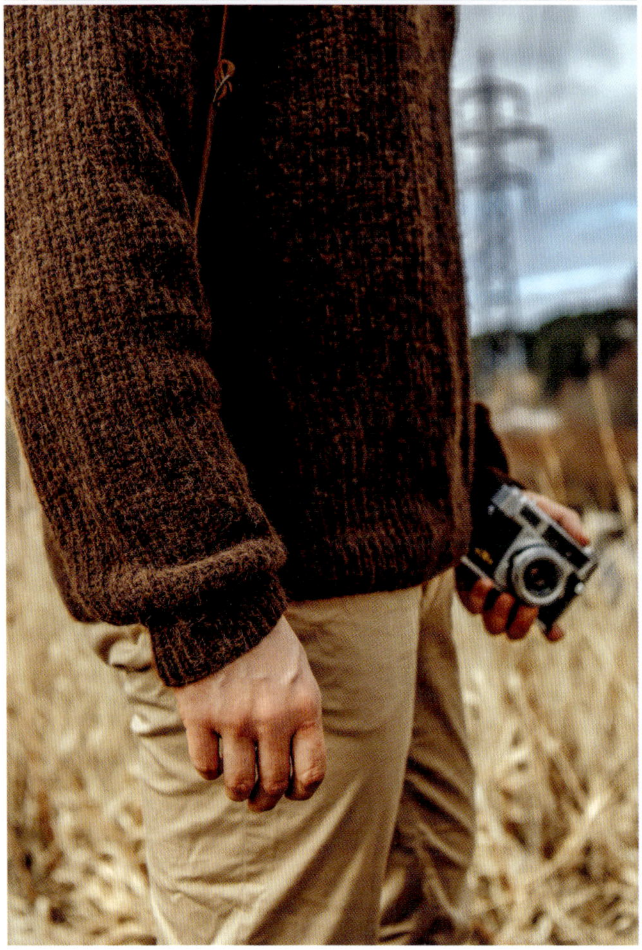
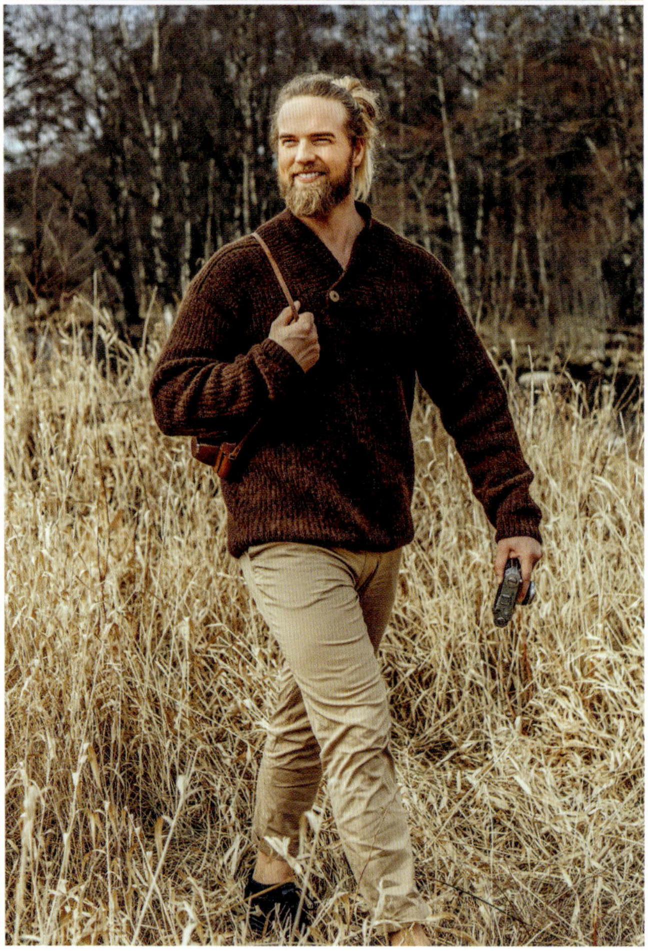

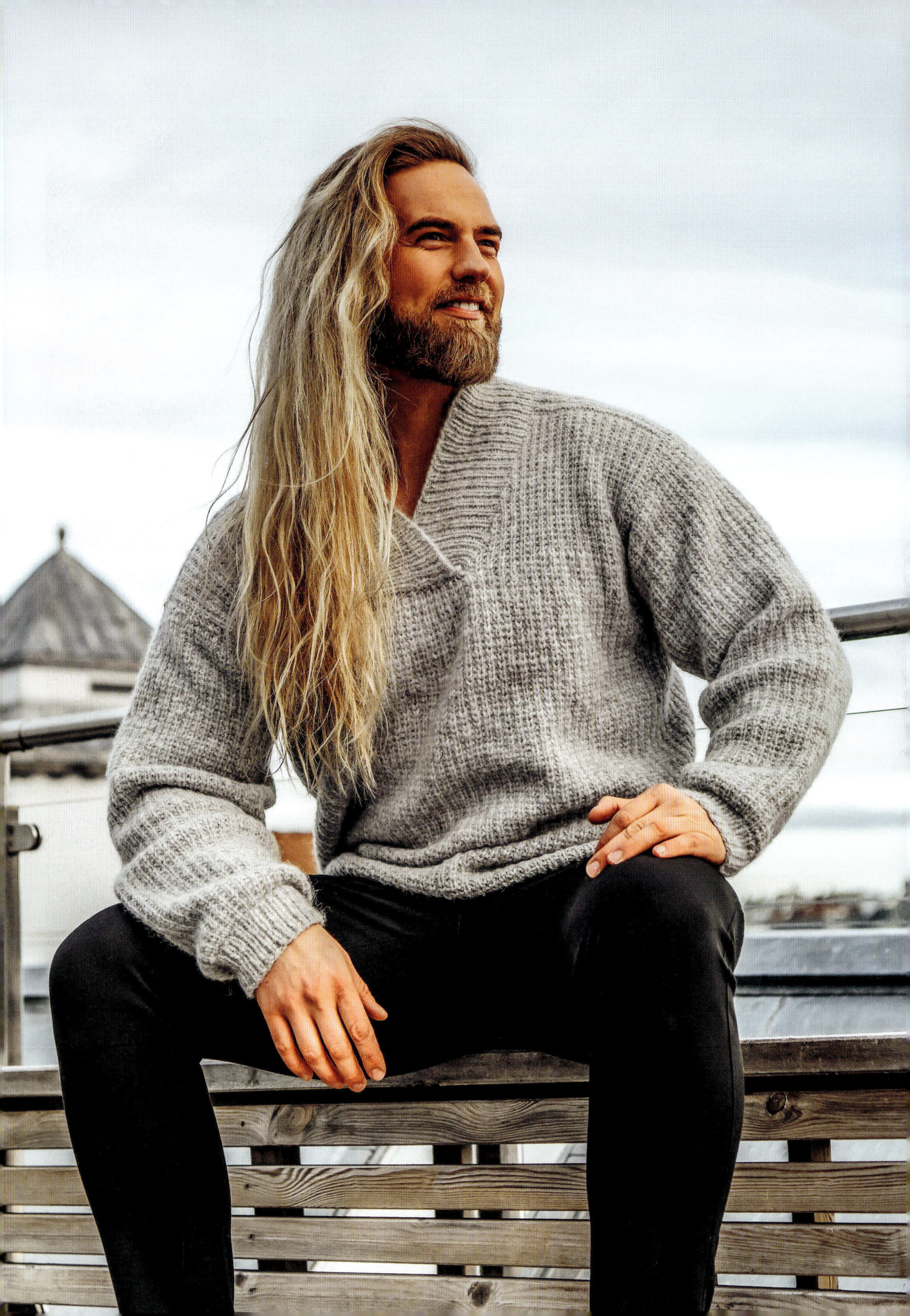

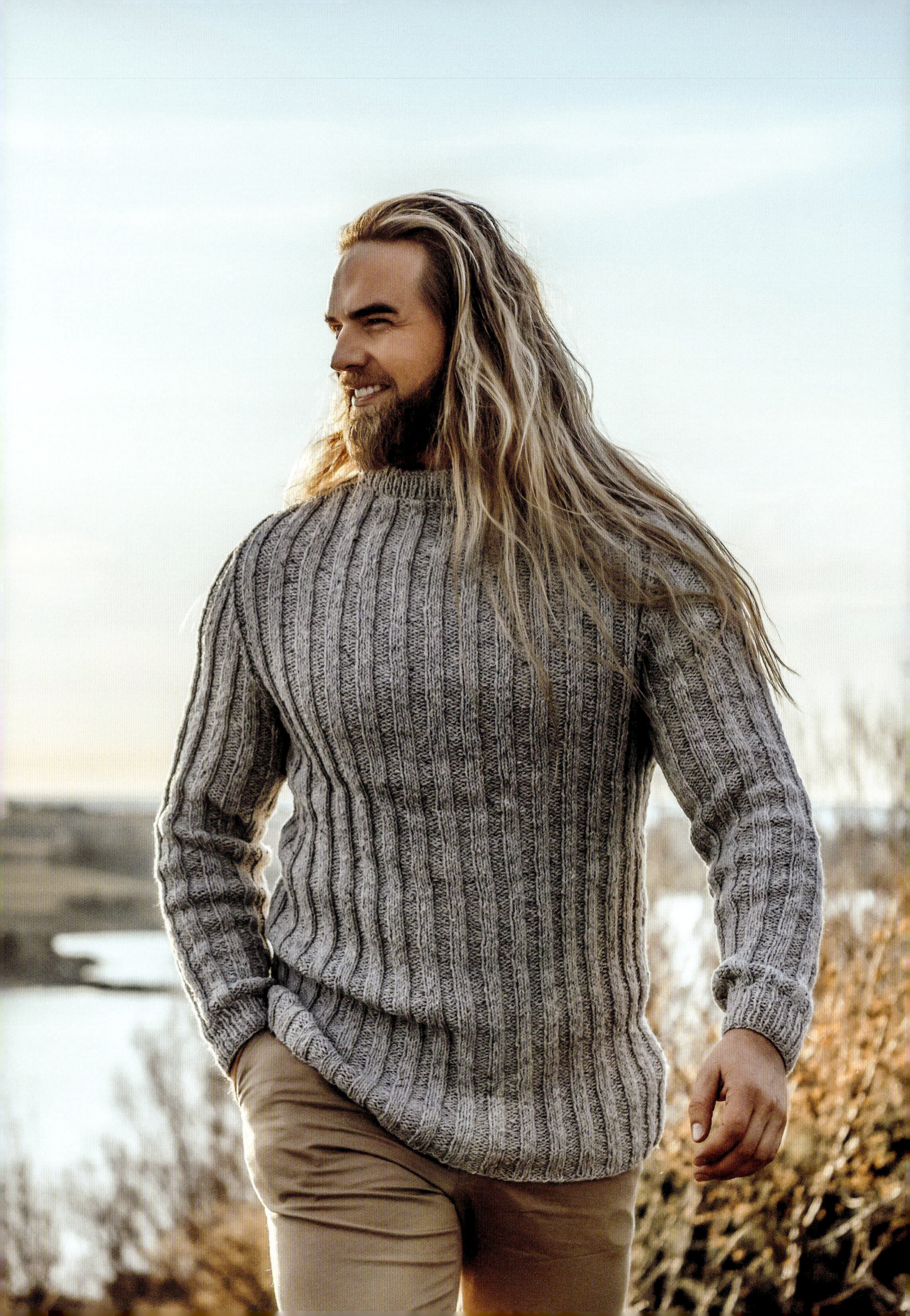

KRAFT

Ein wunderbarer Alltagspullover, der mir Energie gibt. Er ist körpernah ohne einzuengen und hat eine angenehme Länge. Ich wünsche jedem einen Kraft-Pullover.

SCHWIERIGKEITSGRAD 2

GRÖSSEN

S – M – L – XL – XXL – LASSE

Wähle die passende Größe nach den Maßangaben.

FERTIGMASSE

Oberweite ca. 95 – 102 – 109 – 116 – 124 – 124 cm

Gesamtlänge ca. 66 – 68 – 70 – 72 – 74 – 76 cm

Ärmellänge ca. 50 – 50 – 52 – 52 – 53 – 53 cm

MATERIAL

Gann Garn Tweed (80 % Wolle, 20 % Polyamid, ca. 112 m/50 g) in Graubraun (Fb 911), 450 g – 500 g – 550 g – 600 g – 650 g

Alternative Farbe: Dunkles Denim (Fb 906), s. S. 21

Lange und kurze Rundstricknadel und Nadelspiel, 4,0 und 5,0 mm

MASCHENPROBE

Glatt rechts mit Nd 5,0 mm

17 M und 24 R = ca. 10 cm x 10 cm

Beachte, dass die Maschenprobe stimmen muss, damit Du mit dem Ergebnis zufrieden bist. Stricke zunächst ein Probestück und zähle die Zahl der Maschen auf 10 cm. Wenn Du mehr Maschen hast als angegeben, nimm eine größere Nadelstärke. Hast Du weniger Maschen, nimm dünnere Nadeln.

VORDER- UND RÜCKENTEIL

162 – 174 – 186 – 198 – 210 – 210 M mit Nd 5,0 mm anschl. Nach jeweils 81 – 87 – 93 – 99 – 105 – 105 M für jedes Teil einen M-Markierer setzen. Dann in Rd nach der Strickschrift str, bis die Arbeit ca. 48 – 49 – 50 – 51 – 52 – 53 cm misst. Nun auf beiden Seiten 12 M abketten, jeweils 6 M auf jeder Seite des Markierers. Die Arbeit zur Seite legen und die Ärmel str.

ÄRMEL

36 – 36 – 38 – 38 – 40 – 42 M mit Nd 4,0 mm anschl und 6 cm im Bündchenmuster (1 M rechts, 1 M links) in Rd str. Zu Nd 5,0 mm wechseln. Eine Rd rechte M str und gleichzeitig gleichmäßig verteilt 9 – 13 – 11 – 13 – 15 – 13 M zunehmen (= 45 – 49 – 49 – 51 – 55 – 55 M). Am Anfang der Rd einen M-Markierer setzen (= Unterarm-Mitte). Von der Ärmelmitte ausgehend berechnen, wo seitlich davon das Muster beginnt. Nun in Rd nach der Strickschrift str und gleichzeitig je 1 M auf beiden Seiten des M-Markierers jeweils nach ca. 5,5 – 5,5 – 5 – 4,5 – 4,5 – 4,5 cm zunehmen, bis 61 – 65 – 67 – 71 – 75 – 75 M erreicht sind. Den Ärmel weiter bis zur angegebenen oder gewünschten Länge str. Dann insgesamt 12 M an der Unterarm-Mitte abketten, jeweils 6 M auf jeder Seite des M-Markierers. Die Arbeit zur Seite legen und den zweiten Ärmel ebenso str.

RAGLAN

Alle Teile auf eine Rundstricknd 5,0 mm setzen, dabei jeweils einen Ärmel mit der Abkettkante zwischen Vorder- und Rückenteil (= 236 – 256 – 272 – 292 – 312 – 312 M). Nun weiter im Muster arbeiten. Dort, wo sich die Teile treffen, 4 M-Markierer setzen und für den Raglan weiter wie folgt abnehmen: Bis 2 M vor dem M-Markierer str, 1 M locker abheben, 1 M rechts, die abgehobene M überziehen, dann 2 M rechts zusammenstr. Auf diese Weise an allen vier Raglanstellen in jeder 2. Rd abnehmen (= 8 M Abnahme). Die Raglanabnahmen insgesamt 4 – 5 – 5 – 6 – 7 – 7x arbeiten. Dann nur noch an den Ärmeln abnehmen, während die M des Vorder- und Rückenteils ohne Abnahmen gestrickt werden, das heißt: An den Ärmeln je 1 M in jeder 2. Rd insgesamt 16 – 17 – 18 – 19 – 20 – 20x. Nun sind noch je 9 M für jede Schulter übrig. Jetzt werden nur die Maschen am Vorder- und Rückenteil wie folgt abgenommen (nicht an den Ärmeln): Bis zur letzten M des Vorderteils str, 1 M locker abheben, 1 M von der Schulter rechts str, die abgehobene M überziehen. Die nächsten 7 M fortlaufend im Muster str – 2 M rechts zusammenstr. Diese Abnahmen auf jedem Schulter-/Vorder- und Rückenteil in jeder Rd wiederholen (= 4 M Abnahme pro Rd). Diese Abnahmen 9 – 10 – 13 – 14 – 16 – 16x arbeiten. Dann am Vorderteil die mittleren 25 – 27 – 27 – 29 – 29 – 29 M abketten. Weiter in Hin- und Rückr im Muster arbeiten, dabei die Abnahmen an den Schultern in jeder R arbeiten. Dafür in den Rückr an den Schultern 2 M links zusammenstr. Gleichzeitig für den Halsausschnitt je 1 M am Anfang jeder R insgesamt 6x (= 3x auf jeder Seite des Halsausschnitts) abnehmen, bis man insgesamt 15 – 16 – 19 – 20 – 22 - 22x an den Schultern abgenommen hat. Die restlichen M abketten.

HALSAUSSCHNITT

Mit Nd 4,0 mm 86 – 86 – 90 – 90 – 96 – 96 M rund um den Halsausschnitt aufnehmen. 3 cm im Bündchenmuster (1 M rechts, 1 M links) in Rd str. Dann 1 Rd links str (= Umschlagkante) und weitere 3 cm im Bündchenmuster str. Abschließend locker im Muster M abketten. Die Kante nach innen umschlagen und mit lockeren Stichen annähen.

FERTIGSTELLEN

Die Ärmelöffnungen schließen. Alle losen Fäden auf der Rückseite vernähen. Den Pullover waschen und zum Trocknen flach ausbreiten und in Form ziehen. Eventuell die Arbeit leicht von der Rückseite dämpfen.

STRICKSCHRIFT

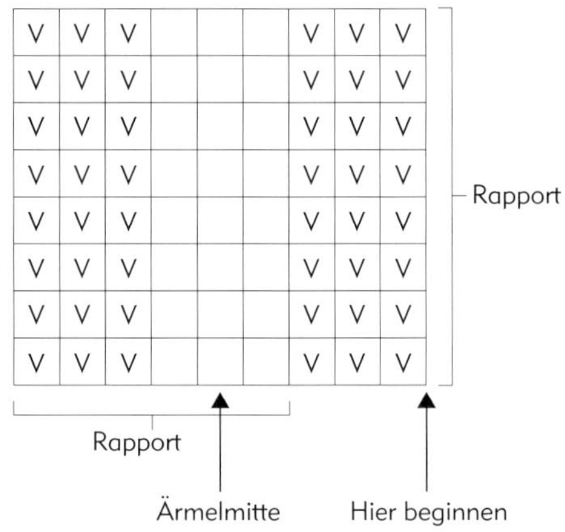

☐ In Hinr rechts, in Rückr links str

V In Hinr links, in Rückr rechts str

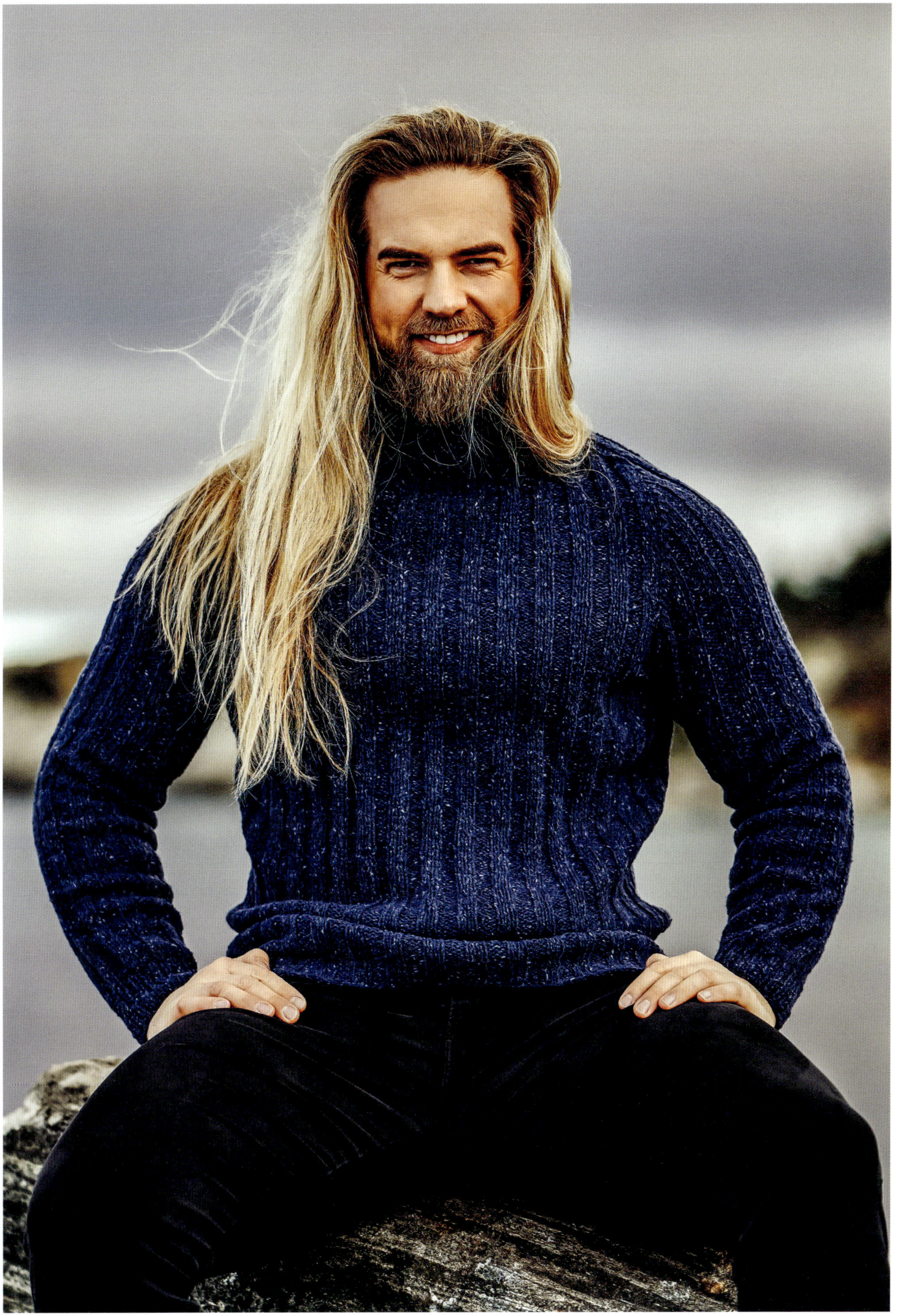

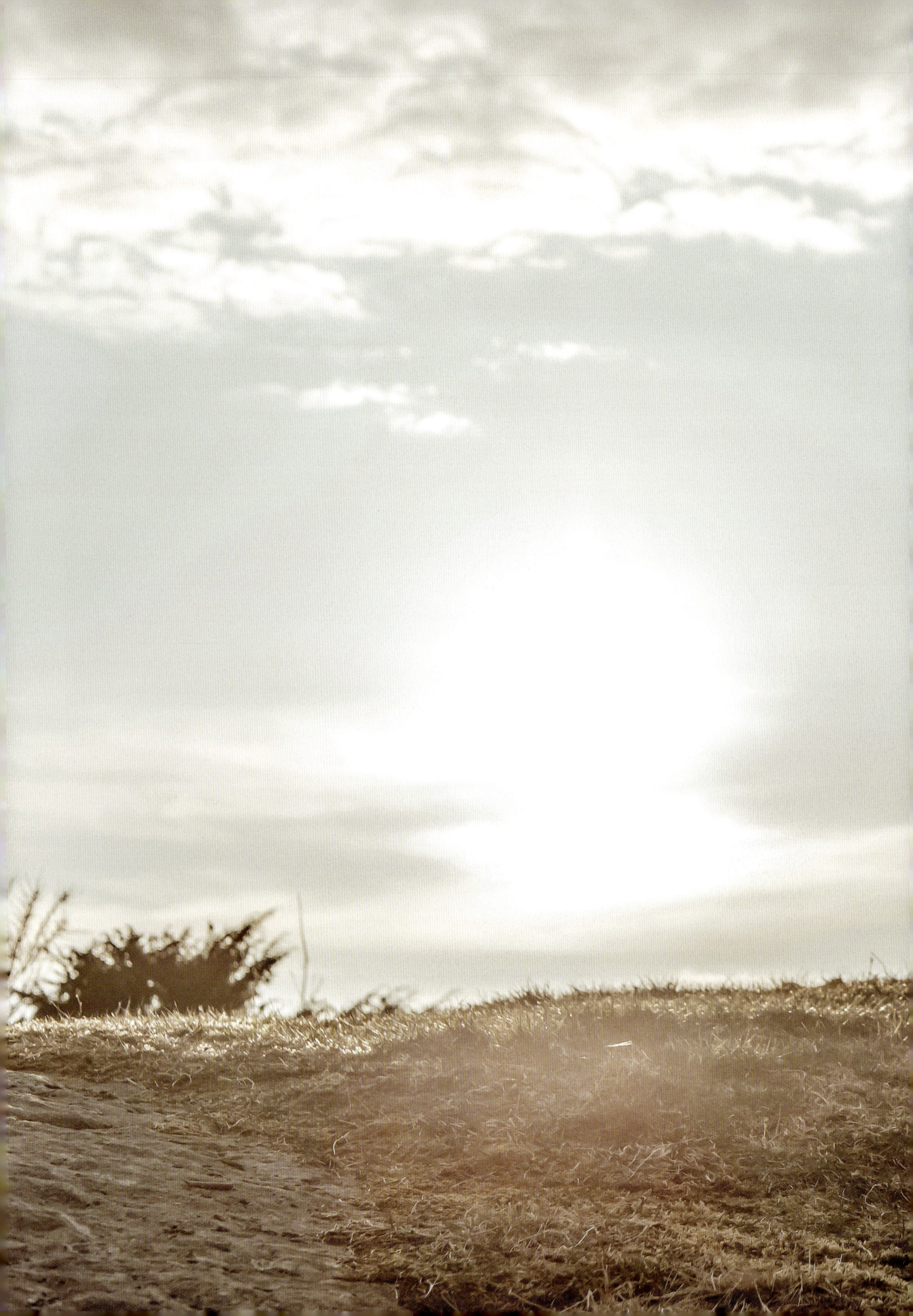

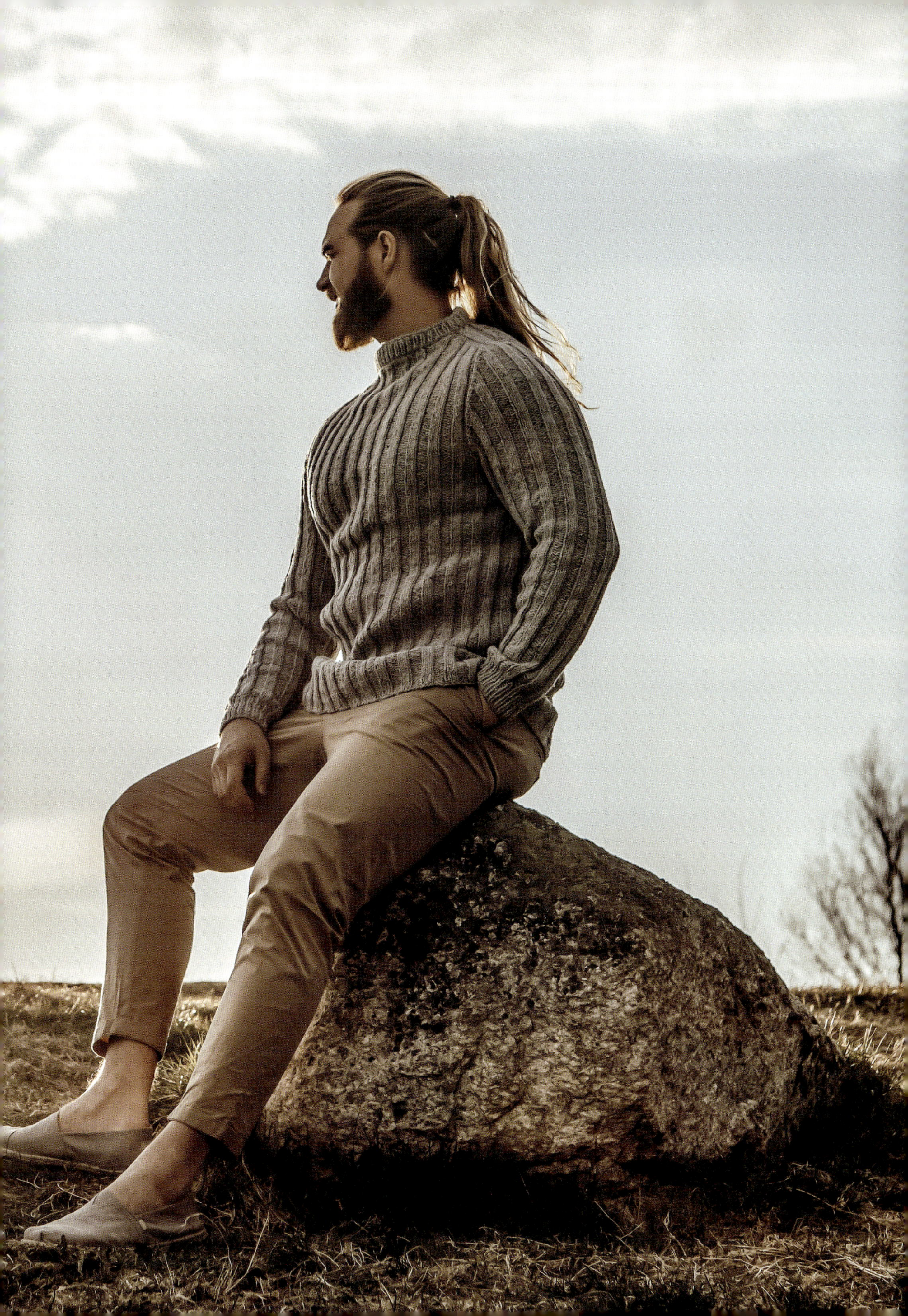

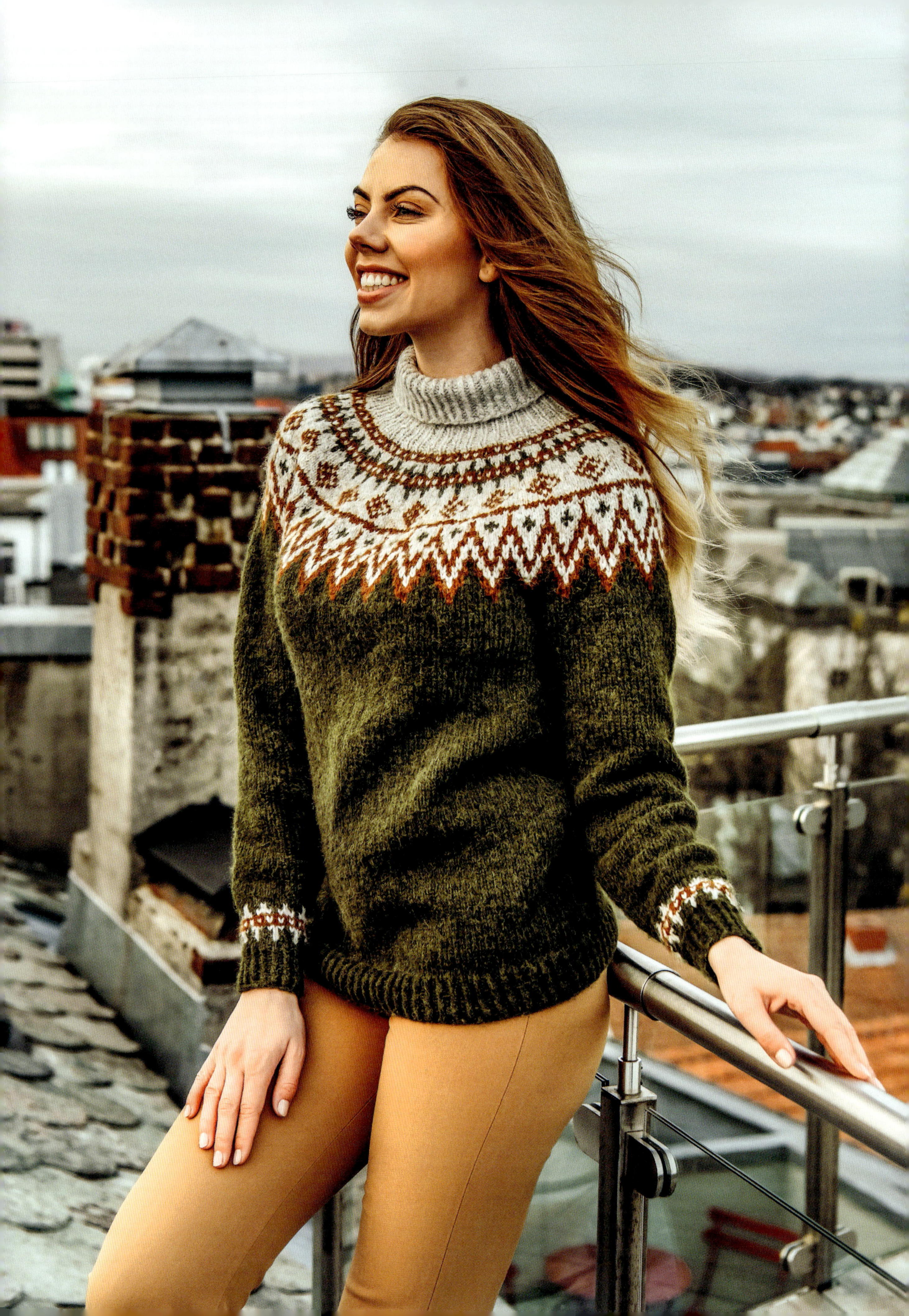

SYNNE

PULLOVER FÜR DAMEN

Ein farbenfroher Pullover mit nordischen Mustern, der einen gelungenen Auftritt verspricht.

SCHWIERIGKEITSGRAD 2

GRÖSSEN
S – M – L – XL – XXL
Wähle die passende Größe nach den Maßangaben.

FERTIGMASSE
Oberweite ca. 95 – 105 – 112 – 124 – 133 cm
Gesamtlänge ca. 61 – 63 – 65 – 67 – 69 cm
Ärmellänge ca. 45 – 46 – 46 – 47 – 47 cm

MATERIAL
Gann Garn Sky (62 % Babyalpaka, 16 % Acryl, 22 % Nylon, ca. 150 m/50 g) in Dunkles Moosgrün (Fb 611) (Fb 1), 300 g – 300 g – 350 g – 350 g – 400 g; Cognac (Fb 604) (Fb 2), 50 g – 50 g – 50 g – 100 g – 100 g; und in Hellgrau (Fb 606) (Fb 3), 100 g – 100 g – 100 g – 100 g – 100 g
Lange und kurze Rundstricknadel und Nadelspiel 5,0 und 6,0 mm

TIPP: Beim Musterstricken mit mehreren Farben zieht sich das Gestrick oft zusammen und man sollte ½ bis 1 Nadelstärke größer wählen.

MASCHENPROBE
Glatt rechts mit Nd 6,0 mm
17 M und 21 R = ca. 10 cm x 10 cm
Beachte, dass die Maschenprobe stimmen muss, damit Du mit dem Ergebnis zufrieden bist. Stricke zunächst ein Probestück und zähle die Zahl der Maschen auf 10 cm. Wenn Du mehr Maschen hast als angegeben, nimm eine größere Nadelstärke. Hast Du weniger Maschen, nimm dünnere Nadeln.

TIPP: Für ein schönes Erscheinungsbild des Musters mit zwei oder mehreren Farben hält man die Fäden immer in derselben Position hinter der Arbeit. Lege beispielsweise die Grundfarbe ganz innen an den Finger und die Musterfarbe ganz außen.

VORDER- UND RÜCKENTEIL
162 – 178 – 190 – 210 – 226 M mit Nd 5,0 mm in Fb 1 anschl. 5 cm im Bündchenmuster (1 M rechts verschränkt, 1 M links str) in Rd str. Zu Nd 6,0 mm wechseln. Auf beiden Seiten nach 81 – 89 – 95 – 105 – 113 M einen M-Markierer für jedes Teil setzen. In Rd glatt rechts str, bis die Arbeit ca. 41 – 42 – 43 – 44 – 45 cm misst. In der letzten Rd für die beiden Armausschnitte 10 M abnehmen, jeweils 5 M auf jeder Seite des M-Markierers. Dann die Arbeit zur Seite legen und die Ärmel str.

ÄRMEL
32 – 34 – 36 – 38 – 40 M mit Nd 5,0 mm in Fb 1 anschl. 5 cm im Bündchenmuster in Rd wie beim Vorder- und Rückenteil str. Zu Nd 6,0 mm wechseln und eine Rd rechts str, dabei gleichzeitig 3 – 5 – 7 – 7 – 7 M gleichmäßig verteilt zunehmen (= 35 – 39 – 43 – 45 – 47 M). An den Anfang der Rd einen M-Markierer setzen (= Unterarm-Mitte). Von der Ärmelmitte ausgehend berechnen, wo die Rd in der Strickschrift beginnt und im Muster A weiterstr, danach mit Fb 1 weiterstr. Gleichzeitig in der 1. Rd 1 M an jeder Seite des M-Markierers zunehmen. Diese Zunahmen ca. alle 3 cm in allen Größen wiederholen, insgesamt 13 – 13 – 13 – 13 – 14x (= 61 – 65 – 69 – 71 – 75 M). Den Ärmel weiter bis 45 – 46 – 46 – 47 – 47 cm oder bis zur gewünschten Länge str. In der letzten Rd 10 M an der Unterarm-Mitte abketten, jeweils 5 M auf jeder Seite des M-Markierers. Die Arbeit zur Seite legen und den zweiten Ärmel ebenso str.

PASSE
Alle Teile auf eine Rundstricknd 6,0 mm setzen, dabei jeweils einen Ärmel mit der Abkettkante zwischen Vorder- und Rückenteil (= 244 – 268 – 288 – 312 – 336 M; dabei beginnt die Passenrd hinten an der rechten Schulter). 1 Rd glatt rechts mit Fb 1 str und gleichmäßig verteilt 4 – 4 – 0 – 0 – 0 M abnehmen (= 240 – 264 – 288 – 312 – 336 M). Nun weiter im Muster B und C nach der Strickschrift str und die Abnahmen wie eingezeichnet arbeiten (= 80 – 88 – 96 – 104 – 112 M). Noch eine Rd glatt rechts str und dabei 0 – 4 – 8 – 12 – 16 M gleichmäßig verteilt abnehmen (= 80 – 84 – 88 – 92 – 96 M).

HALSAUSSCHNITT
Zu Nd 5,0 mm wechseln und weiter von innen str oder die Arbeit mit der Innenseite nach außen drehen. Mit Fb 3 16 cm im Bündchenmuster (1 M rechts verschränkt, 1 M links) str. Die M locker im Muster abketten. Den Kragen nach außen umschlagen.

FERTIGSTELLEN
Die Ärmelöffnungen zusammenstr oder -nähen.

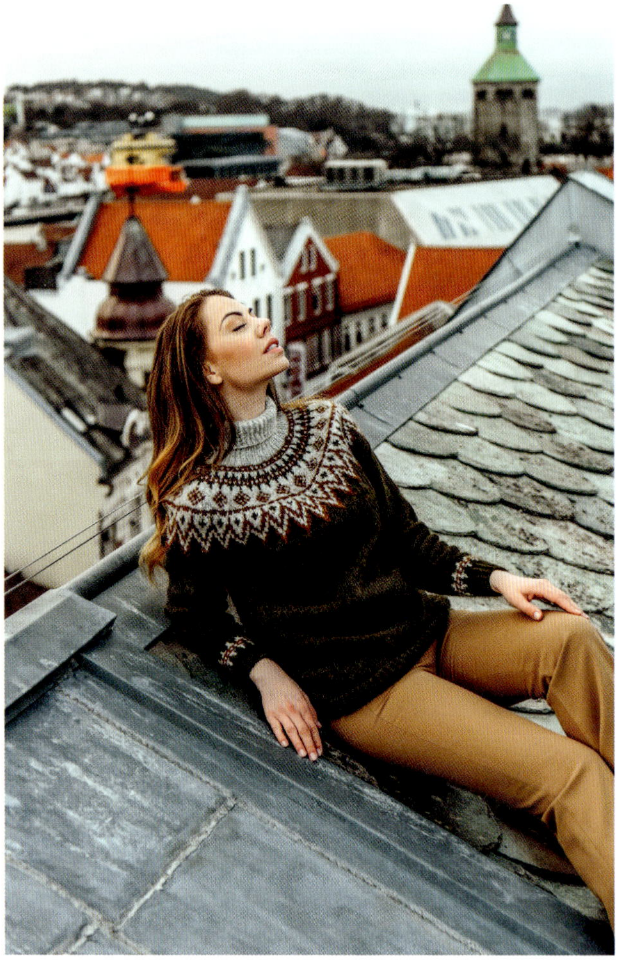

STRICKSCHRIFT

MUSTER A

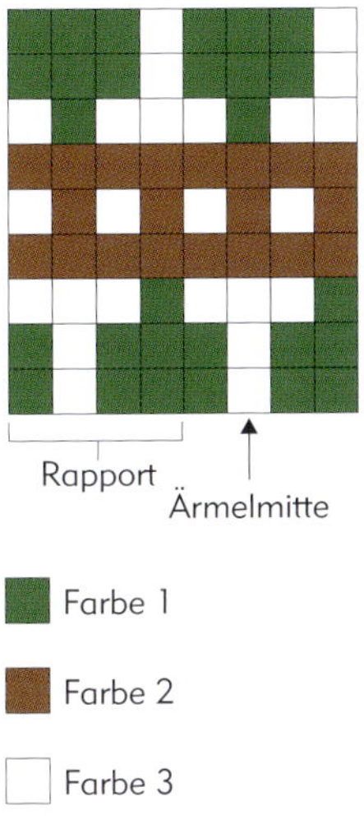

MUSTER B

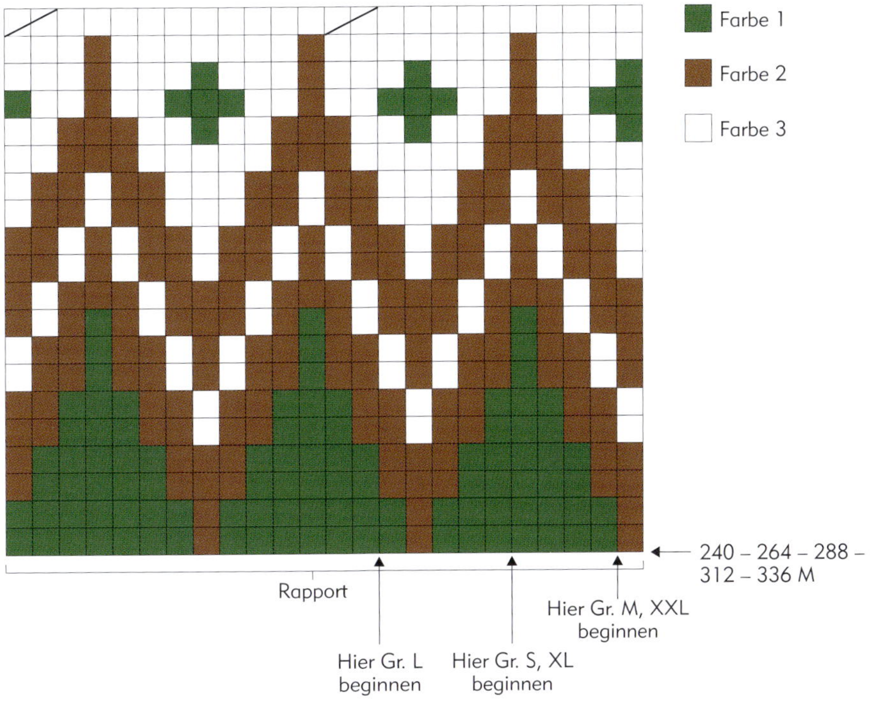

MUSTER C

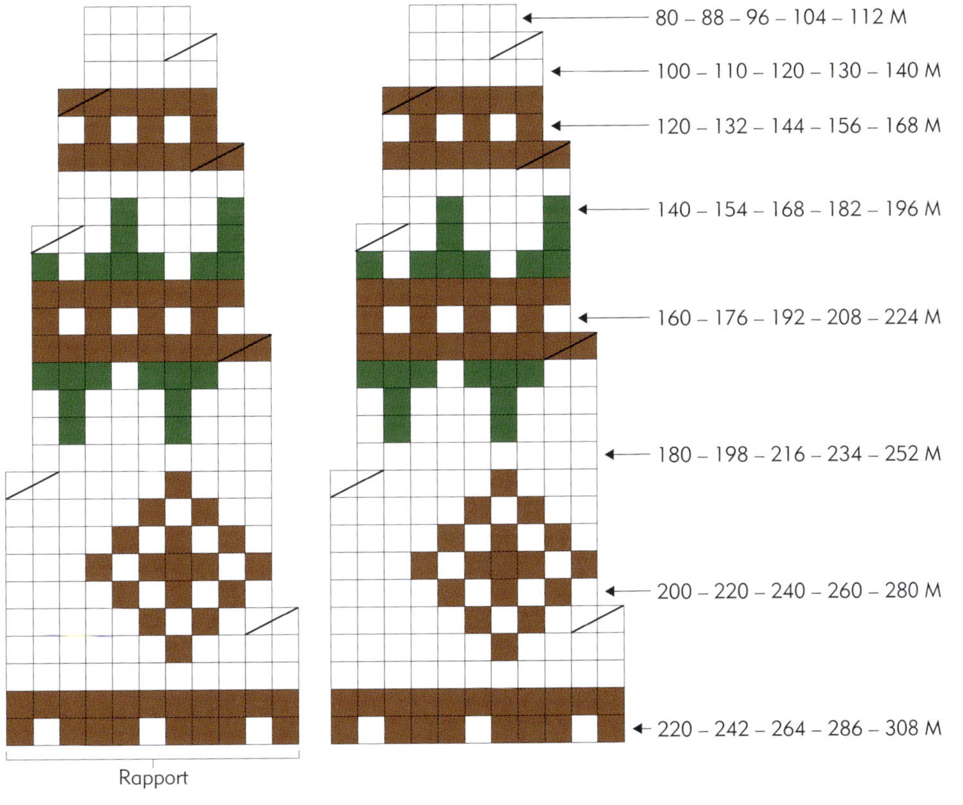

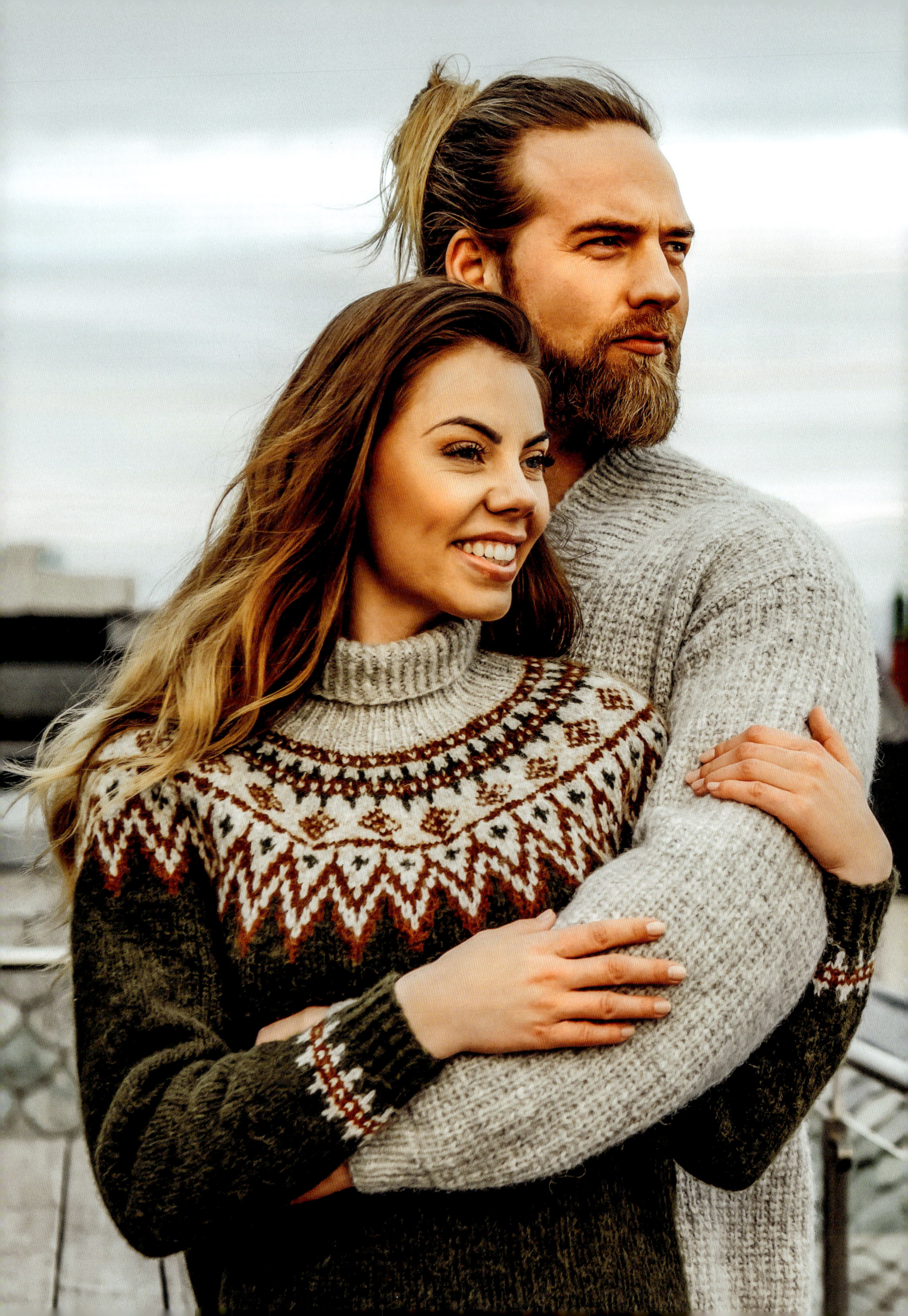

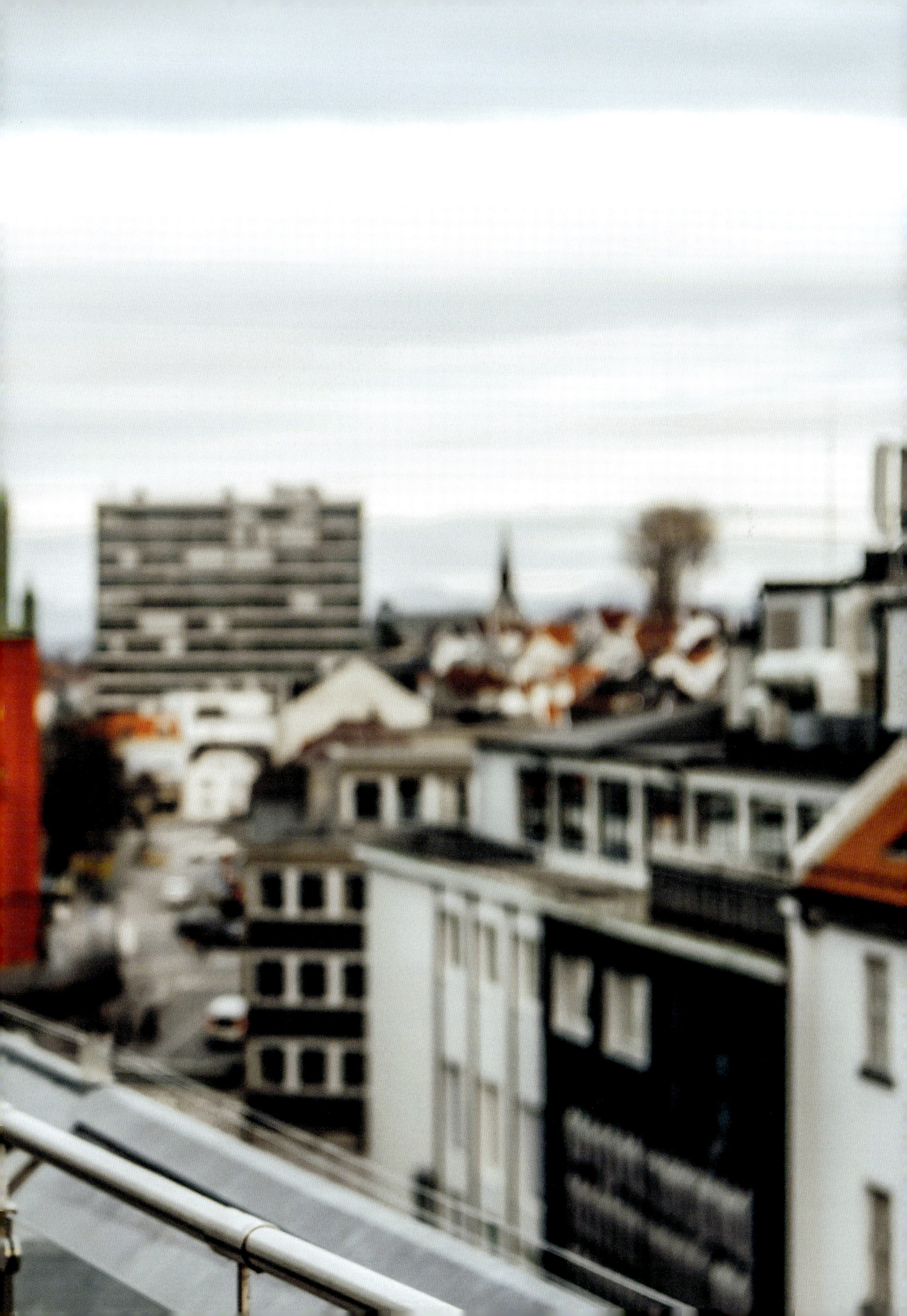

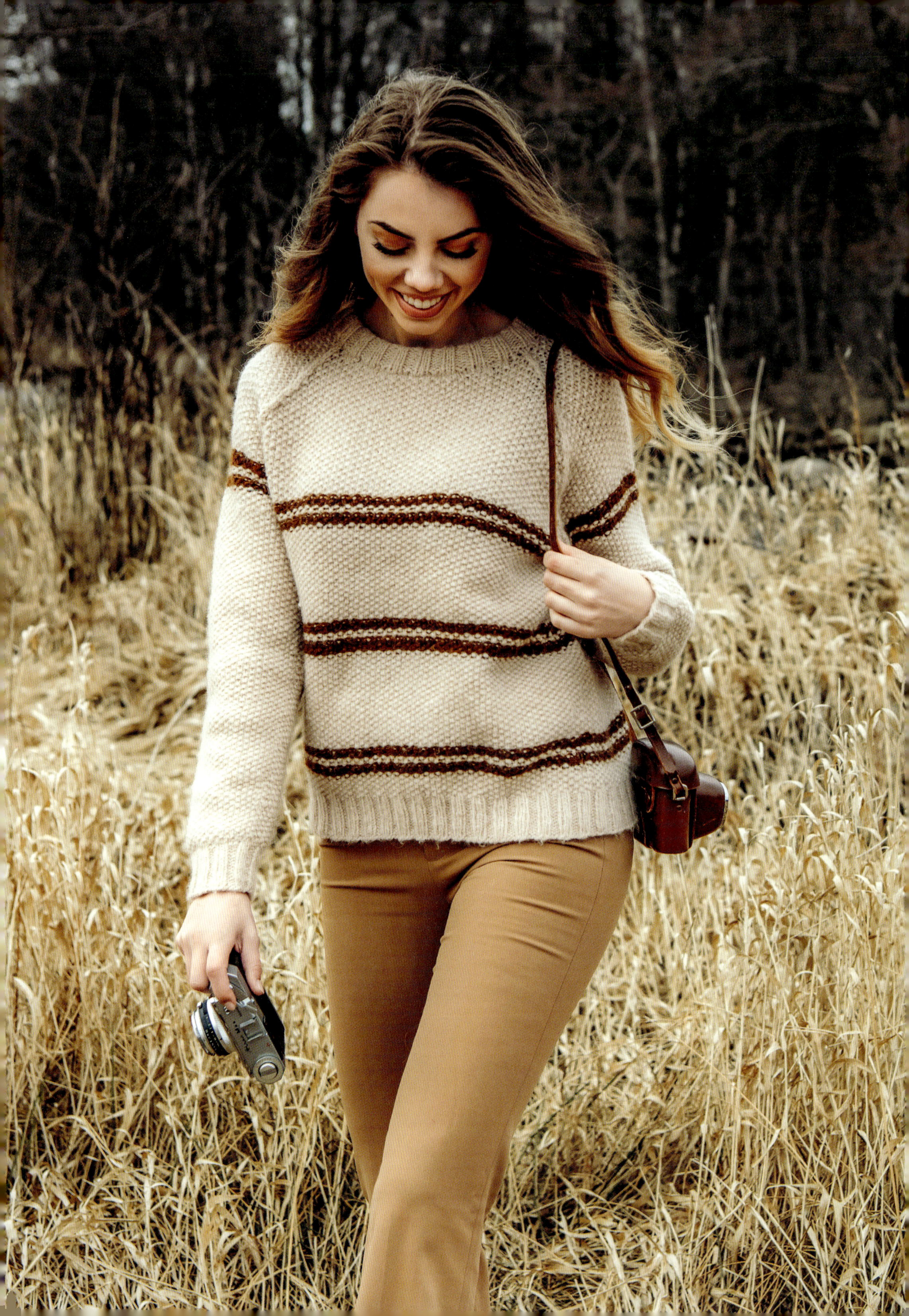

FIABA

PULLOVER FÜR DAMEN

Fiaba heißt *das Märchen* auf Italienisch. Hier ein stilvoller Pullover im Perlmuster mit weichem Alpaka für märchenhafte Streifzüge.

SCHWIERIGKEITSGRAD 1

GRÖSSEN
XS – S – M – L – XL – XXL
Wähle die passende Größe nach den Maßangaben.

FERTIGMASSE
Oberweite ca. 89 – 98 – 106 – 115 – 122 – 134 cm
Gesamtlänge ca. 56 – 58 – 60 – 62 – 64 – 66 cm
Ärmellänge ca. 48 cm oder individuelle Länge

MATERIAL
Gann Garn Sky (62 % Babyalpaka, 16 % Acryl, 22 % Nylon, ca. 150 m/50 g) in Hellbeige (Fb 605) (Fb 1), 450 g – 450 g – 500 g – 500 g – 550 g – 550 g, und in Cognac (Fb 604) (Fb 2), 50 g
Lange und kurze Rundstricknadel und Nadelspiel 5,0 mm und 6,0 mm

MASCHENPROBE
Glatt rechts mit Nd 6,0 mm
17 M und 21 R = ca. 10 cm x 10 cm
Beachte, dass die Maschenprobe stimmen muss, damit Du mit dem Ergebnis zufrieden bist. Stricke zunächst ein Probestück und zähle die Zahl der Maschen auf 10 cm. Wenn Du mehr Maschen hast als angegeben, nimm eine größere Nadelstärke. Hast Du weniger Maschen, nimm dünnere Nadeln.

VORDER- UND RÜCKENTEIL
152 – 168 – 180 – 196 – 208 – 228 M mit Nd 5,0 mm in Fb 1 anschl und für alle Größen ca. 6 cm im Bündchenmuster (2 M rechts, 2 M links) in Rd str. Zu Nd 6,0 mm wechseln. Auf beiden Seiten nach 77 – 85 – 91 – 99 – 105 – 115 M für das Vorderteil und nach 75 – 83 – 89 – 97 – 103 – 113 M für das Rückenteil M-Markierer setzen. Dann im Perlmuster nach der Strickschrift str, bis die Arbeit ca. 10 – 9 – 10 – 9 – 10 – 9 cm misst. Nun das Streifenmuster gleichzeitig zum Perlmuster str. Danach wieder 9 – 10 – 10 – 11 – 11 – 12 cm in Fb 1, dann das Streifenmuster, dann 9 – 10 – 10 – 11 – 11 – 12 cm in Fb 1 str und mit dem Streifenmuster enden.
Die Arbeit soll nun ca. 36 – 37 – 38 – 39 – 40 – 41 cm messen. In der letzten Rd an jeder Seite 10 M abketten, jeweils 5 M an jeder Seite der Markierung. Die Arbeit zur Seite legen und die Ärmel str.

ÄRMEL

32 – 36 – 36 – 36 – 40 – 40 M mit Nd 5,0 mm in Fb 1 anschl. Wie beim Vorder- und Rückenteil in Rd 6 cm im Bündchenmuster str. Zu Nd 6,0 mm wechseln. 1 Rd glatt rechts in Fb 1 str und gleichzeitig gleichmäßig verteilt 11 – 9 – 11 – 15 – 13 – 15 M zunehmen (= 43 – 45 – 47 – 51 – 53 – 55 M). An den Anfang der Rd einen M-Markierer setzen (= Unterarm-Mitte). Im Perlmuster in Rd str und gleichzeitig 1 M auf jeder Seite des M-Markierers nach jeweils ca. 4 – 4 – 3,5 – 3,5 – 3,5 – 3,5 cm zunehmen, bis es insgesamt 63 – 65 – 69 – 73 – 75 – 79 M sind. Weiter bis ca. 3 cm vor der angegebenen oder der gewünschten Ärmellänge str. Nun das Streifenmuster str. An der Unterarm-Mitte 10 M abketten, 5 M an jeder Seite des M-Markierers. Die Arbeit zur Seite legen und den zweiten Ärmel ebenso str.

RAGLAN

Alle Teile auf einer Rundstricknd 6,0 mm zusammenfügen, dabei jeweils einen Ärmel mit der Abkettkante zwischen Vorder- und Rückenteil einsetzen (= 238 – 258 – 278 – 302 – 318 – 346 M). Weiter in Rd in Fb 1 im Perlmuster str. Dort, wo sich die Teile treffen, 4 M-Markierer setzen und für den Raglan weiter wie folgt abnehmen:

Bis 2 M vor dem M-Markierer str, diese 2 M locker zusammen abheben (als würde man 2 M rechts zusammenstr), die nächste M rechts str und die beiden abgehobenen M locker überziehen. Auf diese Weise die Abnahmen an allen vier Raglanstellen wiederholen (= 8 M pro Rd abnehmen). Die Raglanabnahmen in jeder 2. Rd insgesamt 15 – 17 – 19 – 22 – 24 – 27x arbeiten. In den Rd ohne Abnahmen die Raglanmaschen rechts str.

Nun die mittleren 15 – 19 – 21 – 23 – 25 – 29 M des Vorderteils für den Halsausschnitt abketten und die Rd fertig str. Dann den Faden abschneiden und am Anfang des Halsausschnitts neu ansetzen. Das Perlmuster jetzt in Hin- und Rückr arbeiten, dabei mit einer Hinr mit Raglanabnahmen beginnen. Für den Halsausschnitt an jeder Seite in jeder 2. R 1x 3 M, 1x 2 M und 1x 1 M in allen Größen abnehmen. Weiterstr, bis es insgesamt 19 – 21 – 23 – 26 – 28 – 31 Raglanabnahmen am Rückenteil sind (= 59 – 59 – 61 – 59 – 57 – 57 M). Dann den Halsausschnitt str.

HALSAUSSCHNITT

Zu Nd 4,0 mm wechseln und in Fb 1 str. Dazu 21 – 25 – 27 – 33 – 35 – 35 M vorne am Halsausschnitt aufnehmen (= 80 – 84 – 88 – 92 – 92 – 92 M). Ca. 6 cm im Bündchenmuster (2 M rechts, 2 M links) str. Locker im Muster abketten. Das Bündchen nach innen umschlagen und mit lockeren Stichen annähen.

FERTIGSTELLEN

Ärmelöffnungen schließen. Alle losen Fäden nach innen ziehen und vernähen.

STRICKSCHRIFT

STREIFENMUSTER

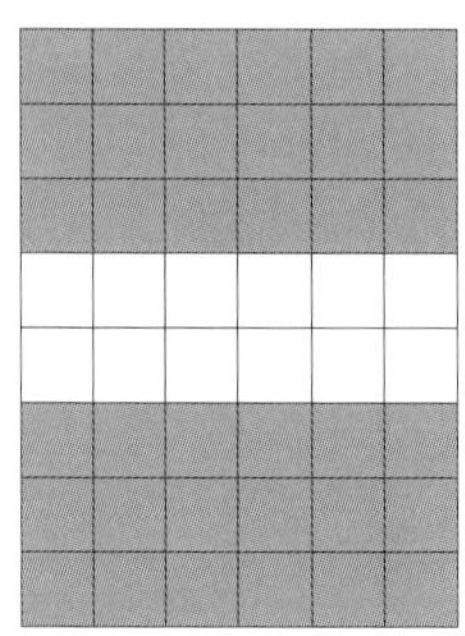

PERLMUSTER

V		V		V	
	V		V		V
V		V		V	
	V		V		V
V		V		V	
	V		V		V
V		V		V	
	V		V		V

☐ Farbe 1

■ Farbe 2

☐ 1 M rechts

V 1 M links

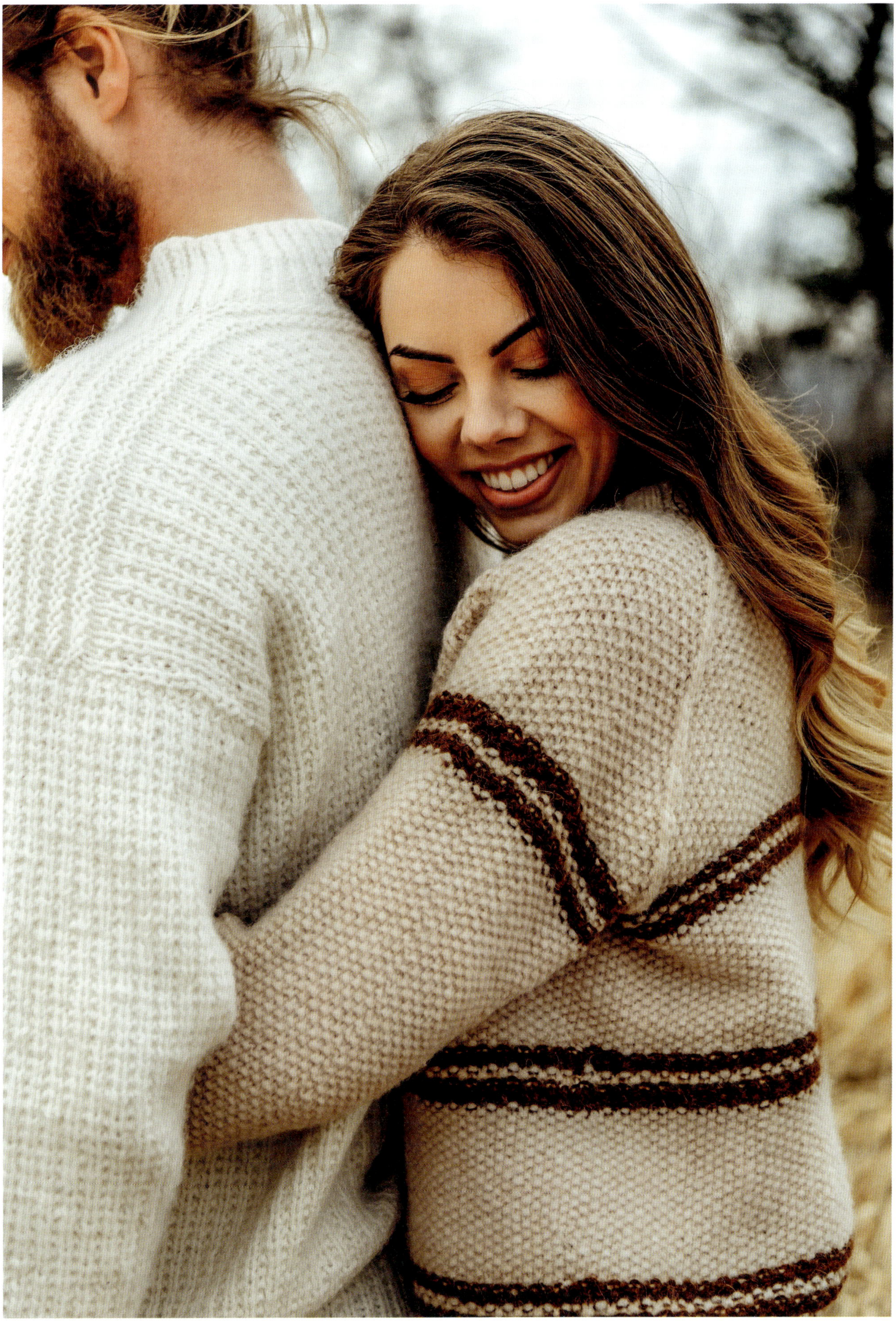

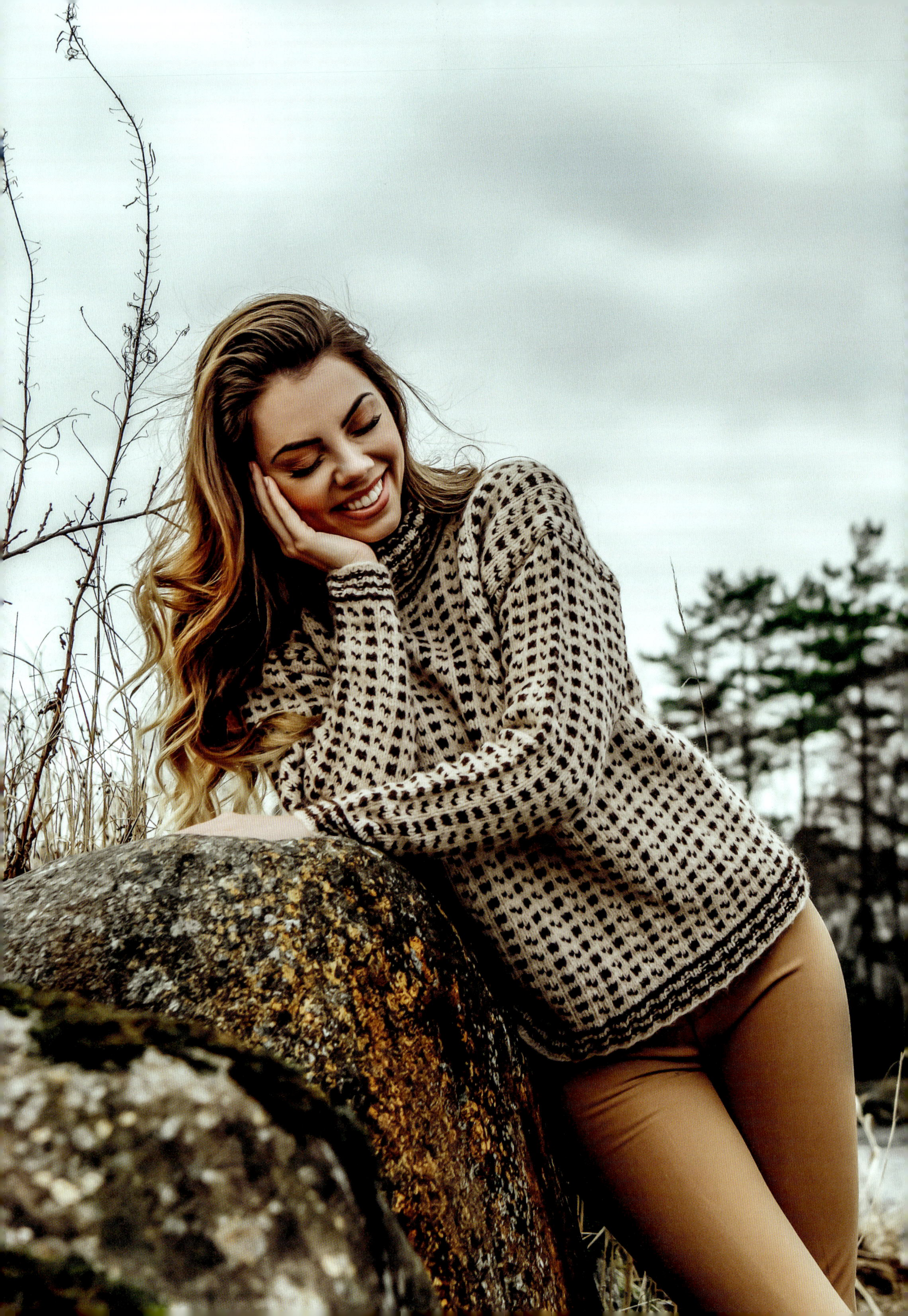

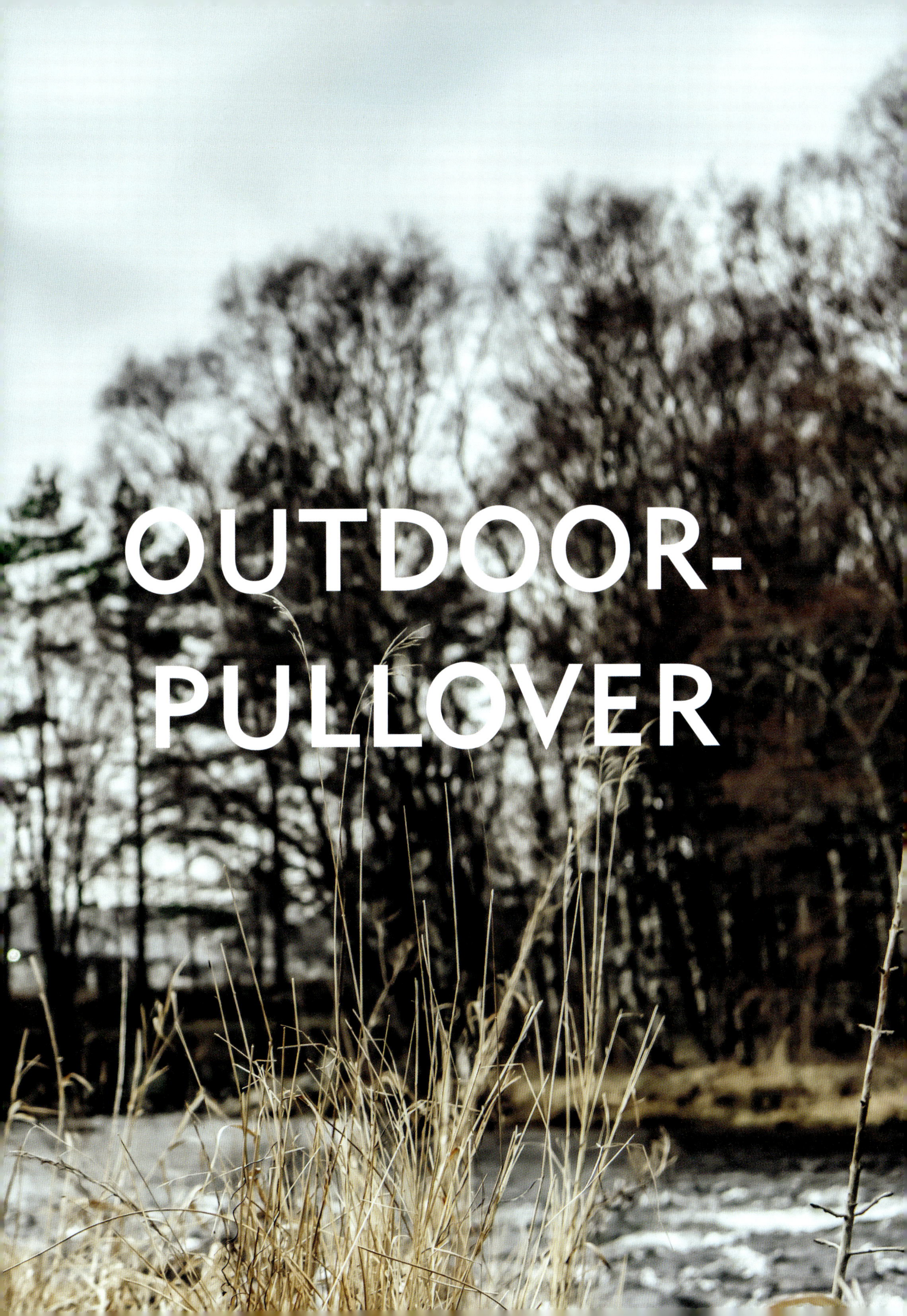

OUTDOOR-PULLOVER

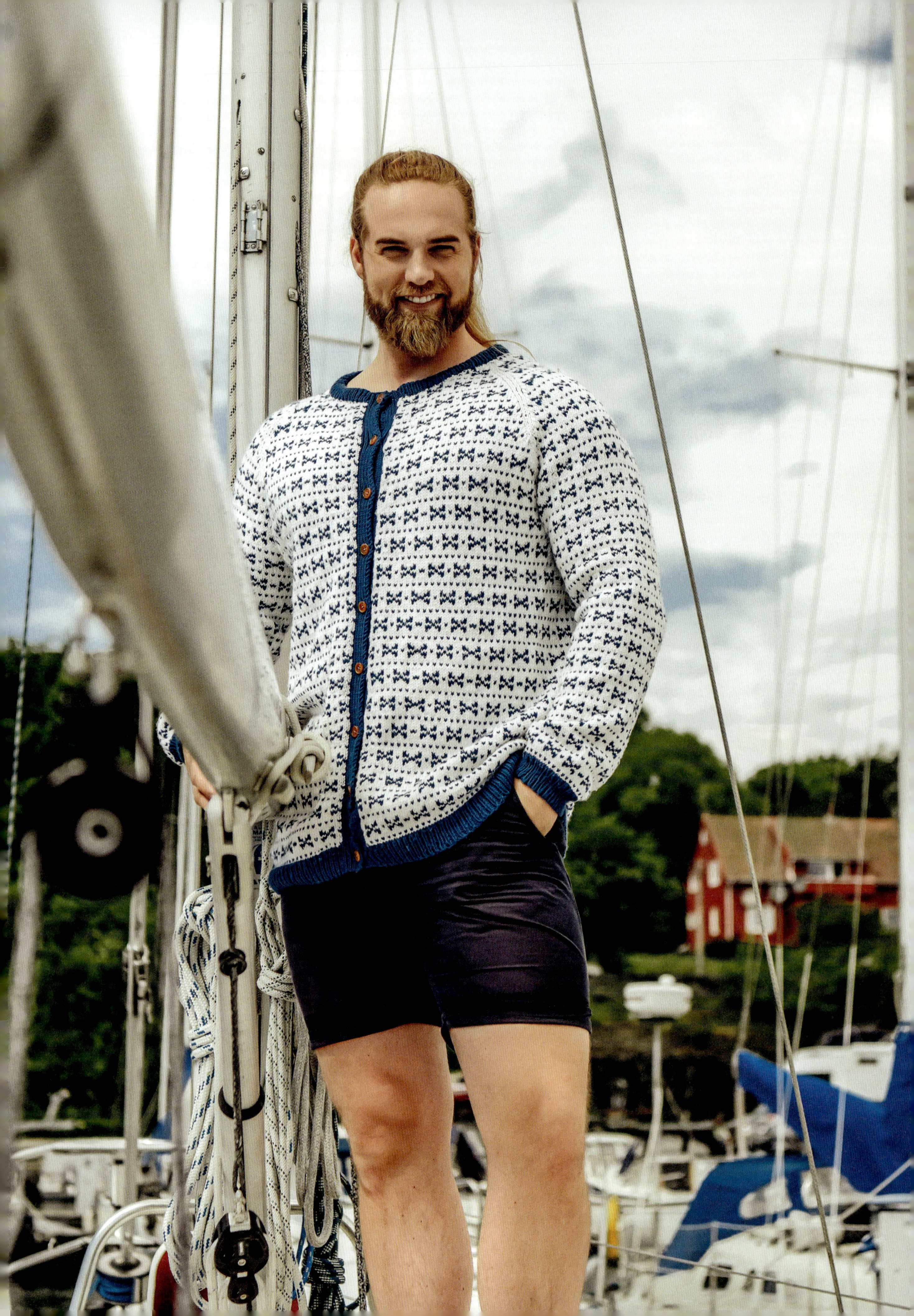

GNIST

STRICKJACKE FÜR HERREN

Eine zeitlos-klassische Strickjacke in einem leichten Garn, die man im Sommer und im Winter tragen kann.

SCHWIERIGKEITSGRAD 3

GRÖSSEN
S – M – L – XL – XXL – LASSE
Wähle die passende Größe nach den Maßangaben.

FERTIGMASSE
Oberweite ca. 98 – 109 – 116 – 123 – 134 – 134 cm
Gesamtlänge ca. 66 – 68 – 70 – 72 – 74 – 78 cm
Ärmellänge ca. 50 – 50 – 52 – 52 – 53 – 53 cm

MATERIAL
Gann Garn Myk Merino (100 % Superwash Merino, ca. 120 m/50 g) in Natur (Fb 701) (Fb 1), 450 g – 450 g – 500 g – 550 g – 600 g – 600 g, und in Petrol (Fb 714) (Fb 2), 300 g – 300 g – 350 g – 350 g – 400 g – 400 g
Lange und kurze Rundstricknadel und Nadelspiel 3,5 und 4,5 mm
8 – 8 – 8 – 9 – 9 – 9 Knöpfe

MASCHENPROBE
Glatt rechts mit Nd 4,5 mm
22 M und 27 R = ca. 10 cm x 10 cm
Beachte, dass die Maschenprobe stimmen muss, damit Du mit dem Ergebnis zufrieden bist. Stricke zunächst ein Probestück und zähle die Zahl der Maschen auf 10 cm. Wenn Du mehr Maschen hast als angegeben, nimm eine größere Nadelstärke. Hast Du weniger Maschen, nimm dünnere Nadeln.

VORDER- UND RÜCKENTEIL
229 – 253 – 269 – 285 – 309 – 309 M mit Nd 3,5 mm in Fb 2 anschl. Im Bündchenmuster (1 M rechts, 1 M links) in Hin- und Rückr str. Nach ca. 2 cm das erste Knopfloch an der rechten Blende arbeiten, indem man mit 3 M Abstand vom Rand 2 M abkettet – diese werden in der nächsten R wieder neu angeschlagen. Im Bündchenmuster weiterstr, bis die Arbeit in allen Größen ca. 4 cm misst. Nun die ersten und letzten 10 M auf einen Hilfsfaden setzen, sie werden als Blenden zum Schluss gestrickt (= 209 – 233 – 249 – 265 – 289 – 289 M). Zu Nd 4,5 mm wechseln. Für jede Seite

einen M-Markierer setzen: nach 51 – 57 – 61 – 65 – 71 – 71 M für das Vorderteil und nach 107 – 119 – 127 – 135 – 147 – 147 M für das Rückenteil. Nun weiter in Rd glatt rechts das Farbmuster str und dabei der Strickschrift folgen. Am Ende der 1. Rd 5 neue M in Fb 1 anschl, die ab jetzt immer links gestr werden und später als Steek-M dienen. Weiterstr, bis die Arbeit ca. 47 – 48 – 49 – 50 – 51 – 55 cm Länge hat. Dann 16 M auf beiden Seiten abketten – 8 auf jeder Seite des M-Markierers. Die Arbeit zur Seite legen und die Ärmel str.

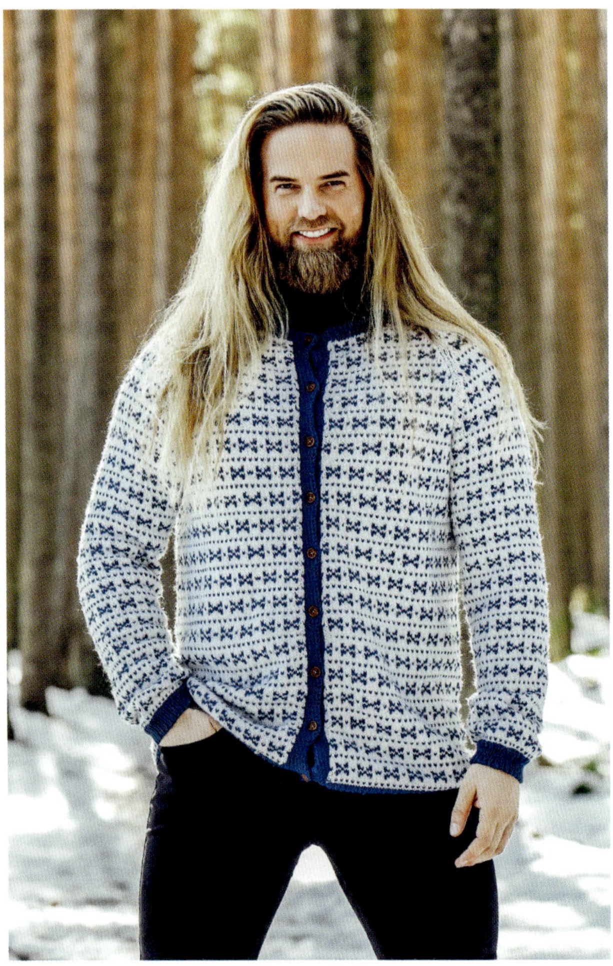

ÄRMEL

48 – 48 – 52 – 52 – 56 – 56 M mit Nd 3,5 mm in Fb 2 anschl. 4 cm im Bündchenmuster (1 M rechts, 1 M links) in Rd str. Zu Nd 4,5 mm wechseln und eine Rd glatt rechts str, dabei gleichzeitig gleichmäßig verteilt 15 – 17 – 15 – 19 – 17 – 17 M zunehmen (= 63 – 65 – 67 – 71 – 73 – 73 M). An den Anfang der Rd einen M-Markierer setzen (= Unterarm-Mitte). Das Farbmuster in Rd nach der Strickschrift arb und gleichzeitig 1 M auf jeder Seite des M-Markierers nach jeweils ca. 4,5 – 3,5 – 3,5 – 3,5 – 3,5 – 3,5 cm zunehmen, bis es insgesamt 83 – 89 – 93 – 97 – 101 – 101 M sind. Bis zur angegebenen oder gewünschten Ärmellänge weiterstr und mit derselben Musterrd wie beim Vorder- und Rückenteil enden. Noch 16 M an der Unterarm-Mitte abketten (8 M auf jeder Seite des M-Markierers). Die Arbeit zur Seite legen und den zweiten Ärmel ebenso str.

RAGLAN

Alle Teile auf eine Rundstricknd 4,5 mm setzen, dabei jeweils einen Ärmel mit der Abkettkante zwischen Vorder- und Rückenteil (= 311 – 347 – 371 – 395 – 427 – 427 M). Nun weiter im Muster arbeiten. Dort, wo sich die Teile treffen, 4 M-Markierer setzen und für den Raglan mit Fb 1 wie folgt abnehmen: Bis 3 M vor dem M-Markierer str, 1 M locker abheben, 1 M rechts, die abgehobene M überziehen, dann 2 M rechts, 2 M rechts zusammenstr. Auf diese Weise an allen vier Raglanstellen in jeder 2. Rd abnehmen (= 8 M Abnahme). Die Raglanabnahmen insgesamt 21 – 24 – 26 – 29 – 31 – 31x arbeiten. Nun die mittleren 19 – 25 – 29 – 31 – 39 – 39 M abketten – dabei sind die 5 Steek-M mitgerechnet! Die Rd bis zum Ende str, den Faden abschneiden und dann vorn an der Mitte des Halsausschnitts neu ansetzen. Das Muster nun in Hin- und Rückr arbeiten, dabei mit einer Hinr mit Raglanabnahmen beginnen und für den Halsausschnitt in jeder 2. R 1x 4 M, 1x 3 M, 1x 2 M und 1x 1 M abnehmen (= 64 – 70 – 74 – 72 – 80 – 80 M). Die Arbeit zur Seite legen und die Blenden str.

STEEK AUFSCHNEIDEN

Die Jacke vorsichtig von links dämpfen. Mit der Nähmaschine mit dem kleinstem Zickzack-Stich zwei Nähte an der vorderen Mitte steppen. Zwischen diesen Nähten dann aufschneiden. Mit normalem Zickzackstich die Schnittkante versäubern.

LINKE BLENDE

Die 10 stillgelegten Maschen ohne Knopfloch auf die Nd 3,5 mm setzen. 5 neue M zur Jackeninnenseite aufnehmen und diese weiter glatt rechts als Beleg str. Die übrigen M in Hin- und Rückr im Bündchenmuster und in Fb 2 weiter als Blende str, bis die Maschen am Halsausschnitt erreicht sind (die Arbeit beim Messen leicht ziehen). Die 5 Beleg-M abketten und die restlichen M auf einen Hilfsfaden setzen. Auf der fertigen linken Blende die Höhe der Knopflöcher festlegen, dafür M-Markierer für 8 – 8 – 8 – 9 – 9 – 9 Knopflöcher einsetzen: Das erste ist bereits gestrickt, das letzte muss mittig auf dem Halsausschnitt sitzen, die restlichen werden mit gleichmäßigem Abstand dazwischen platziert.

RECHTE BLENDE

Die rechte Blende ebenso wie die linke str, dabei die Knopflöcher auf Höhe der Markierungen auf der linken Blende arbeiten.

HALSAUSSCHNITT

An der rechten Blende beginnen. Die M vom Hilfsfaden auf die Nd 3,5 mm setzen und in Fb 2 im Bündchenmuster weiterstr, danach ca. 16 – 21 – 25 – 27 – 29 – 29 M aus den abgeketteten M am Halsausschnitt aufnehmen, die stillgelegten Halsmaschen im Bündchenmuster str, noch einmal die gleiche Anzahl M an den abgenommenen M am Halsausschnitt aufnehmen und dann die M der linken Blende str (= 117 – 131 – 143 – 147 – 157 – 157 M). Ca. 3 cm im Bündchenmuster (1 M rechts, 1 M links) in Hin- und Rückr weiterstr. Das letzte Knopfloch nicht vergessen!

STRICKSCHRIFT

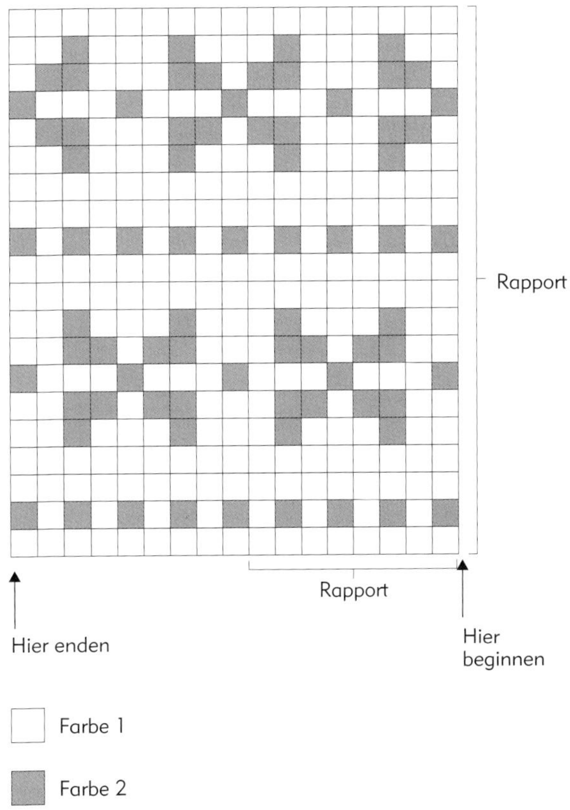

Die ersten und die letzten 10 M abketten (= Blenden). Dann eine Hinr links str (= Bruchkante), dann noch 3 cm im Bündchenmuster str. Zum Schluss locker im Muster abketten.

FERTIGSTELLEN

Die Blenden annähen. Die Belege über die Schnittkanten legen und innen festnähen. Den Halsausschnitt nach innen umlegen und mit lockeren Stichen annähen. Die Ärmelöffnungen schließen. Alle Fäden nach innen ziehen und vernähen. Die Knöpfe annähen.

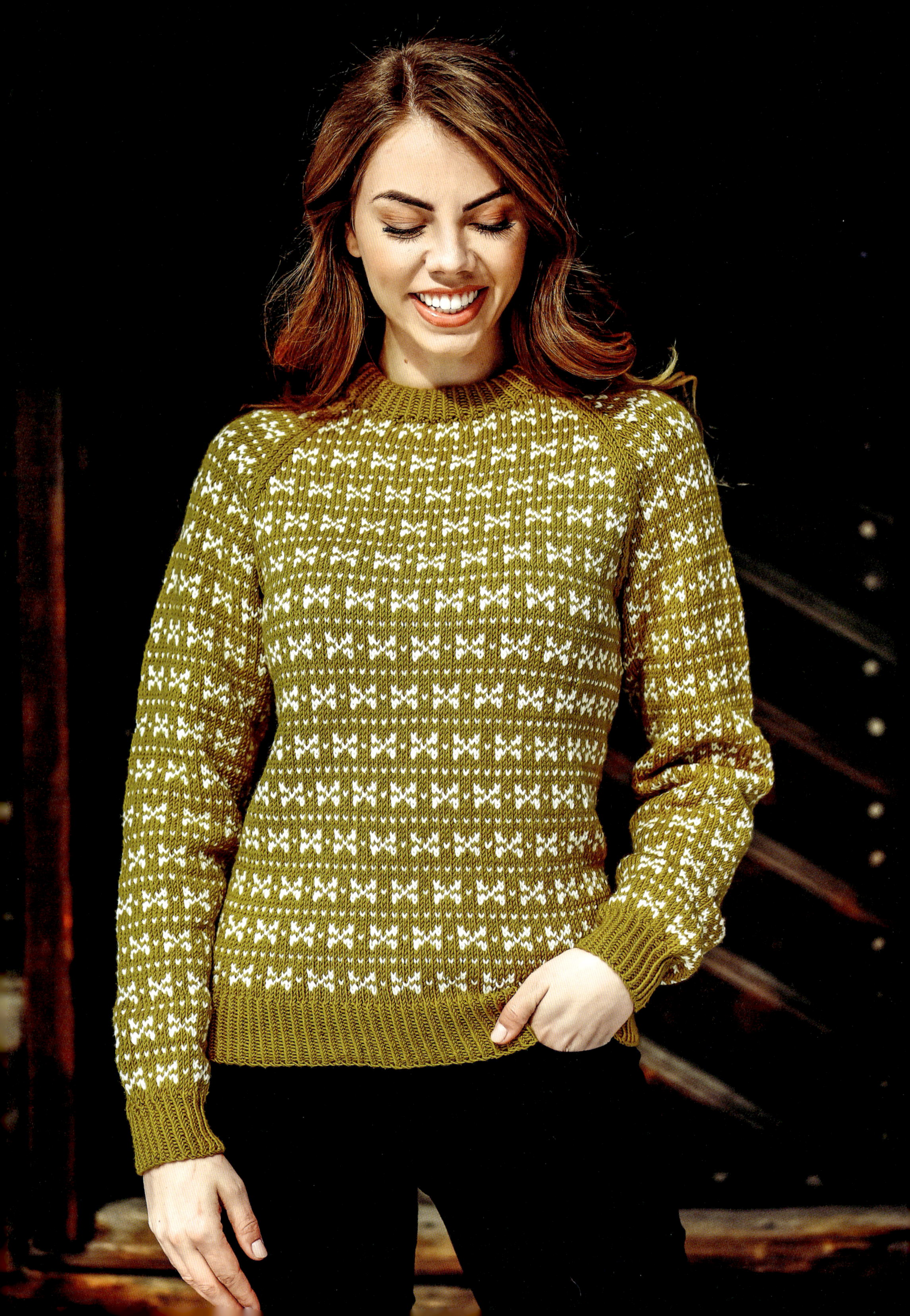

GNIST

PULLOVER FÜR DAMEN

Das Modell für Damen und Kinder verbreitet Hüttenstimmung und Sonnenschein und ist aus dem gleichen angenehmen Garn wie die Herrenjacke.

SCHWIERIGKEITSGRAD 2

GRÖSSEN
XS – S – M – L – XL – XXL
Wähle die passende Größe nach den Maßangaben.

FERTIGMASSE
Oberweite ca. 84 – 95 – 102 – 109 – 120 – 130 cm
Gesamtlänge ca. 56 – 58 – 60 – 62 – 64 – 66 cm
Ärmellänge ca. 48 cm oder individuelle Länge

MATERIAL
Gann Garn Myk Merino (100 % Superwash Merino, ca. 120 m/50 g) in Ockergelb (Fb 718) (Fb 1), 350 g – 400 g – 400 g – 450 g – 500 g – 550 g, und in Natur (Fb 701) (Fb 2), 150 g – 200 g – 200 g – 200 g – 250 g – 250 g
Lange und kurze Rundstricknadel und Nadelspiel 3,5 und 4,5 mm

> **TIPP:** Für ein schönes Erscheinungsbild des Musters mit zwei oder mehreren Farben hält man die Fäden immer in derselben Position hinter der Arbeit. Lege beispielsweise die Grundfarbe ganz innen an den Finger und die Musterfarbe ganz außen.

MASCHENPROBE
Glatt rechts mit Nd 4,5 mm
22 M und 28 R = ca. 10 cm x 10 cm
Beachte, dass die Maschenprobe stimmen muss, damit Du mit dem Ergebnis zufrieden bist. Stricke zunächst ein Probestück und zähle die Zahl der Maschen auf 10 cm. Wenn Du mehr Maschen hast als angegeben, nimm eine größere Nadelstärke. Hast Du weniger Maschen, nimm dünnere Nadeln.

VORDER- UND RÜCKENTEIL
184 – 208 – 224 – 240 – 264 – 288 M mit Nd 3,5 mm in Fb 1 anschl. Für alle Größen 6 cm im Bündchenmuster (1 M rechts verschränkt, 1 M links) in Rd str. Zu Nd 4,5 mm wechseln. Auf beiden Seiten nach 93 – 105 – 113 – 121 – 133 – 145 M für das Vorderteil und nach 91 – 103 – 111 – 119 – 131 – 143 M für das Rückenteil M-Markierer setzen. Dann das Muster nach der Strickschrift in Rd arbeiten und weiterstr, bis die Arbeit ca. 37 – 38 – 39 – 40 – 41 – 42 cm misst. Nun auf beiden Seiten 12 M abketten, jeweils 6 M auf jeder Seite des M-Markierers. Die Arbeit zur Seite legen und die Ärmel str.

ÄRMEL

44 – 46 – 48 – 50 – 52 – 52 M mit Nd 3,5 mm in Fb 1 anschl. Ca. 6 cm im Bündchenmuster wie beim Vorder- und Rückenteil in Rd str. Zu Nd 4,5 mm wechseln, 1 Rd glatt rechts str und dabei gleichzeitig gleichmäßig verteilt 9 – 11 – 11 – 13 – 15 – 19 M zunehmen (= 53 – 57 – 59 – 63 – 67 – 71 M). An den Anfang der Rd einen M-Markierer setzen (= Unterarm-Mitte). Von der Ärmelmitte ausgehend berechnen, wo die Rd in der Strickschrift beginnt und dann im Muster in Rd weiterstr. Gleichzeitig in der 1. Rd 1 M an jeder Seite des M-Markierers zunehmen. Diese Zunahmen ca. alle 3,5 – 3,5 – 3,5 – 3,5 – 3 – 3 cm arbeiten, insgesamt 13 – 13 – 13 – 13 – 14x, bis man insgesamt 75 – 79 – 83 – 87 – 93 – 97 M erhält. Den Ärmel weiter bis zur angegebenen oder gewünschten Länge str. Darauf achten, dass der Ärmel mit derselben Muster-Rd wie das Vorder- und Rückenteil beendet wird. In der letzten Rd 12 M an der Unterarm-Mitte abketten, jeweils 6 M auf jeder Seite des M-Markierers. Die Arbeit zur Seite legen und den zweiten Ärmel ebenso str.

RAGLAN

Alle Teile auf eine Rundstricknd 4,5 mm setzen, dabei jeweils einen Ärmel mit der Abkettkante zwischen Vorder- und Rückenteil (= 286 – 318 – 342 – 366 – 402 – 434 M). Nun weiter im Muster arbeiten. Dort, wo sich die Teile treffen, 4 M-Markierer setzen und für den Raglan weiter wie folgt immer in Fb 1 abnehmen: Bis 2 M vor dem M-Markierer str, 2 M rechts zusammenstr, 1 M rechts in Fb 1 str, 2 M rechts verschränkt zusammenstr. Auf diese Weise an allen vier Raglanstellen in jeder 2. Rd abnehmen (= 8 M Abnahme). Die Raglanabnahmen insgesamt 20 – 22 – 24 – 27 – 29 – 31x arbeiten. Dann am Vorderteil die mittleren 11 – 19 – 23 – 27 – 33 – 41 M abketten. Die Rd beenden. Den Faden abschneiden und am Anfang des Halsausschnitts neu ansetzen. Achte darauf, die Raglanabnahmen mit der Hinr anzufangen. Das Muster nun in Hin- und Rückr arbeiten und für den Halsausschnitt weiter in jeder 2. R 1x 4 M, 2x 2 M und 1x 1 M abnehmen. Weiterstr, bis es insgesamt 25 – 27 – 29 – 31 – 34 – 36 Raglanabnahmen am Rückenteil sind und noch 59 – 63 – 69 – 73 – 79 – 87 M auf der Nd sind. Dann den Halsausschnitt str.

HALSAUSSCHNITT

Die M auf die Nd 3,5 mm setzen und mit Fb 1 33 – 33 – 35 – 39 – 41 – 41 M am Halsauschnitt vorn aufnehmen (= ca. 92 – 96 – 104 – 112 – 120 – 128 M). 6 cm im Bündchenmuster (1 M rechts, 1 M links) in Rd str. Locker im Muster abketten. Das Halsbündchen nach innen umschlagen und mit lockeren Stichen annähen.

FERTIGSTELLEN

Die Ärmelöffnungen schließen. Alle losen Fäden nach innen ziehen und vernähen.

STRICKSCHRIFT

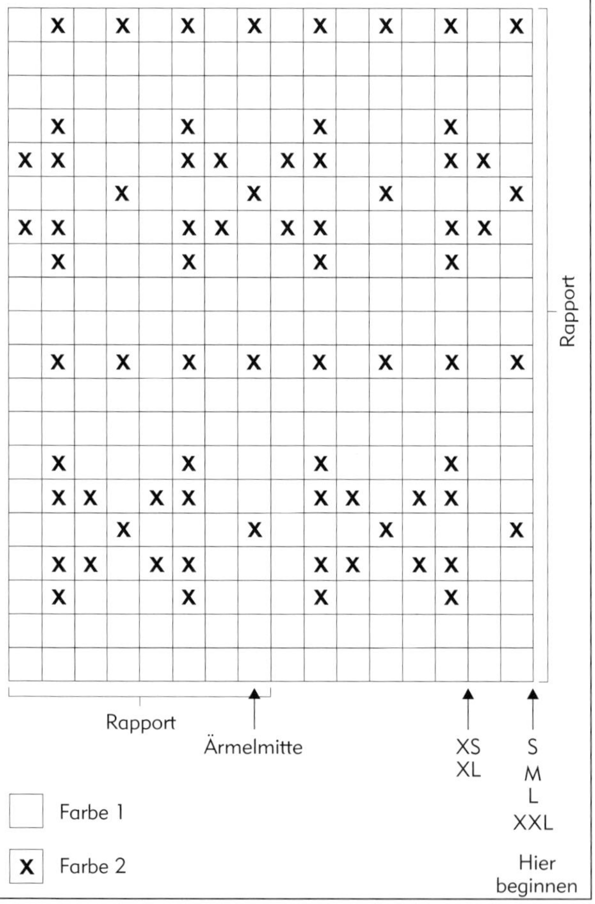

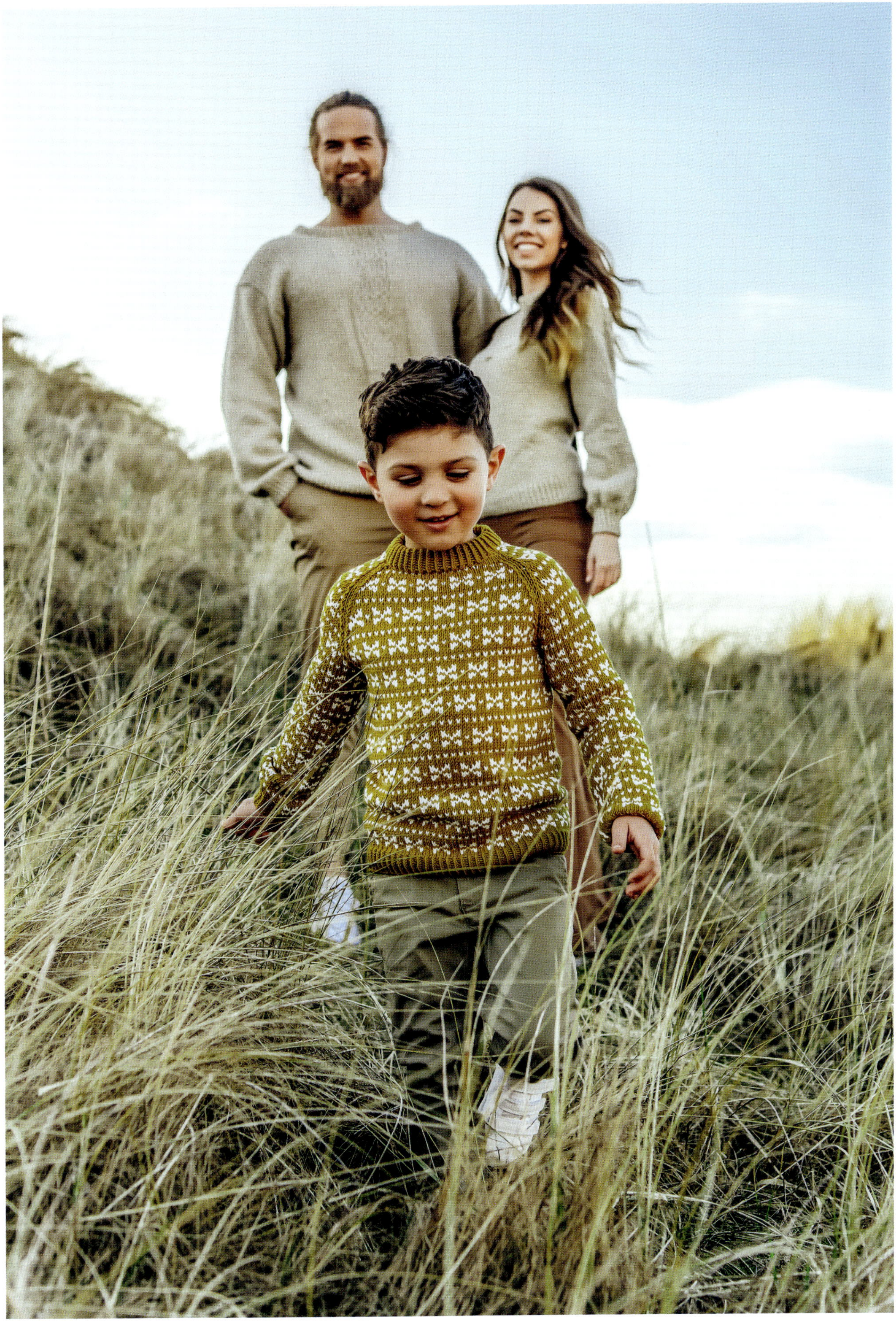

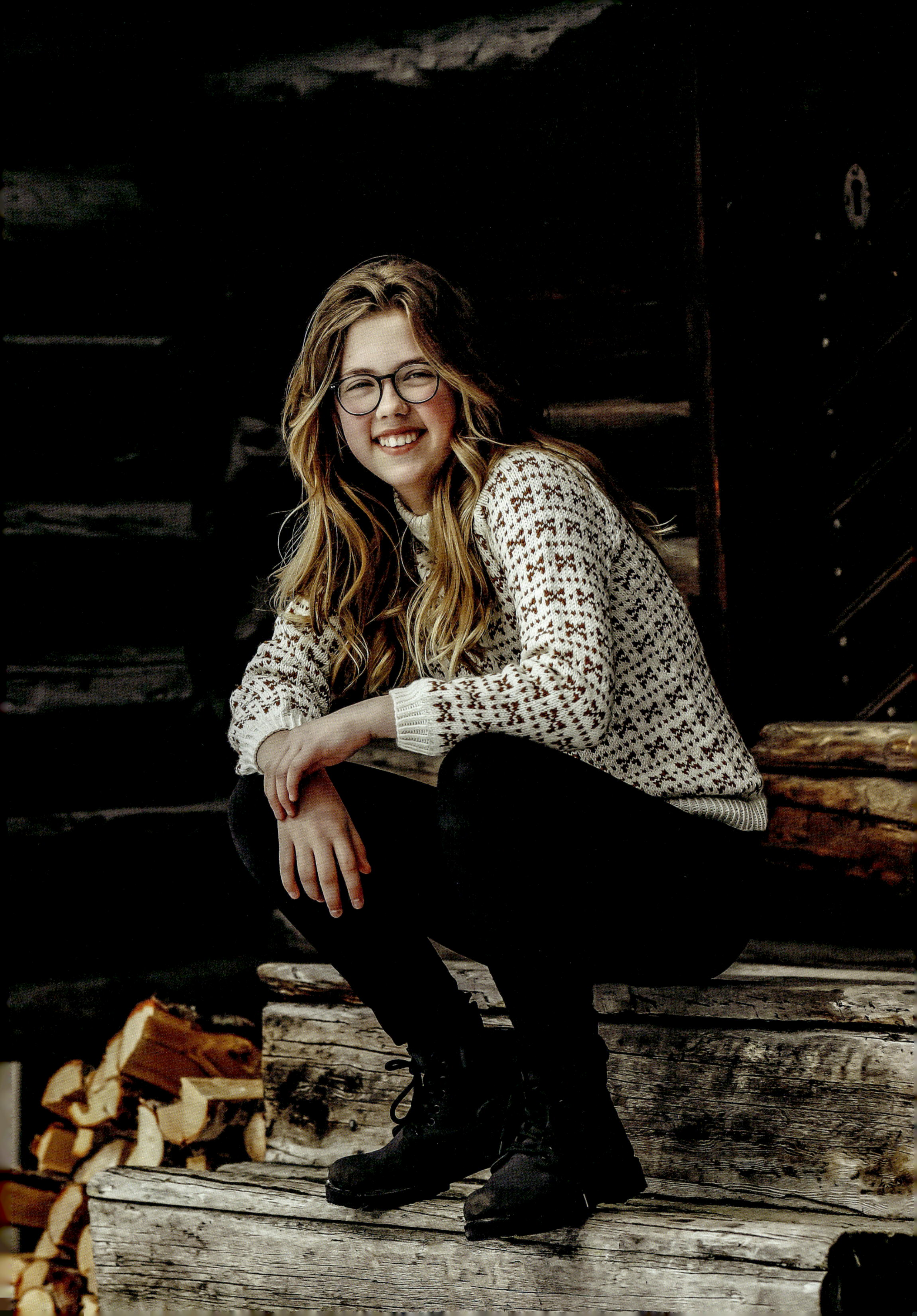

GNIST

PULLOVER FÜR KINDER

SCHWIERIGKEITSGRAD 2

GRÖSSEN
2 – 4 – 6 – 8 – 10 – 12 Jahre
Wähle die passende Größe nach den Maßangaben.

FERTIGMASSE
Oberweite ca. 62 – 65 – 69 – 73 – 76 – 84 cm
Gesamtlänge ca. 37 – 40 – 44 – 48 – 52 – 56 cm
Ärmellänge ca. 24 – 27 – 33 – 36 – 38 – 40 cm

MATERIAL
Gann Garn Myk Merino (100 % Superwash Merino, ca. 120 m/50 g) in Natur (Fb 701) (Fb 1), 200 g – 200 g – 250 g – 250 g – 300 g – 350 g, und in Karamell (Fb 704) (Fb 2), 100 g – 100 g – 100 g – 150 g – 150 g – 200 g
Alternative Farben: Ockergelb (Fb 718) und Natur (Fb 701), s. S. 47
Lange und kurze Rundstricknadel und Nadelspiel 3,5 und 4,5 mm

> **TIPP:** Für ein schönes Erscheinungsbild des Musters mit zwei oder mehreren Farben hält man die Fäden immer in derselben Position hinter der Arbeit. Lege beispielsweise die Grundfarbe ganz innen an den Finger und die Musterfarbe ganz außen.

MASCHENPROBE
Glatt rechts mit Nd 4,5 mm
22 M und 28 R = ca. 10 cm x 10 cm
Beachte, dass die Maschenprobe stimmen muss, damit Du mit dem Ergebnis zufrieden bist. Stricke zunächst ein Probestück und zähle die Zahl der Maschen auf 10 cm. Wenn Du mehr Maschen hast als angegeben, nimm eine größere Nadelstärke. Hast Du weniger Maschen, nimm dünnere Nadeln.

> **TIPP:** Beim Musterstricken mit mehreren Farben zieht sich das Gestrick oft zusammen und man sollte ½ bis 1 Nadelstärke größer wählen.

VORDER- UND RÜCKENTEIL
136 – 144 – 152 – 160 – 168 – 184 M mit Nd 3,5 mm in Fb 1 anschl. Ca. 3 – 3 – 3 – 4 – 4 – 4 cm im Bündchenmuster (1 M rechts verschränkt, 1 M links) in Rd str. Zu Nd 4,5 mm wechseln. Beidseitig nach 69 – 73 – 77 – 81 – 85 – 93 M für das Vorderteil und nach 67 – 71 – 75 – 79 – 83 – 91 M für das Rückenteil M-Markierer setzen. Dann das Muster nach der Strickschrift in Rd arbeiten und weiterstr, bis die Arbeit ca. 25 – 27 – 30 – 33 – 36 – 39 cm misst. Nun auf beiden Seiten 10 M abketten, jeweils 5 M auf jeder Seite des M-Markierers. Die Arbeit zur Seite legen und die Ärmel str.

ÄRMEL

28 - 32 - 36 - 40 - 40 - 44 M mit Nd 3,5 mm in Fb 1 anschl. 3 - 3 - 3 - 4 - 4 - 4 cm im Bündchenmuster wie beim Vorder- und Rückenteil in Rd str. Zu Nd 4,5 mm wechseln, 1 Rd glatt rechts str und dabei gleichzeitig gleichmäßig verteilt 17 - 17 - 17 - 17 - 21 - 23 M zunehmen (= 45 - 49 - 53 - 57 - 61 - 67 M). Beachte, dass das Muster unter den Ärmeln nicht immer aufgehen wird. An den Anfang der Rd einen M-Markierer setzen (= Unterarm-Mitte). Von der Ärmelmitte ausgehend berechnen, wo die Rd in der Strickschrift beginnt und dann im Muster in Rd weiterstr. Nach der Strickschrift ohne Zunahmen weiterstr, bis die Arbeit die angegebene oder gewünschte Länge hat. Darauf achten, dass der Ärmel mit derselben Muster-Rd wie das Vorder- und Rückenteil beendet wird. In der letzten Rd 10 M an der Unterarm-Mitte abketten, jeweils 5 M auf jeder Seite des M-Markierers. Die Arbeit zur Seite legen und den zweiten Ärmel ebenso str.

RAGLAN

Alle Teile auf eine Rundstricknd 4,5 mm setzen, dabei jeweils einen Ärmel mit der Abkettkante zwischen Vorder- und Rückenteil (= 186 - 202 - 218 - 234 - 250 - 278 M). Nun weiter im Muster arbeiten. Dort, wo sich die Teile treffen, 4 M-Markierer setzen und für den Raglan weiter wie folgt immer in Fb 1 abnehmen: Bis 2 M vor dem M-Markierer str, 1 M locker abheben, 1 M rechts, die abgehobene M locker überziehen, 1 M rechts, 2 M rechts zusammenstr. Auf diese Weise an allen vier Raglanstellen in jeder 2. Rd abnehmen (= 8 M Abnahme). Die Raglanabnahmen insgesamt 11 - 13 - 15 - 16 - 18 - 22x arbeiten. Dann am Vorderteil die mittleren 19 - 19 - 19 - 21 - 21 - 25 M abketten. Die Rd beenden. Den Faden abschneiden und am Anfang des Halsausschnitts neu ansetzten. Das Muster nun in Hin- und Rückr arbeiten und für den Halsausschnitt weiter in jeder 2. R 1x 3 M und 1x 2 M in allen Größen abnehmen.
Weiterstr, bis es insgesamt 14 - 16 - 18 - 19 - 21 - 23 Raglanabnahmen am Rückenteil sind und noch 45 - 45 - 45 - 51 - 51 - 59 M auf der Nd sind. Dann den Halsausschnitt str.

HALSAUSSCHNITT

Die M auf die Nd 3,5 mm setzen und mit Fb 1 str, 27 - 27 - 31 - 35 - 35 - 37 M am Halsausschnitt vorn aufnehmen (= ca. 72 - 72 - 76 - 86 - 86 - 96 M).
Ca. 5 - 5 - 5 - 6 - 6 - 6 cm im Bündchenmuster (1 M rechts, 1 M links) in Rd str. Locker im Muster abketten. Das Halsbündchen nach innen umschlagen und mit lockeren Stichen an der Innenseite annähen.

FERTIGSTELLEN

Die Ärmelöffnungen schließen. Alle losen Fäden nach innen ziehen und vernähen.

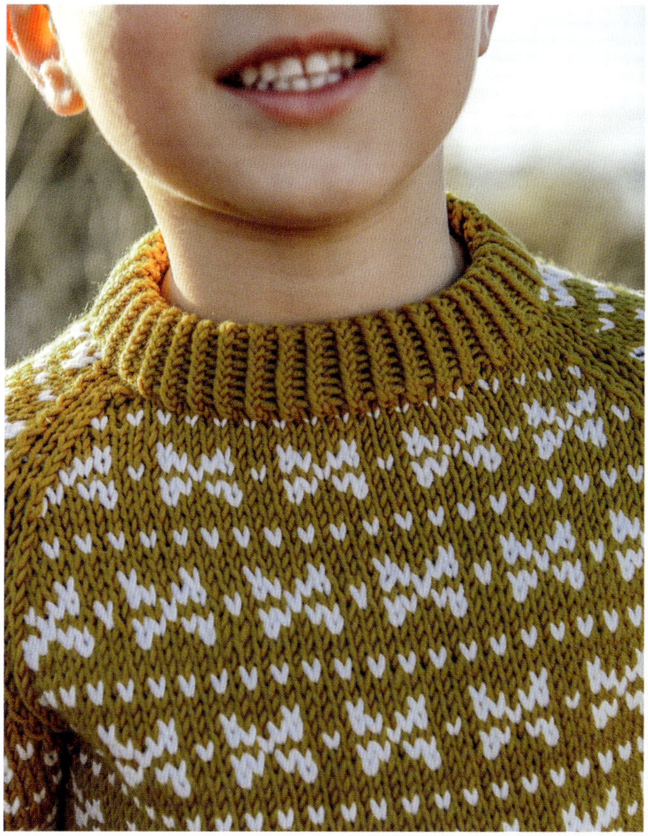

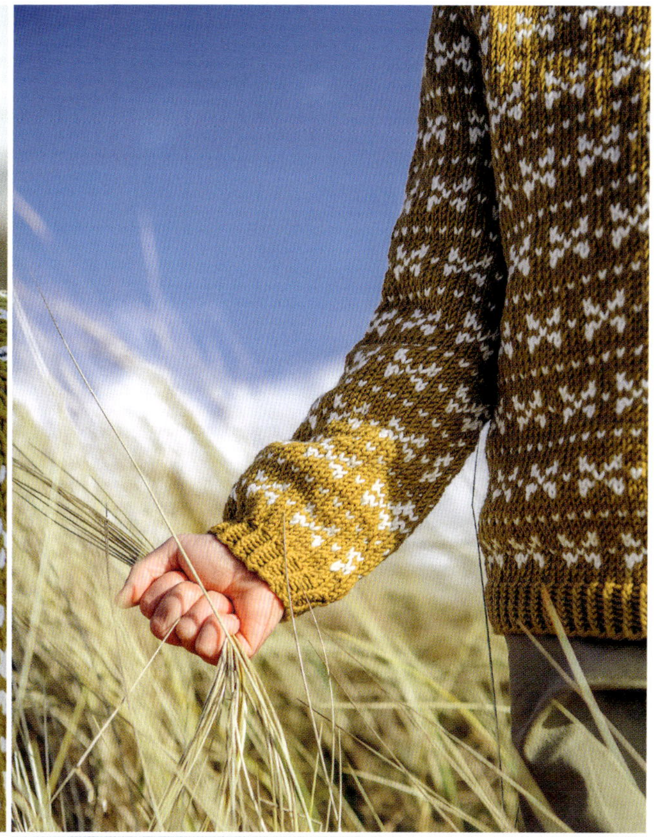

STRICKSCHRIFT

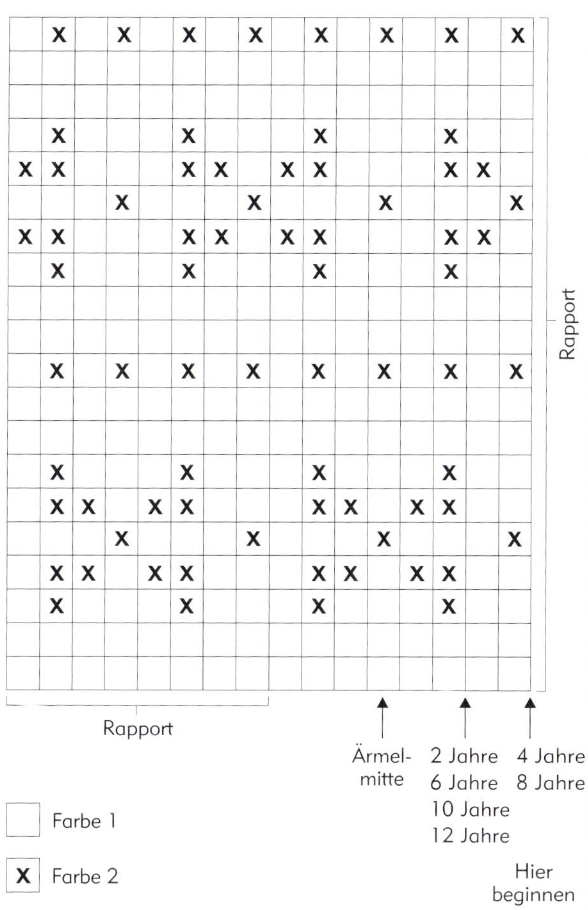

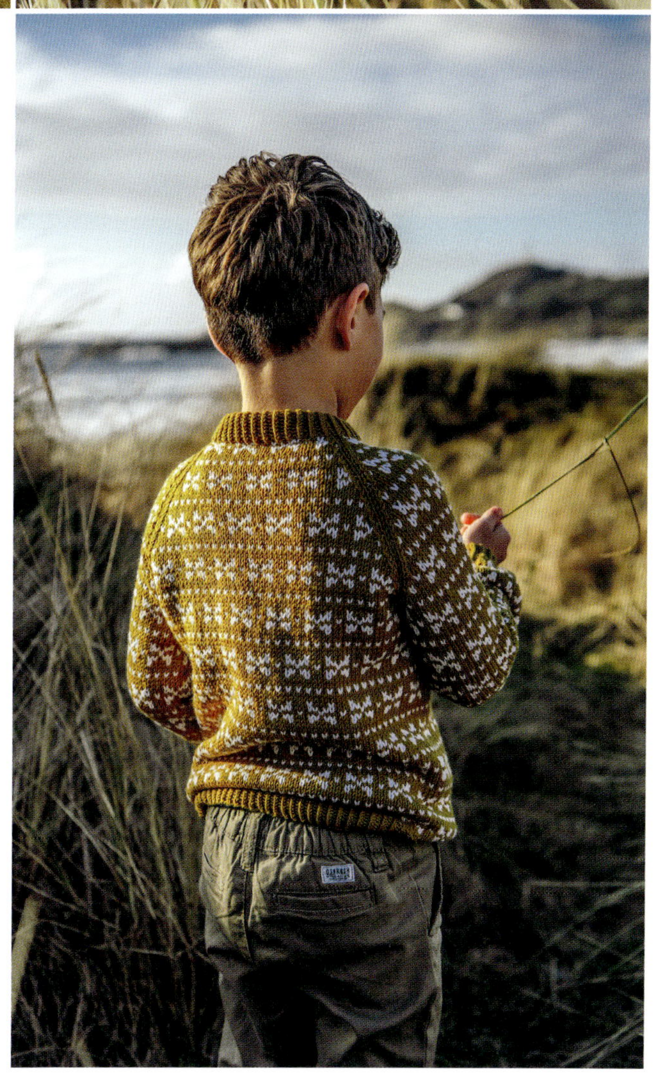

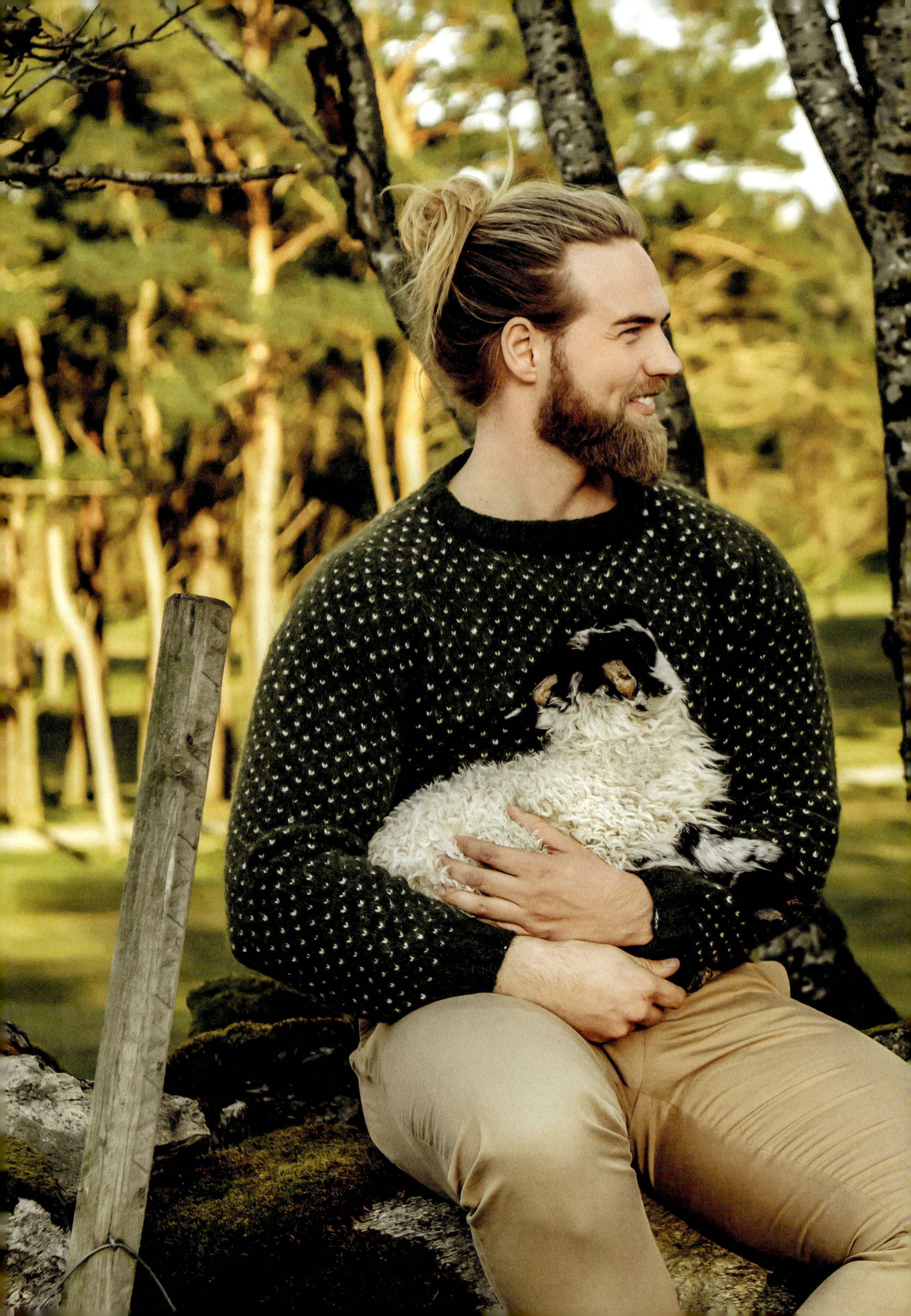

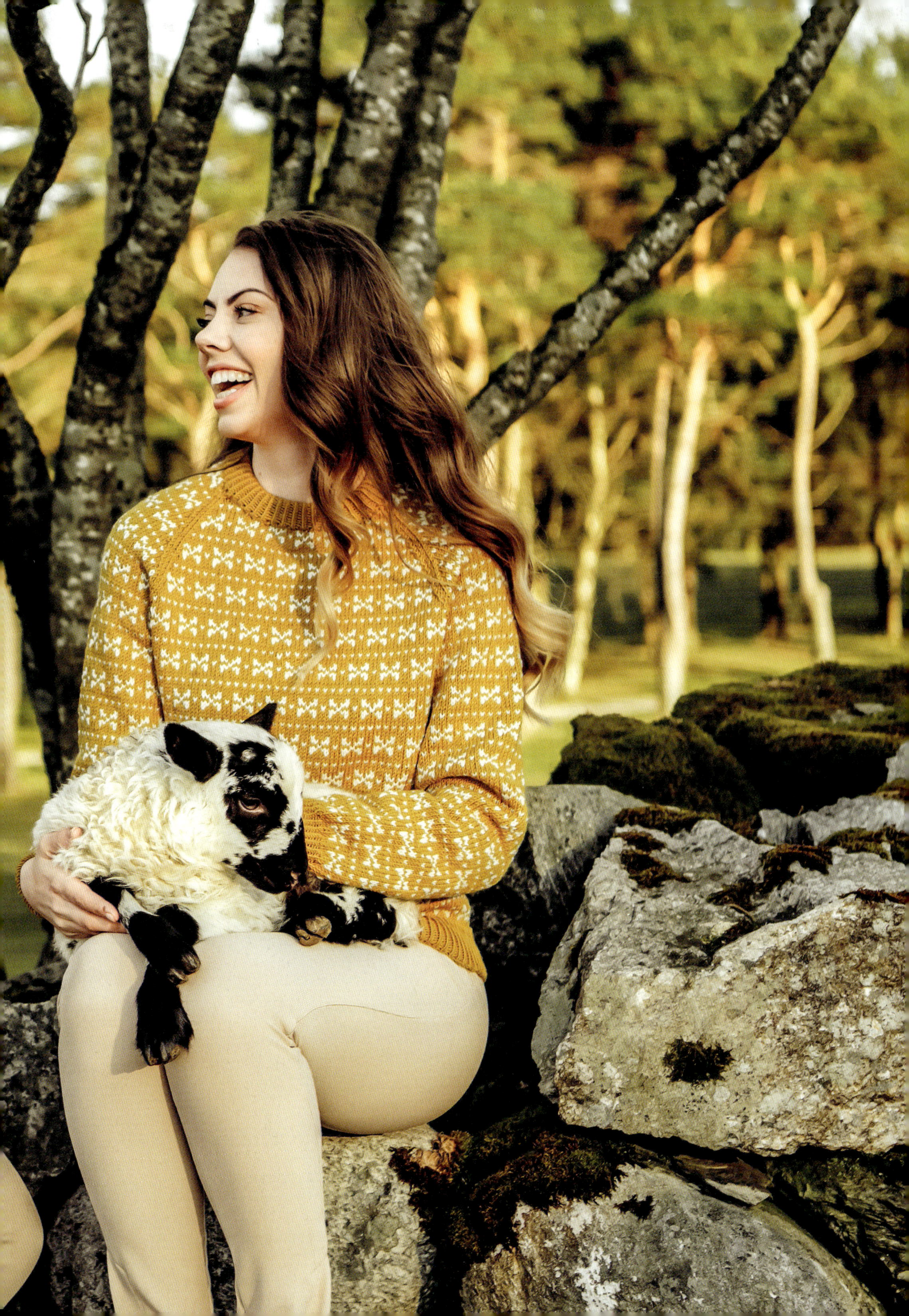

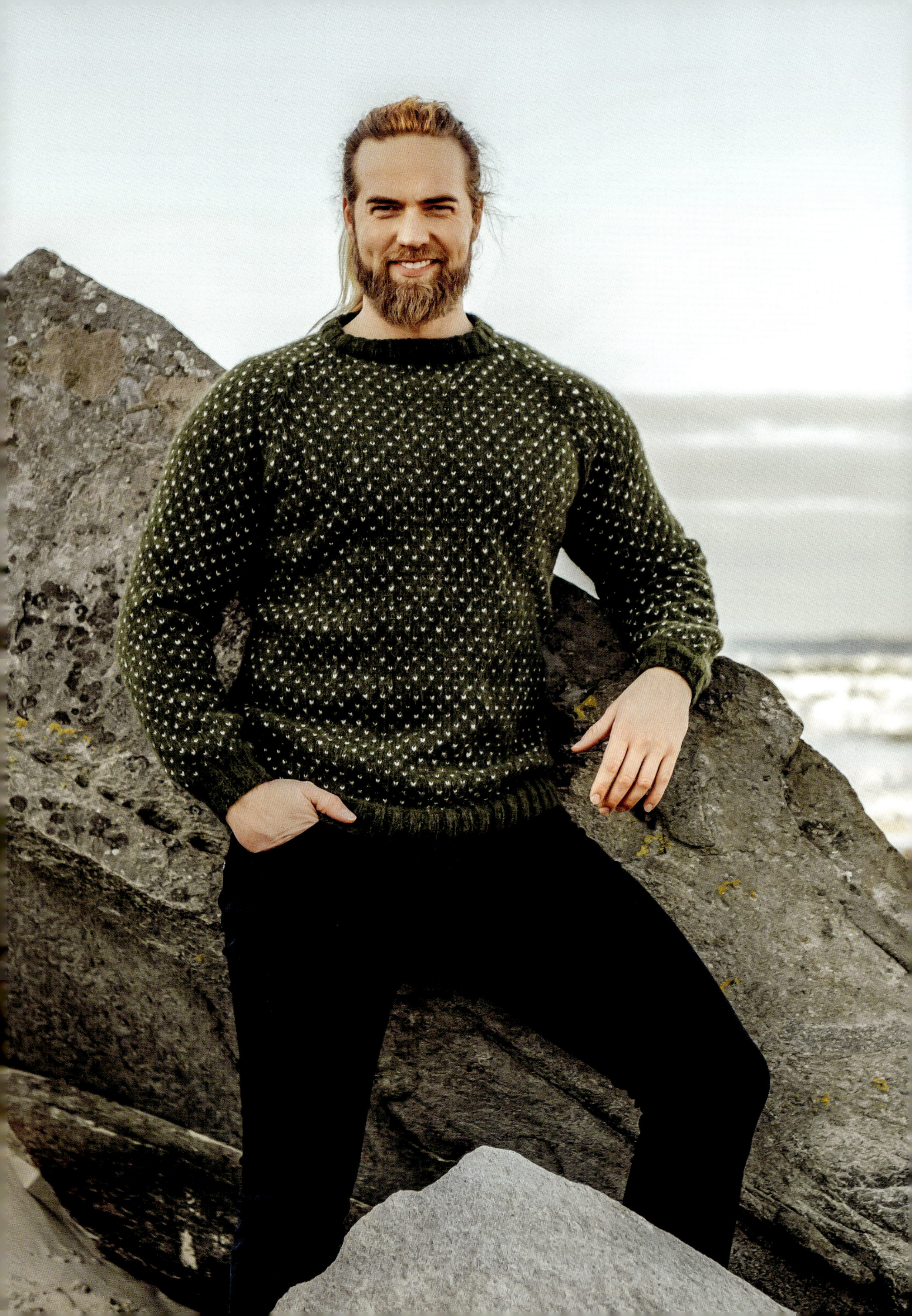

HERZ

Für mich ist das ein Herzpullover – weil das Muster wie kleine Herzen aussieht und weil der Pullover so schön das Herz erwärmt.

SCHWIERIGKEITSGRAD 3

GRÖSSEN
S – M – L – XL – XXL – LASSE
Wähle die passende Größe nach den Maßangaben.

FERTIGMASSE
Oberweite ca. 100 – 110 – 120 – 130 – 140 – 130 cm
Gesamtlänge ca. 66 – 68 – 70 – 72 – 74 – 76 cm
Ärmellänge ca. 50 – 50 – 52 – 52 – 53 – 53 cm

MATERIAL
Gann Garn Sky (62 % Babyalpaka, 16 % Acryl, 22 % Nylon, ca. 150 m/50 g) in Dunkles Moosgrün (Fb 611) (Fb 1), 350 g – 400 g – 400 g – 450 g – 500 g – 450 g, und in Natur (Fb 601) (Fb 2), 100 g (alle Größen)
Lange und kurze Rundstricknadel und Nadelspiel 5,0 und 6,0 mm

TIPP: Für ein schönes Erscheinungsbild des Musters mit zwei oder mehreren Farben hält man die Fäden immer in derselben Position hinter der Arbeit. Lege Sie beispielsweise die Grundfarbe ganz innen an den Finger und die Musterfarbe ganz außen.

MASCHENPROBE
Glatt rechts mit Nd 4,5 mm
17 M und 21 R = ca. 10 cm x 10 cm
Beachte, dass die Maschenprobe stimmen muss, damit Du mit dem Ergebnis zufrieden bist. Stricke zunächst ein Probestück und zähle die Zahl der Maschen auf 10 cm. Wenn Du mehr Maschen hast als angegeben, nimm eine größere Nadelstärke. Hast Du weniger Maschen, nimm dünnere Nadeln.

VORDER- UND RÜCKENTEIL
168 – 188 – 204 – 220 – 236 – 220 mit Nd 5,0 mm in Fb 1 anschl. Für alle Größen ca. 6 cm im Bündchenmuster (2 M rechts, 2 M links) in Rd str. Zu Nd 6,0 mm wechseln. Auf beiden Seiten nach 85 – 95 – 103 – 111 – 119 – 111 M für das Vorderteil und nach 83 – 93 – 101 – 109 – 117 – 109 M für das Rückenteil M-Markierer setzen. Dann das Muster nach der Strickschrift in Rd arbeiten und weiterstr, bis die Arbeit ca. 46 – 47 – 48 – 49 – 50 – 51 cm misst. Nun auf beiden Seiten 12 M abketten, jeweils 6 M auf jeder Seite des M-Markierers. Die Arbeit zur Seite legen und die Ärmel str.

ÄRMEL

36 – 36 – 36 – 40 – 40 – 40 M mit Nd 5,0 mm in Fb 1 anschl. 6 cm im Bündchenmuster (2 M rechts, 2 M links) in Rd str. Zu Nd 6,0 mm wechseln, 1 Rd glatt rechts str und dabei gleichzeitig gleichmäßig verteilt 11 – 13 – 17 – 15 – 17 – 19 M zunehmen (= 47 – 49 – 53 – 55 – 57 – 59 M). An den Anfang der Rd einen M-Markierer setzen (= Unterarm-Mitte). Von der Ärmelmitte ausgehend berechnen, wo die Rd in der Strickschrift beginnt und dann im Muster in Rd weiterstr. Gleichzeitig 1 M an jeder Seite des M-Markierers zunehmen. Diese Zunahmen ca. alle 4,5 – 4 – 4 – 3,5 – 3,5 – 3,5 cm wiederholen, bis man insgesamt 67 – 71 – 75 – 79 – 81 – 85 M erhält. Den Ärmel weiter bis zur angegebenen oder gewünschten Länge str. Darauf achten, dass der Ärmcl mit derselben Muster-Rd wie das Vorder- und Rückenteil beendet wird. In der letzten Rd 12 M an der Unterarm-Mitte abketten, jeweils 6 M auf jeder Seite des M-Markierers. Die Arbeit zur Seite legen und den zweiten Ärmel ebenso str.

RAGLAN

Alle Teile auf eine Rundstricknd 6,0 mm setzen, dabei jeweils einen Ärmel mit der Abkettkante zwischen Vorder- und Rückenteil (= 254 – 282 – 306 – 330 – 350 – 342 M). Dort, wo sich die Teile treffen, 4 M-Markierer setzen – jeweils 1 M vor dem Vorder- und Rückenteil. Nun für den Raglan immer in Fb 1 wie folgt abnehmen: Bis 2 M vor dem M-Markierer str, 1 M locker abheben, 1 M rechts, die abgehobene M überziehen, 1 M rechts, 2 M rechts zusammenstr. Auf diese Weise an allen vier Raglanstellen abnehmen (= 8 M Abnahme). Das Muster weiter in Rd arbeiten. In jeder 2. Rd die Raglanabnahmen wiederholen, insgesamt 17 – 19 – 22 – 24 – 26 – 26x. Nun die mittleren 17 – 23 – 25 – 29 – 33 – 25 M am Halsausschnitt abketten und die Rd beenden. Den Faden abschneiden und vorn am Halsausschnitt neu ansetzen. Darauf achten, dass die Raglanabnahmen mit einer Hinr beginnen. Weiter im Muster in Hin- und Rückr str, während für den Halsausschnitt wie folgt abgenommen wird: Auf beiden Seiten in jeder 2. R 1x 3 M, 1x 2 M und 1x 1 M in allen Größen. Weiterstr, bis es insgesamt 21 – 23 – 26 – 28 – 30 – 30 Raglanabnahmen am Rückenteil sind und zum Schluss noch 57 – 63 – 61 – 65 – 65 – 65 M auf der Nd sind. Dann den Halsausschnitt str.

HALSAUSSCHNITT

Die M auf die Nd 5,0 mm setzen und mit Fb 1 str, 23 – 25 – 27 – 31 – 35 – 31 M am Halsausschnitt vorn aufnehmen (= ca. 80 – 88 – 88 – 96 – 100 – 96 M). 3 cm im Bündchenmuster (2 M rechts, 2 M links) in Rd str. Dann 1 Rd links str (= Umschlagkante) und weitere 3 cm im Bündchenmuster str. Dann locker im Muster abketten. Die Kante nach innen umschlagen und mit lockeren Stichen annähen.

FERTIGSTELLEN

Die Ärmelöffnungen schließen. Alle losen Fäden nach innen ziehen und vernähen.

STRICKSCHRIFT

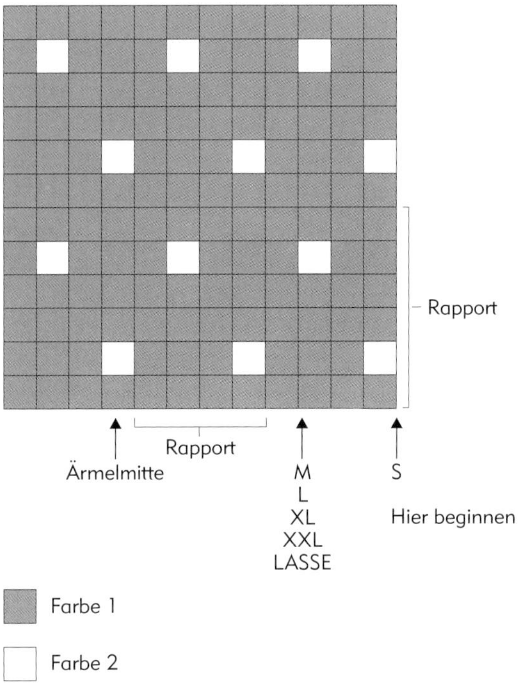

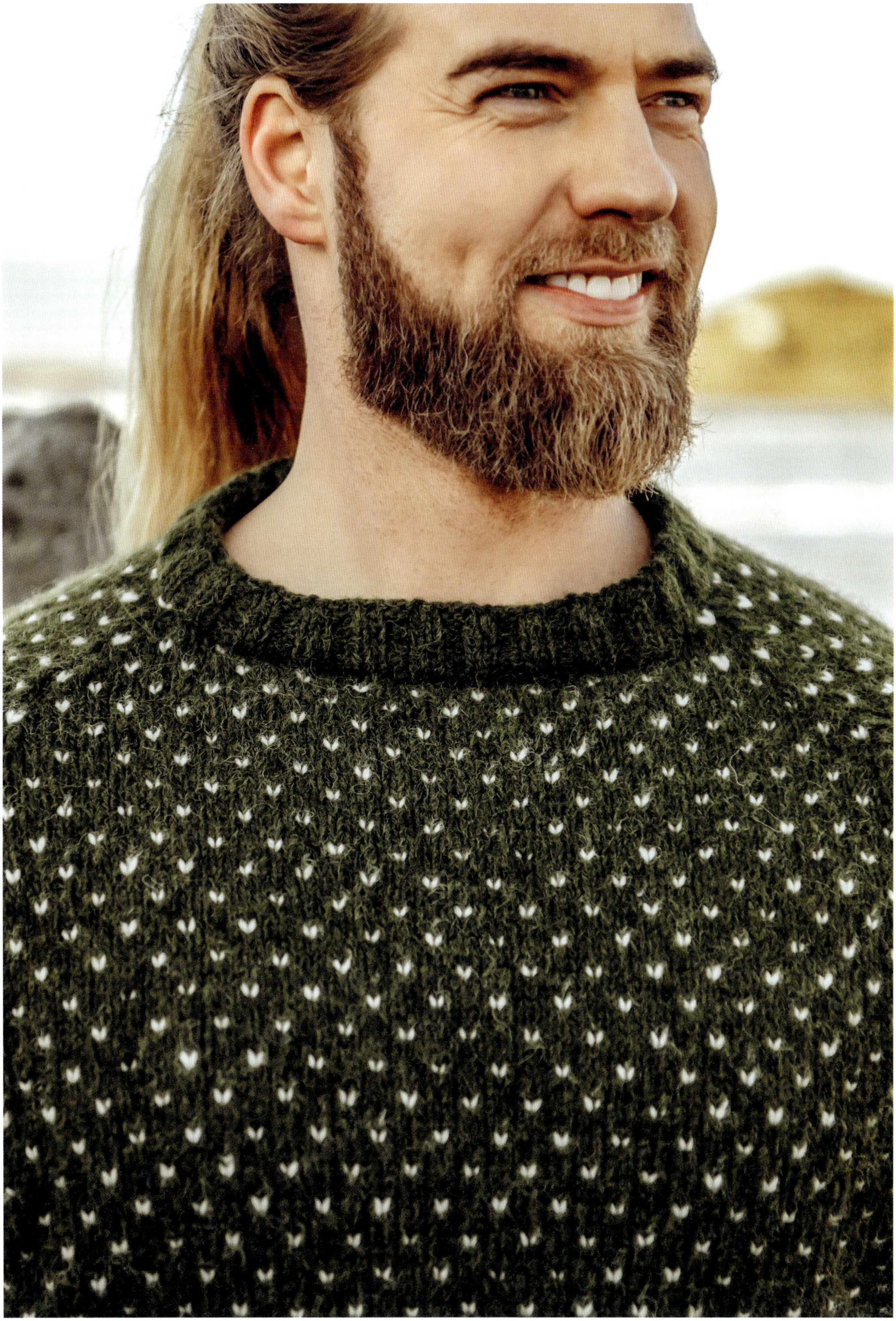

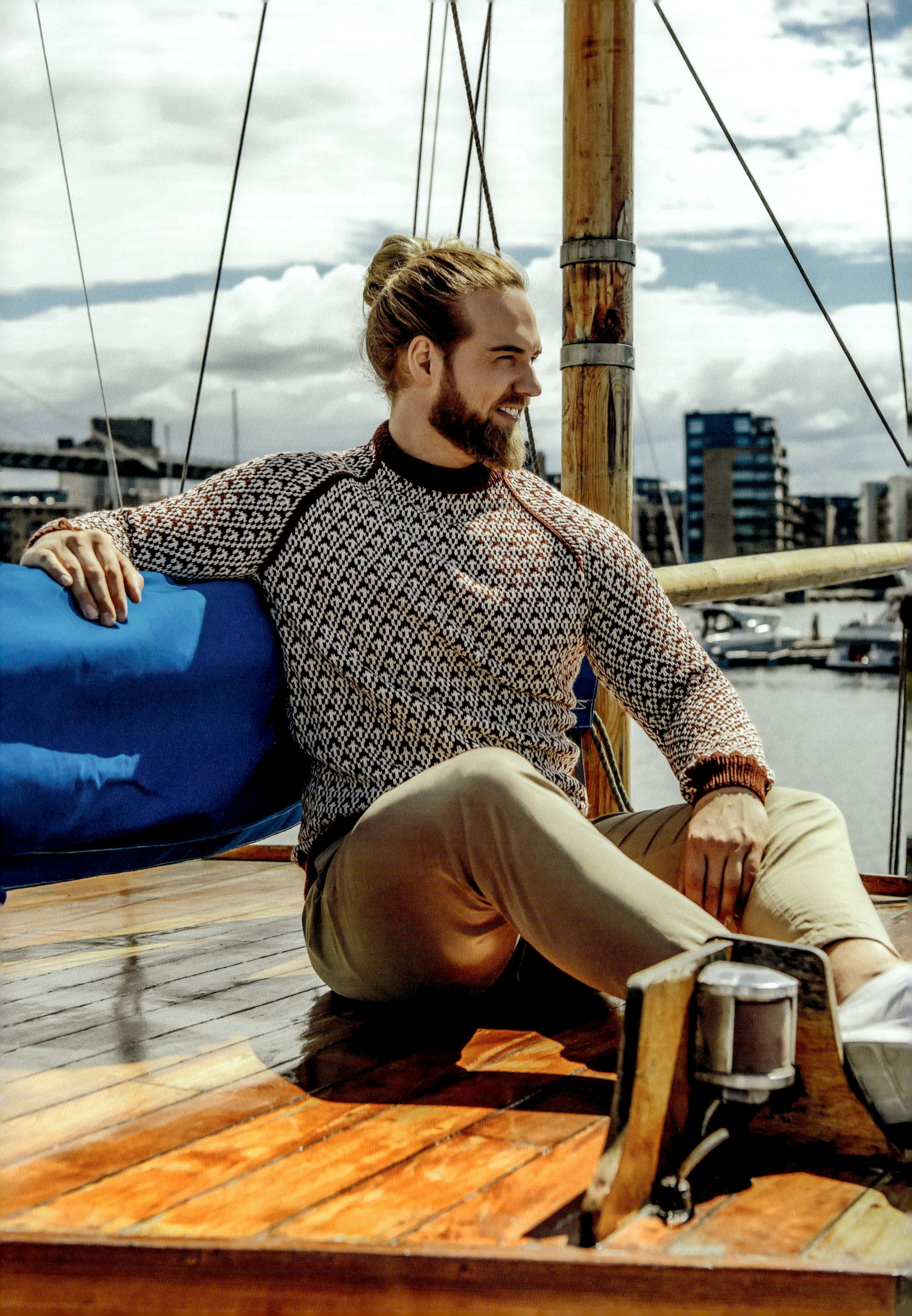

TINDE

PULLOVER FÜR HERREN

Der Tinde ist ein Prachtexemplar von Pullover mit sagenhaft schönem Muster, der wie angegossen sitzt. Mit ihm bist du der Star im Fjell und auf dem Meer.

SCHWIERIGKEITSGRAD 3

GRÖSSEN
S – M – L – XL – XXL – LASSE
Wähle die passende Größe nach den Maßangaben.

FERTIGMASSE
Oberweite ca. 95 – 103 – 110 – 118 – 128 – 128 cm
Gesamtlänge ca. 66 – 68 – 70 – 72 – 74 – 76 cm
Ärmellänge ca. 50 – 50 – 52 – 52 – 53 – 53 cm

MATERIAL
Gann Garn Myk Merino (100 % Superwash Merino, ca. 120 m/50 g) in Kastanienbraun (Fb 703) (Fb 1), 550 g – 550 g – 600 g – 600 g – 650 g – 650 g, und in Natur (Fb 701) (Fb 2), 350 g – 350 g – 400 g – 400 g – 450 g – 450 g
Lange und kurze Rundstricknadel und Nadelspiel 3,5 und 4,0 mm

MASCHENPROBE
Glatt rechts mit Nd 4,0 mm
24 M und 28 R = ca. 10 cm x 10 cm
Beachte, dass die Maschenprobe stimmen muss, damit Du mit dem Ergebnis zufrieden bist. Stricke zunächst ein Probestück und zähle die Zahl der Maschen auf 10 cm. Wenn Du mehr Maschen hast als angegeben, nimm eine größere Nadelstärke. Hast Du weniger Maschen, nimm dünnere Nadeln.

TIPP: Für ein schönes Erscheinungsbild des Musters mit zwei oder mehreren Farben hält man die Fäden immer in derselben Position hinter der Arbeit. Lege beispielsweise die Grundfarbe ganz innen an den Finger und die Musterfarbe ganz außen.

TIPP: Beim Musterstricken mit mehreren Farben zieht sich das Gestrick oft zusammen und man sollte ½ bis 1 Nadelstärke größer wählen.

VORDER- UND RÜCKENTEIL
228 – 246 – 264 – 282 – 306 – 306 M mit Nd 3,5 mm in Fb 1 anschl. Für alle Größen 6 cm im Bündchenmuster (1 M rechts, 1 M links) in Rd str. Zu Nd 4,0 mm wechseln. Nach 115 – 123 – 133 – 141 – 153 – 153 M für das Vorderteil und nach 113 – 123 – 131 – 141 – 153 – 153 M für das Rückenteil jeweils M-Markierer setzen. Dann das Muster nach der Strickschrift in Rd arbeiten und weiterstr, bis die Arbeit ca. 48 – 49 – 50 – 51 – 52 – 53 cm misst. Nun auf beiden Seiten 14 M abketten, jeweils 7 M auf jeder Seite des M-Markierers. Die Arbeit zur Seite legen und die Ärmel str.

ÄRMEL
54 – 54 – 58 – 58 – 60 – 60 M mit Nd 3,5 mm in Fb 1 anschl. Wie beim Vorder- und Rückenteil 6 cm im Bündchenmuster str. Zu Nd 4,0 mm wechseln, 1 Rd

glatt rechts str und dabei gleichzeitig gleichmäßig verteilt 15 – 17 – 15 – 19 – 19 – 19 M zunehmen (= 69 – 71 – 73 – 77 – 79 – 79 M). An den Anfang der Rd einen M-Markierer setzen (= Unterarm-Mitte). Von der Ärmelmitte ausgehend berechnen, wo die Rd in der Strickschrift beginnt und dann im Muster in Rd weiterstr. Gleichzeitig 1 M an jeder Seite des M-Markierers zunehmen. Diese Zunahmen ca. alle 4 – 4 – 3,5 – 3,5 – 3,5 – 3,5 cm wiederholen, bis man insgesamt 89 – 93 – 97 – 101 – 105 – 105 M erhält. Den Ärmel weiter bis zur angegebenen oder gewünschten Länge str. Darauf achten, dass der Ärmel mit derselben Muster-Rd wie das Vorder- und Rückenteil beendet wird. In der letzten Rd 14 M an der Unterarm-Mitte abketten, jeweils 7 M auf jeder Seite des M-Markierers. Die Arbeit zur Seite legen und den zweiten Ärmel ebenso str.

RAGLAN

Alle Teile auf eine Rundstricknd 4,0 mm setzen, dabei jeweils einen Ärmel mit der Abkettkante zwischen Vorder- und Rückenteil (= 350 – 376 – 402 – 428 – 460 – 460 M). Das Muster weiter str. Dort, wo sich die Teile treffen, 4 M-Markierer setzen. Nun für den Raglan immer in Fb 1 wie folgt abnehmen: Bis 4 M vor dem M-Markierer str, 1 M locker abheben, 1 M rechts, die abgehobene M überziehen, 1 M links, 2 M rechts, 1 M links mit Farbe 1, 2 M rechts zusammenstr. Auf diese Weise an allen vier Raglanstellen abnehmen (= 8 M Abnahme). In jeder 2. Rd die Raglanabnahmen wiederholen, insgesamt 24 – 27 – 29 – 32 – 35 – 35x. Nun die mittleren 23 – 25 – 31 – 33 – 39 – 39 M am Halsausschnitt abketten und die Rd beenden. Den Faden abschneiden und vorn am Halsausschnitt neu ansetzen. Darauf achten, dass die Raglanabnahmen mit einer Hinr beginnen. Weiter im Muster in Hin- und Rückr str, während für den Halsausschnitt wie folgt abgenommen wird: Auf beiden Seiten in jeder 2. R 1x 4 M, 2x 2 M und 1x 1 M. Weiterstr, bis es insgesamt 29 – 32 – 34 – 37 – 40 – 40 Raglanabnahmen am Rückenteil sind und zum Schluss noch 77 – 77 – 81 – 81 – 83 – 83 M auf der Nd sind. Dann den Halsausschnitt str.

HALSAUSSCHNITT

Die M auf die Nd 3,5 mm setzen und mit Fb 1 str, 39 – 39 – 45 – 47 – 53 – 53 M am Halsausschnitt vorn aufnehmen (= ca. 116 – 116 – 126 – 128 – 136 – 136 M). Ca. 3 cm im Bündchenmuster (1 M rechts, 1 M links) in Rd str. Dann 1 Rd links str (= Umschlagkante) und weitere 3 cm im Bündchenmuster str. Dann locker im Muster abketten. Die Kante nach innen umschlagen und mit lockeren Stichen annähen.

FERTIGSTELLEN

Die Ärmelöffnungen schließen. Alle losen Fäden nach innen ziehen und vernähen.

STRICKSCHRIFT

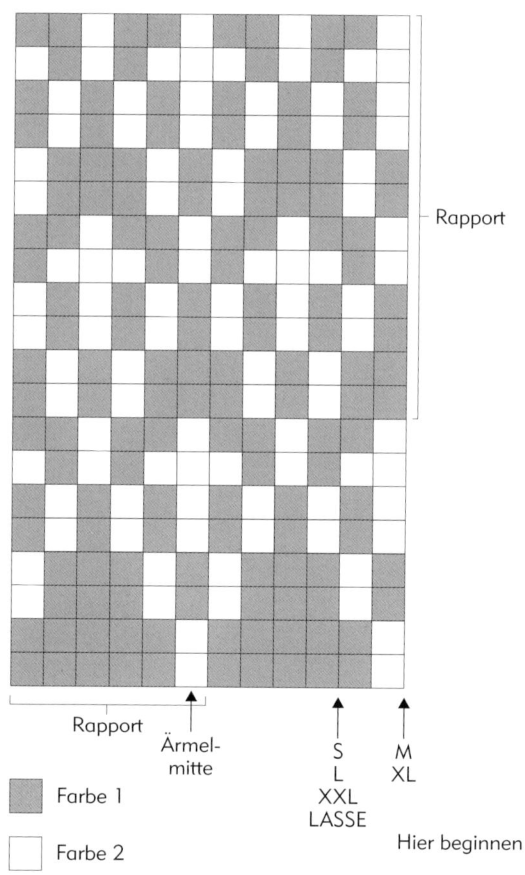

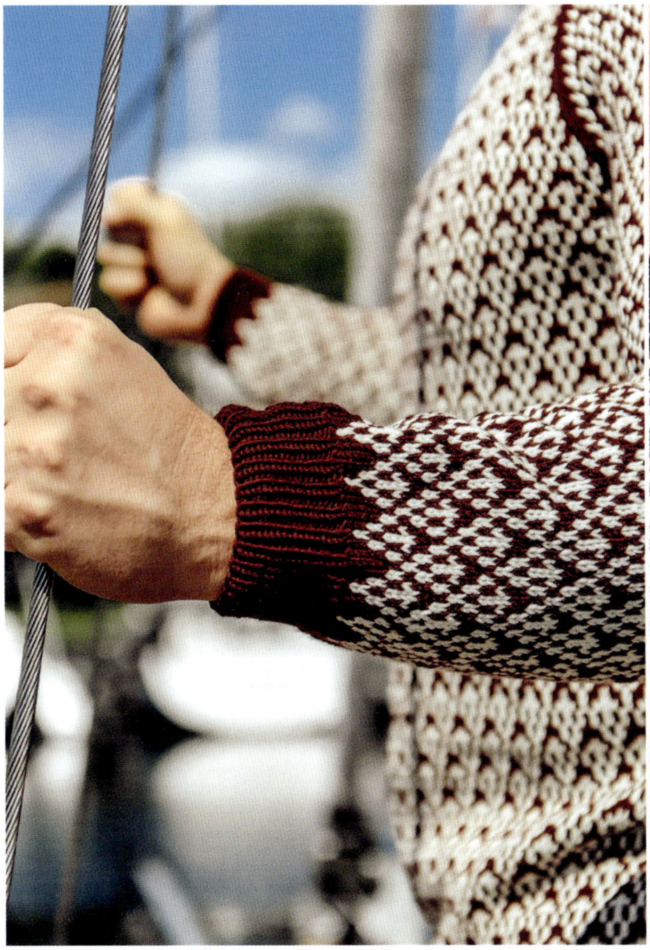
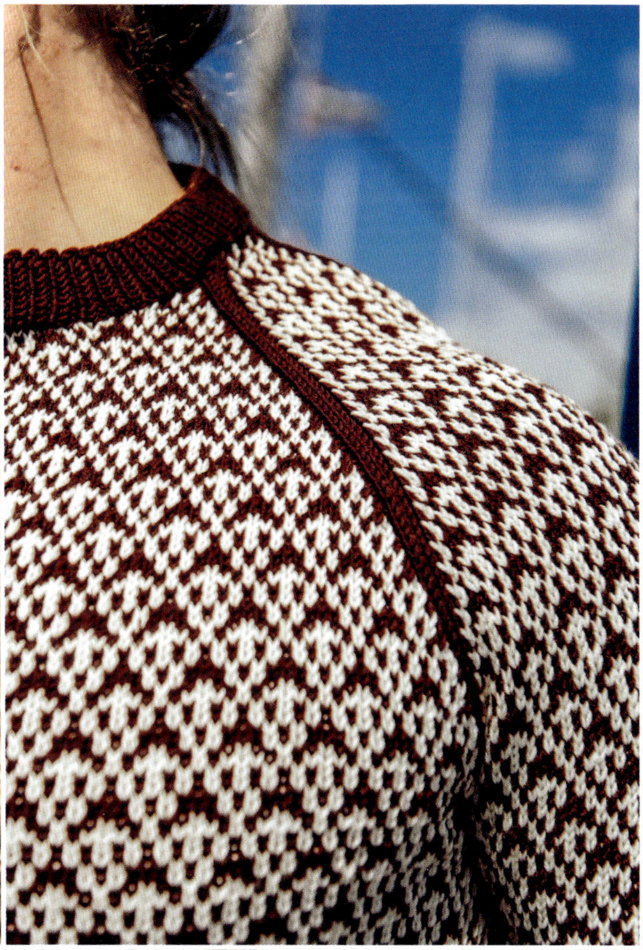
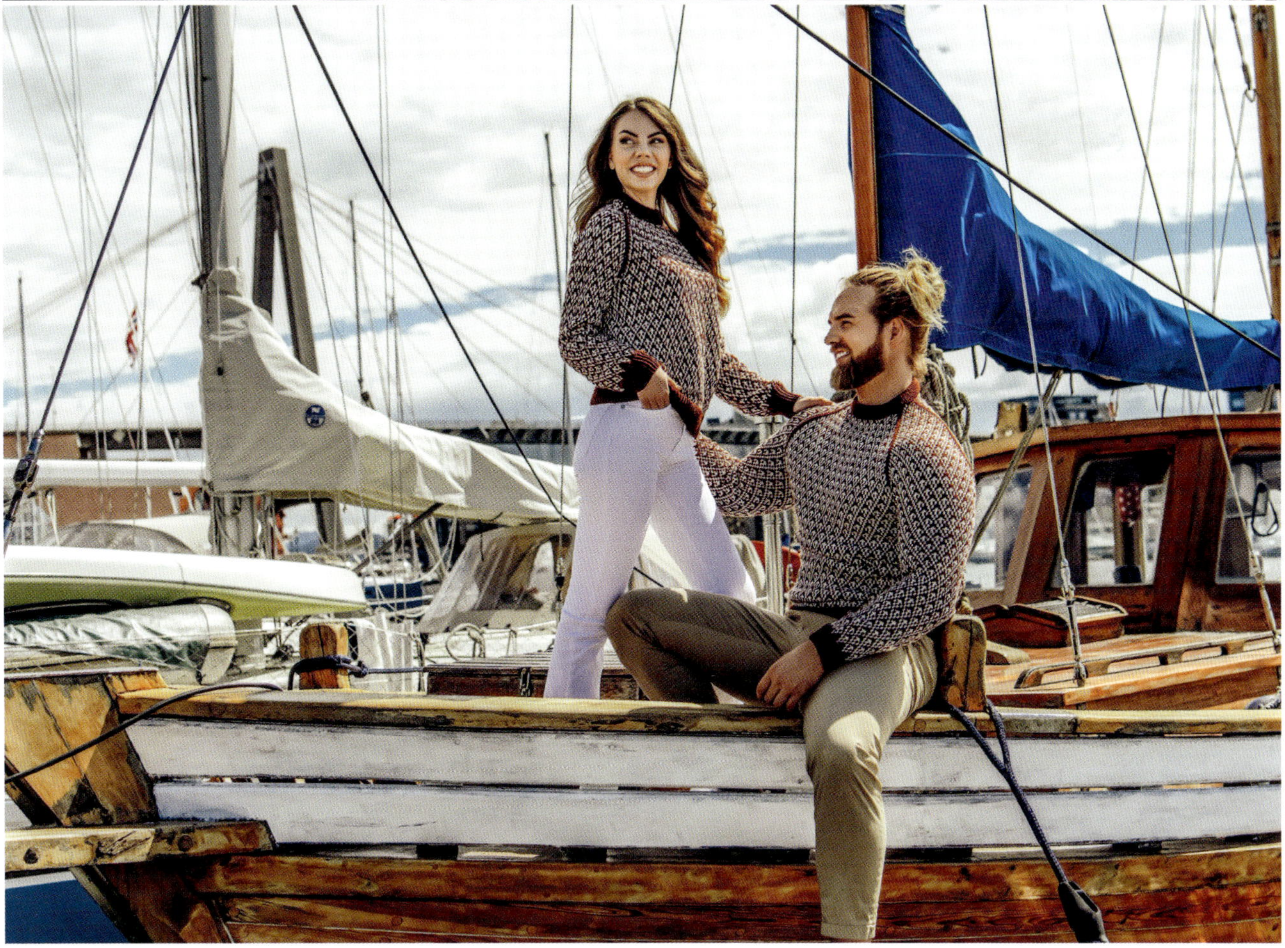

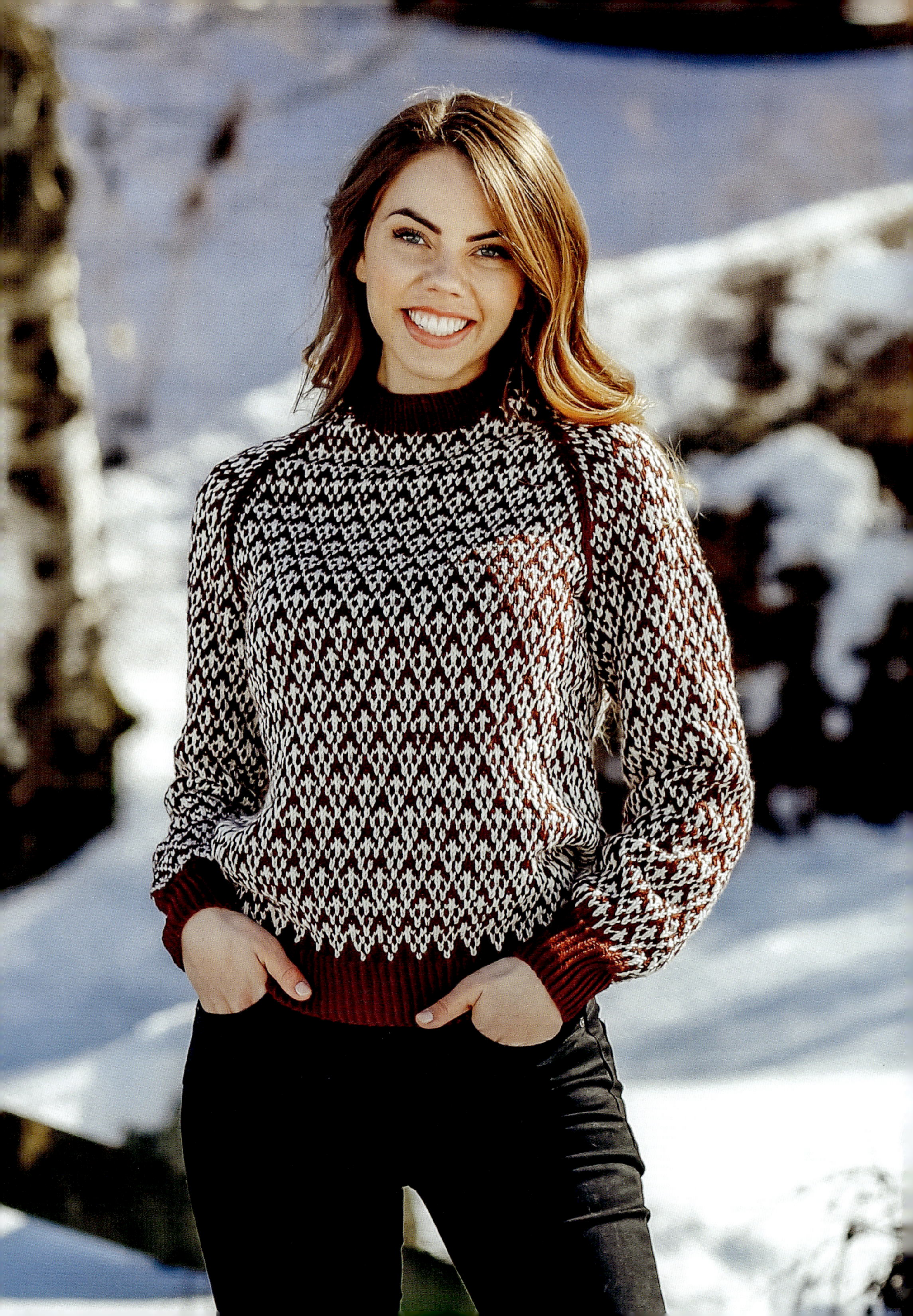

TINDE

PULLOVER FÜR DAMEN

SCHWIERIGKEITSGRAD 3

GRÖSSEN

XS – S – M – L – XL – XXL
Wähle die passende Größe nach den Maßangaben.

FERTIGMASSE

Oberweite ca. 85 – 93 – 103 – 109 – 120 – 130 cm
Gesamtlänge ca. 56 – 58 – 60 – 62 – 64 – 66 cm
Ärmellänge ca. 48 cm oder individuelle Länge

MATERIAL

Gann Garn Myk Merino (100 % Superwash Merino, ca. 120 m/50 g) in Kastanienbraun (Fb 703) (Fb 1), 450 g – 450 g – 500 g – 500 g – 550 g – 550 g, und in Natur (Fb 701) (Fb 2), 300 g – 300 g – 350 g – 350 g – 400 g – 400 g
Lange und kurze Rundstricknadel und Nadelspiel 3,5 und 4,0 mm

> **TIPP:** Für ein schönes Erscheinungsbild des Musters mit zwei oder mehreren Farben hält man die Fäden immer in derselben Position hinter der Arbeit. Lege beispielsweise die Grundfarbe ganz innen an den Finger und die Musterfarbe ganz außen.

MASCHENPROBE

Glatt rechts mit Nd 4,0 mm
24 M und 28 R = ca. 10 cm x 10 cm
Beachte, dass die Maschenprobe stimmen muss, damit Du mit dem Ergebnis zufrieden bist. Stricke zunächst ein Probestück und zähle die Zahl der Maschen auf 10 cm. Wenn Du mehr Maschen hast als angegeben, nimm eine größere Nadelstärke. Hast Du weniger Maschen, nimm dünnere Nadeln.

VORDER- UND RÜCKENTEIL

204 – 222 – 246 – 264 – 288 – 312 M mit Nd 3,5 mm in Fb 1 anschl. Für alle Größen 6 cm im Bündchenmuster (1 M rechts verschränkt, 1 M links) in Rd str. Zu Nd 4,0 mm wechseln. Nach 103 – 111 – 123 – 133 – 145 – 157 M für das Vorderteil und nach 101 – 111 – 123 – 131 – 143 – 155 M für das Rückenteil jeweils M-Markierer setzen. Dann das Muster nach der Strickschrift in Rd arbeiten und weiterstr, bis die Arbeit ca. 37 – 38 – 39 – 40 – 41 – 42 cm misst. Nun auf beiden Seiten 12 M abketten, jeweils 6 M auf jeder Seite des M-Markierers. Die Arbeit zur Seite legen und die Ärmel str.

ÄRMEL

48 – 48 – 52 – 52 – 56 – 56 M mit Nd 3,5 mm in Fb 1 anschl. Wie beim Vorder- und Rückenteil 6 cm im Bündchenmuster str. Zu Nd 4,0 mm wechseln, 1 Rd glatt rechts str und dabei gleichzeitig gleichmäßig verteilt 9 – 13 – 13 – 17 – 17 – 21 M zunehmen (= 57 – 61 – 65 – 69 – 73 – 77 M). An den Anfang der Rd einen M-Markierer setzen (= Unterarm-Mitte). Von der Ärmelmitte ausgehend berechnen, wo die Rd in der Strickschrift beginnt und dann im Muster in Rd weiterstr. Gleichzeitig 1 M an jeder Seite des M-Markierers zunehmen. Diese Zunahmen ca. alle 3,5 – 3 – 3 – 3 – 3 – 3 cm wiederholen, bis man insgesamt 81 – 87 – 91 – 95 – 101 – 105 M erhält. Den Ärmel weiter bis zur angegebenen oder gewünschten Länge str. Darauf achten, dass der Ärmel mit derselben Muster-Rd wie das Vorder- und Rückenteil beendet wird. In der letzten Rd 12 M an der Unterarm-Mitte abketten, jeweils 6 M auf jeder Seite des M-Markierers. Die Arbeit zur Seite legen und den zweiten Ärmel ebenso str.

RAGLAN

Alle Teile auf eine Rundstricknd 4,0 mm setzen, dabei jeweils einen Ärmel mit der Abkettkante zwischen Vorder- und Rückenteil (= 318 – 348 – 380 – 406 – 442 – 474 M). Das Muster weiterstr. Dort, wo sich die Teile treffen, 4 M-Markierer setzen. Nun für den Raglan immer in Fb 1 wie folgt abnehmen: Bis 4 M vor dem M-Markierer str, 1 M locker abheben, 1 M rechts, die abgehobene M überziehen, 1 M links, 2 M rechts, 1 M links, 2 M rechts zusammenstr Auf diese Weise an allen vier Raglanstellen abnehmen (= 8 M Abnahme). In jeder 2. Rd die Raglanabnahmen wiederholen, insgesamt 22 – 24 – 27 – 30 – 33 – 36 x. Nun die mittleren 17 – 21 – 27 – 31 – 37 – 43 M am Halsausschnitt abketten und die Rd beenden. Den Faden abschneiden und vorn am Halsausschnitt neu ansetzen. Darauf achten, dass die Raglanabnahmen mit einer Hinr beginnen. Weiter im Muster in Hin- und Rückr str, während für den Halsausschnitt wie folgt abgenommen wird: Auf beiden Seiten in jeder 2. R 1x 4 M, 2x 2 M und 1x 1 M. Weiterstr, bis es insgesamt 27 – 29 – 27 – 32 – 35 – 38 – 41 Raglanabnahmen am Rückenteil sind und zum Schluss noch 65 – 75 – 77 – 75 – 81 – 83 M auf der Nd sind. Dann den Halsausschnitt str.

HALSAUSSCHNITT

Die M auf die Nd 3,5 mm setzen und mit Fb 1 str, 37 – 39 – 45 – 49 – 55 – 61 M am Halsausschnitt vorn aufnehmen (= ca. 102 – 114 – 120 – 124 – 136 – 144 M). Ca. 6 cm im Bündchenmuster (1 M rechts verschränkt, 1 M links) str. Dann locker im Muster abketten. Die Kante nach innen umschlagen und mit lockeren Stichen annähen.

FERTIGSTELLEN

Die Ärmelöffnungen schließen. Alle losen Fäden nach innen ziehen und vernähen.

STRICKSCHRIFT

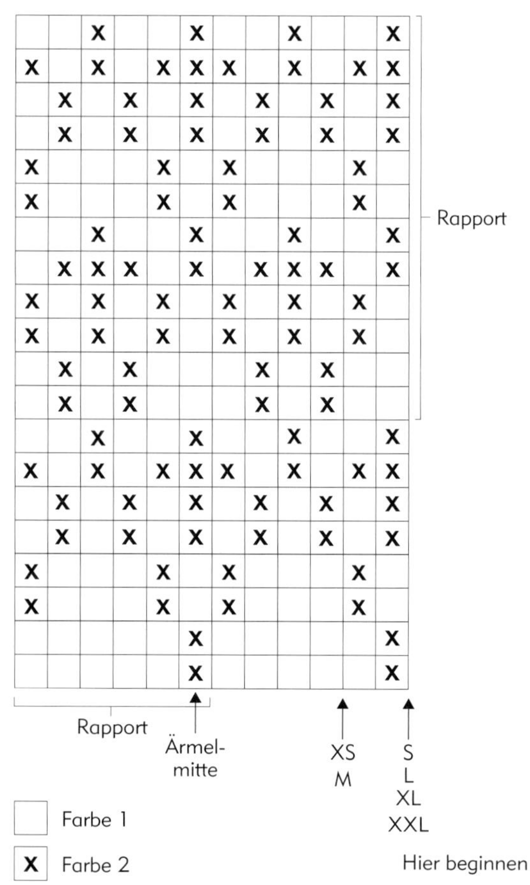

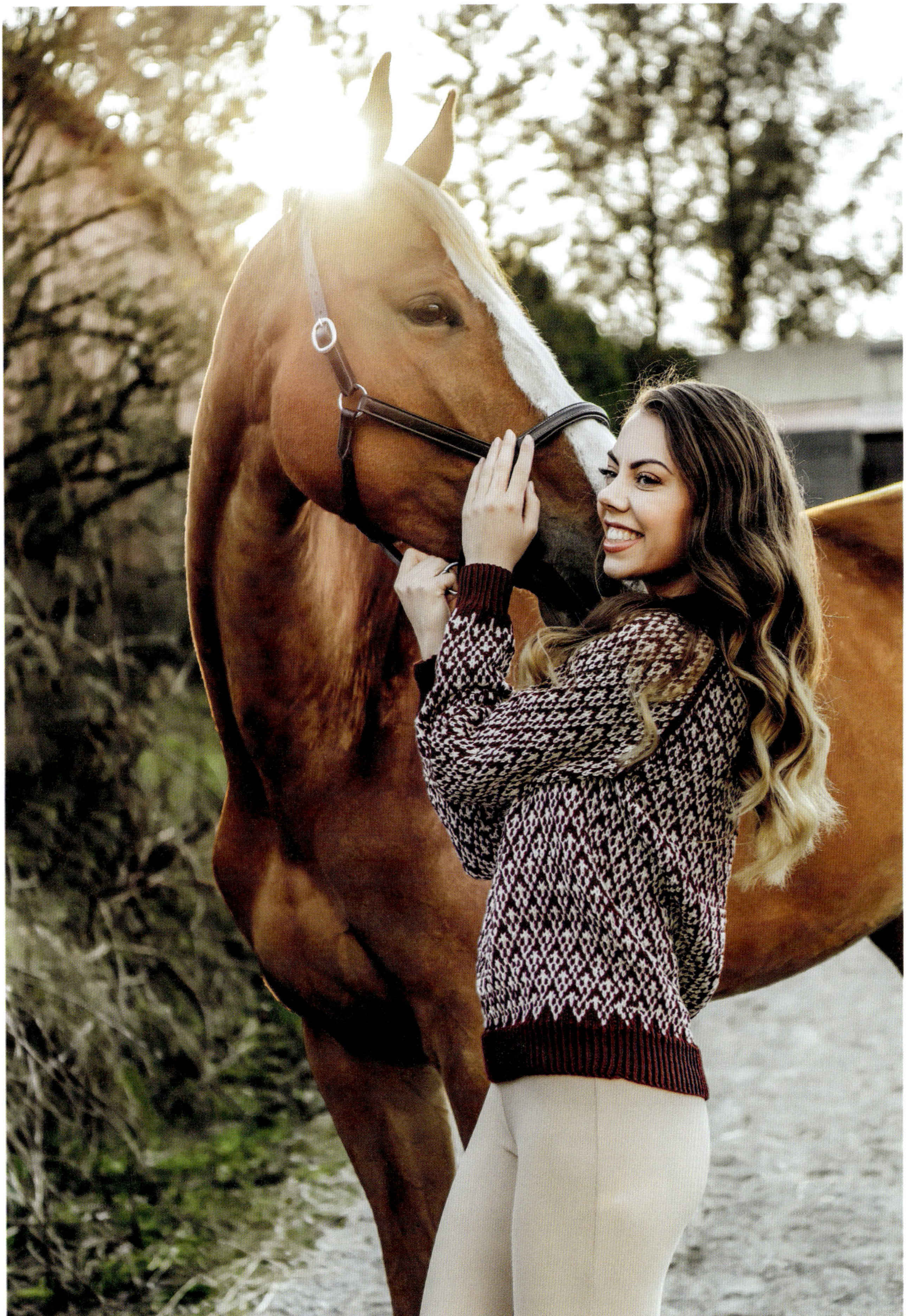

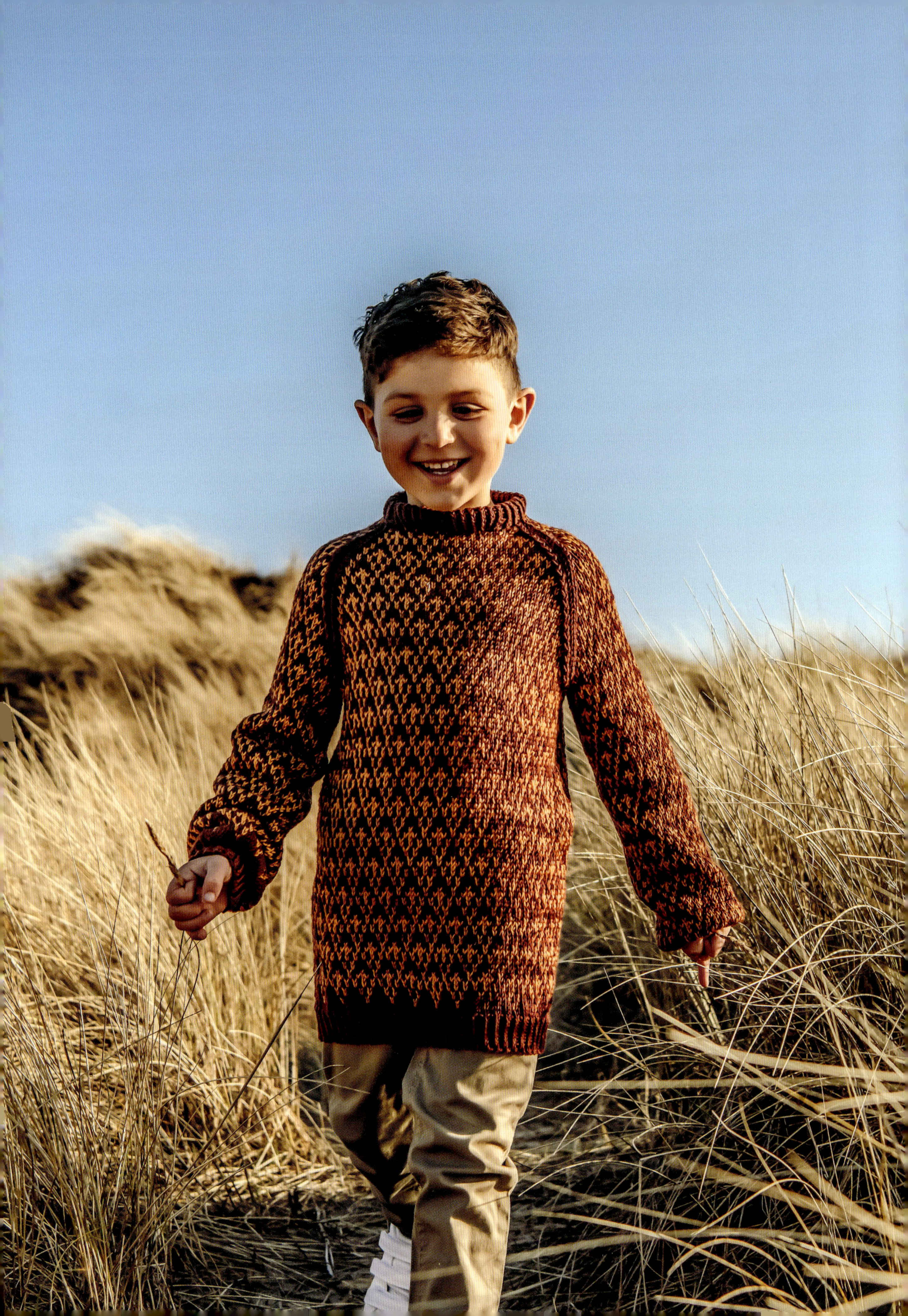

TINDE

PULLOVER FÜR KINDER

Mit dem weichen Merinogarn fühlen sich auch die Jüngsten pudelwohl.

SCHWIERIGKEITSGRAD 3

GRÖSSEN
2/4 – 6 – 8 – 10 – 12 Jahre
Wähle die passende Größe nach den Maßangaben.

FERTIGMASSE
Oberweite ca. 60 – 65 – 70 – 75 – 80 cm
Gesamtlänge ca. 40 – 44 – 49 – 53 – 56 cm
Ärmellänge ca. 27 – 33 – 36 – 38 – 40 cm

MATERIAL
Gann Garn Myk Merino (100 % Superwash Merino, ca. 120 m/50 g) in Kastanienbraun (Fb 703) (Fb 1), 200 g – 200 g – 250 g – 250 g – 300 g, und in Karamell (Fb 704) (Fb 2), 150 g – 150 g – 200 g – 200 g – 250 g
Alternative Farben: Beige (Fb 705) und Kastanienbraun (Fb 703), s. S. 65
Lange und kurze Rundstricknadel und Nadelspiel 3,5 und 4,0 mm

> **TIPP:** Für ein schönes Erscheinungsbild des Musters mit zwei oder mehreren Farben hält man die Fäden immer in derselben Position hinter der Arbeit. Lege beispielsweise die Grundfarbe ganz innen an den Finger und die Musterfarbe ganz außen.

MASCHENPROBE
Glatt rechts mit Nd 4,0 mm
24 M und 28 R = ca. 10 cm x 10 cm
Beachte, dass die Maschenprobe stimmen muss, damit Du mit dem Ergebnis zufrieden bist. Stricke zunächst ein Probestück und zähle die Zahl der Maschen auf 10 cm. Wenn Du mehr Maschen hast als angegeben, nimm eine größere Nadelstärke. Hast Du weniger Maschen, nimm dünnere Nadeln.

VORDER- UND RÜCKENTEIL
144 – 156 – 168 – 180 – 192 M mit Nd 3,5 mm in Fb 1 anschl. Ca. 3 – 3 – 4 – 4 – 4 cm im Bündchenmuster (1 M rechts verschränkt, 1 M links) in Rd str. Zu Nd 4,0 mm wechseln. Nach 73 – 79 – 85 – 91 – 97 M für das Vorderteil und nach 71 – 77 – 83 – 89 – 95 M für das Rückenteil jeweils M-Markierer setzen. Dann das Muster nach der Strickschrift in Rd arbeiten und weiterstr, bis die Arbeit ca. 27 – 30 – 34 – 37 – 39 cm misst. Nun auf beiden Seiten 10 M abketten, jeweils 5 M auf jeder Seite des M-Markierers. Die Arbeit zur Seite legen und die Ärmel str.

ÄRMEL

32 – 36 – 40 – 44 – 46 M mit Nd 3,5 mm in Fb 1 anschl. Wie beim Vorder- und Rückenteil 3 – 3 – 4 – 4 – 4 cm im Bündchenmuster str. Zu Nd 4,0 mm wechseln, 1 Rd glatt rechts str und dabei gleichzeitig gleichmäßig verteilt 21 – 21 – 21 – 23 – 27 M zunehmen (= 53 – 57 – 61 – 67 – 73 M). An den Anfang der Rd einen M-Markierer setzen (= Unterarm-Mitte). Von der Ärmelmitte ausgehend berechnen, wo die Rd in der Strickschrift beginnt und dann im Muster in Rd weiterstr. Den Ärmel weiter bis zur angegebenen oder gewünschten Länge str. Darauf achten, dass der Ärmel mit derselben Muster-Rd wie das Vorder- und Rückenteil beendet wird. In der letzten Rd 10 M an der Unterarm-Mitte abketten, jeweils 5 M auf jeder Seite des M-Markierers. Die Arbeit zur Seite legen und den zweiten Ärmel ebenso str.

RAGLAN

Alle Teile auf eine Rundstricknd 4,0 mm setzen, dabei jeweils einen Ärmel mit der Abkettkante zwischen Vorder- und Rückenteil (= 190 – 210 – 230 – 250 – 274 M). Das Muster weiter str. Dort, wo sich die Teile treffen, 4 M-Markierer setzen. Nun für den Raglan immer in Fb 1 wie folgt abnehmen: Bis 4 M vor dem M-Markierer str, 1 M locker abheben, 1 M rechts, die abgehobene M überziehen, 1 M links, 2 M rechts, 1 M links, 2 M rechts zusammenstr. Auf diese Weise an allen vier Raglanstellen abnehmen (= 8 M Abnahme). In jeder 2. Rd die Raglanabnahmen wiederholen, insgesamt 13 – 15 – 17 – 20 – 22x.

Nun die mittleren 15 – 17 – 19 – 19 – 21 M am Halsausschnitt abketten und die Rd beenden. Den Faden abschneiden und vorn am Halsausschnitt neu ansetzen. Darauf achten, dass die Raglanabnahmen mit einer Hinr beginnen. Weiter im Muster in Hin- und Rückr str, während für den Halsausschnitt wie folgt abgenommen wird: Auf beiden Seiten in jeder 2. R 1x 3 M und 2x 1 M. Weiterstr, bis es insgesamt 17 – 19 – 21 – 24 – 26 Raglanabnahmen am Rückenteil sind und zum Schluss noch 47 – 49 – 51 – 51 – 57 M auf der Nd sind. Dann den Halsausschnitt str.

HALSAUSSCHNITT

Die M auf die Nd 3,5 mm setzen und mit Fb 1 str, 29 – 31 – 31 – 35 – 35 M am Halsausschnitt vorn aufnehmen (= ca. 78 – 80 – 82 – 86 – 92 M). Ca. 5 – 5 – 6 – 6 – 6 cm im Bündchenmuster (1 M rechts verschränkt, 1 M links) in Rd str. Dann locker im Muster abketten. Die Kante doppelt nach innen umschlagen und mit lockeren Stichen annähen.

FERTIGSTELLEN

Die Ärmelöffnungen schließen. Alle losen Fäden nach innen ziehen und vernähen.

STRICKSCHRIFT

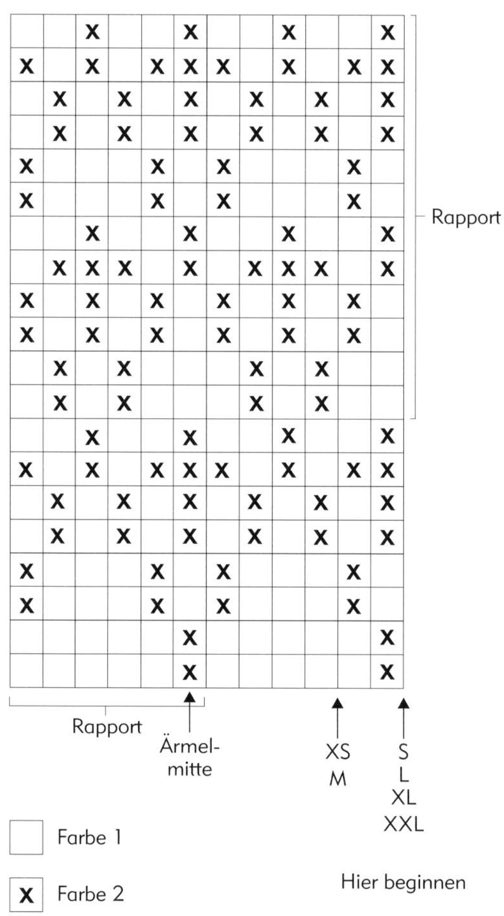

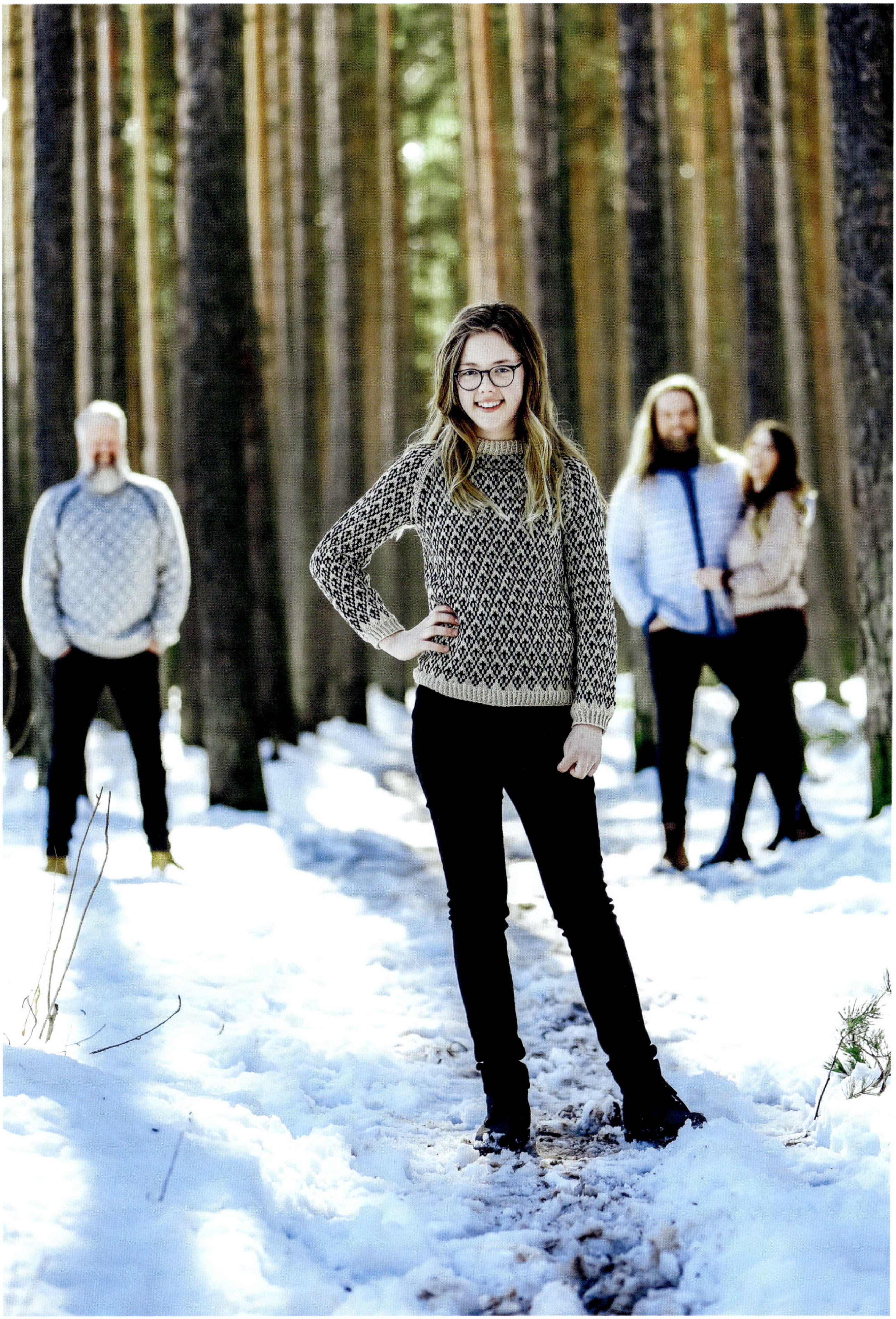

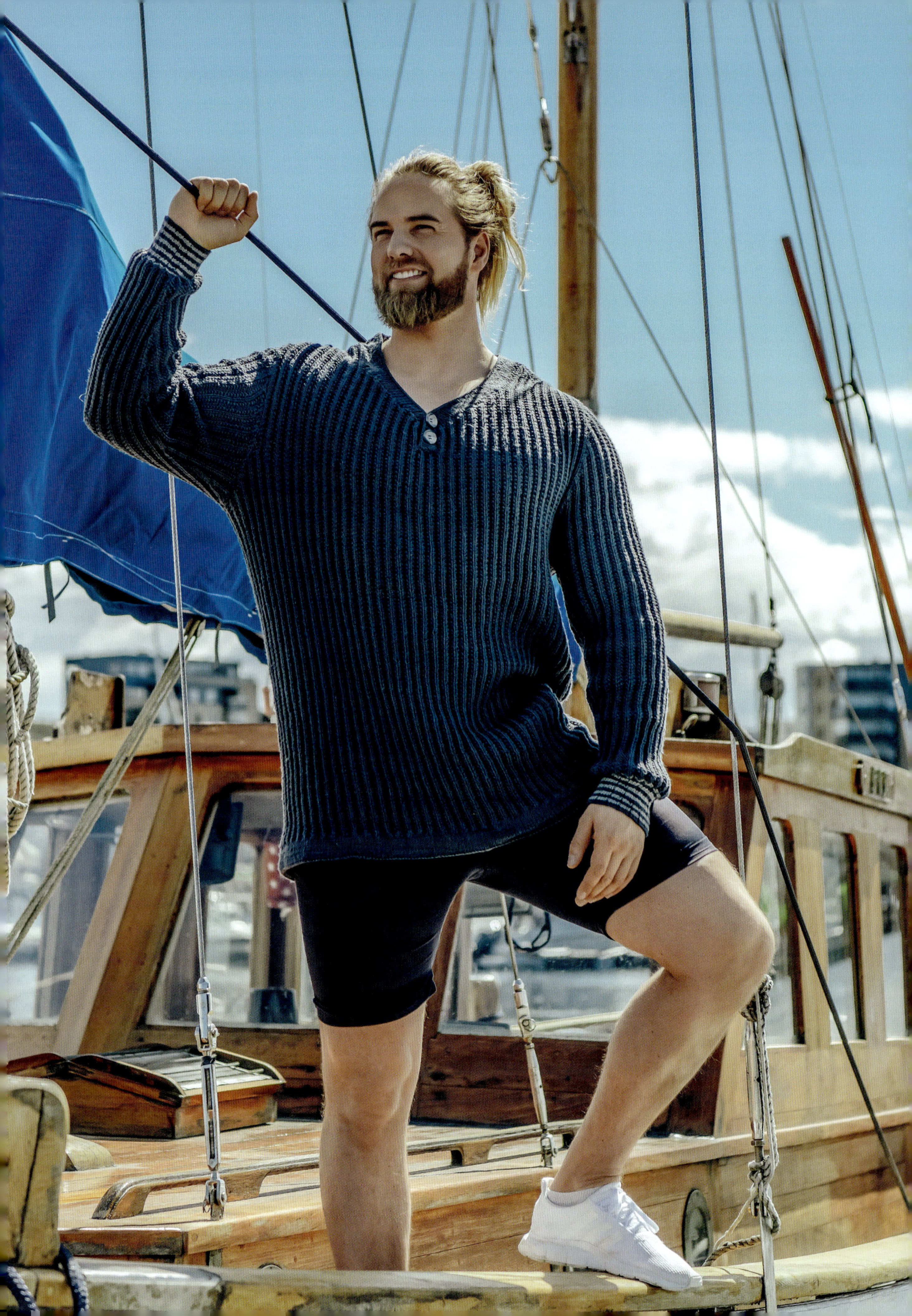

SEGEL-PULLOVER

Ein warmer, aber trotzdem luftiger Pullover im Rippenmuster, in dem man sich als Mann von Welt wohlfühlen kann. Dazu gibt es im hinteren Teil auch noch die passende Mütze (s. S. 173).

SCHWIERIGKEITSGRAD 3

GRÖSSEN

S – M – L – XL – XXL – LASSE

Wähle die passende Größe nach den Maßangaben.

FERTIGMASSE

Oberweite ca. 99 – 108 – 118 – 127 – 136 – 127 cm

Gesamtlänge ca. 66 – 68 – 70 – 72 – 74 – 78 cm

Ärmellänge ca. 50 – 50 – 52 – 52 – 53 – 53 cm

MATERIAL

Gann Garn Myk Merino (100 % Merino, ca. 120 m/50 g) in Schiefer (Fb 707) (Fb 1), 900 g – 950 g – 1050 g – 1150 g – 1200 g – 1250 g, und in Hellgrau (Fb 706) (Fb 2), 50 g für alle Größen

Lange und kurze Rundstricknadel und Nadelspiel 3,5 mm und 4,0 mm

2 Knöpfe

MASCHENPROBE

Im Rippenmuster mit Nd 4,0 mm

26 M und 32 R = ca. 10 cm x 10 cm

Glatt rechts mit Nd 4,0 mm 24 M = 10 cm

Beachte, dass die Maschenprobe stimmen muss, damit Du mit dem Ergebnis zufrieden bist. Stricke zunächst ein Probestück und zähle die Zahl der Maschen auf 10 cm. Wenn Du mehr Maschen hast als angegeben, nimm eine größere Nadelstärke. Hast Du weniger Maschen, nimm dünnere Nadeln.

Streifenmuster

* 2 Rd in Fb 1, 2 Rd in Fb 2 * – von * bis * wiederholen, bis das Bündchen 6 cm misst. Mit einem Streifen in Fb 2 enden.

Die Anschlagkante zählt als 1. Rd!

VORDER- UND RÜCKENTEIL

218 – 238 – 258 – 280 – 300 – 280 M auf der Rundstricknd 3,5 mm anschl und 4 cm glatt rechts in Rd str, dann 1 Rd mit linken M (= Bruchkante), dann weitere 4 cm glatt rechts. In der letzten Rd gleichmäßig verteilt 38 – 42 – 46 – 48 – 52 – 48 M zunehmen (= 256 – 280 – 304 – 328 – 352 – 328 M).
Es sind nun jeweils 128 – 140 – 152 – 164 – 176 – 164 M für das Vorderteil und für das Rückenteil. Je einen M-Markierer um die erste und letzte M des Vorderteils hängen, um die Seiten zu kennzeichnen.
Zu Nd 4,0 mm wechseln und das Muster nach der Strickschrift str. Wenn die Arbeit von der Bruchkante gemessen 46 – 47 – 48 – 49 – 50 – 53 cm lang ist, auf jeder Seite 11 M für die Armausschnitte abnehmen (= die markierte M + 5 M auf jeder Seite des Markierers). Die Arbeit zur Seite legen und die Ärmel str.

ÄRMEL

52 – 52 – 56 – 56 – 60 – 60 M mit Nd 3,5 mm in Fb 1 anschl. 6 cm im Bündchenmuster (3 M rechts, 1 M links) mit Streifen in Rd str. In der letzten Rd gleichmäßig verteilt 11 – 13 – 13 – 17 – 15 – 17 M zunehmen (= 63 – 65 – 69 – 73 – 75 – 77 M).
Zu Nd 4,0 mm und zu Fb 1 wechseln. An den Anfang der Rd einen M-Markierer setzen (= Unterarm-Mitte). Im Rippenmuster nach der Strickschrift weiterstr. Gleichzeitig in der 2. Rd 1 M an jeder Seite des M-Markierers zunehmen. Diese Zunahmen ca. alle 3,5 – 3 – 3 – 3 – 2,5 – 2,5 cm wiederholen, insgesamt 13 – 14 – 15 – 16 – 17 – 18x, bis man insgesamt 89 – 93 – 99 – 105 – 109 – 113 M erhält. Wenn der Ärmel 50 – 50 – 52 – 52 – 53 – 53 cm lang ist oder die gewünschte Länge hat, werden 12 M an der Unterarm-Mitte für den Armausschnitt abgekettet, jeweils 6 M auf jeder Seite des M-Markierers (= 77 – 81 – 87 –93 – 97 – 101 M). Die Arbeit zur Seite legen und den zweiten Ärmel ebenso str.

RAGLAN

Lies den ganzen Abschnitt, bevor Du die Raglanpasse strickst.
Alle Teile auf eine Rundstricknd 4,0 mm setzen, dabei jeweils einen Ärmel mit den Abkettkanten zwischen Vorder- und Rückenteil einfügen (= 388 – 420 – 456 – 492 – 524 – 508 M). Nun weiter im Muster arbeiten. Dort, wo sich die Teile treffen, 4 M-Markierer setzen und für den Raglan weiter wie folgt abnehmen: Bis 2 M vor dem M-Markierer str, 1 M locker abheben, 1 M rechts, die abgehobene M überziehen, dann 2 M rechts zusammenstr. Auf diese Weise an allen vier Raglanstellen abnehmen (= 8 M Abnahme). Die Raglanabnahmen im jeder Rd insgesamt 5 – 6 – 7 – 8 – 9 – 10x arbeiten.
Weiter dann nur noch an den Ärmeln abnehmen, während die M des Vorder- und Rückenteils ohne Abnahmen gestrickt werden, das heißt: An den Ärmeln je 1 M in jeder 2. Rd (= 4 M Abnahme) insgesamt 26 – 27 – 28 – 30 – 30 – 31x (= je 15 – 15 – 17 – 17 – 19 – 19 Schulter-M für jeden Ärmel). Wenn 5 – 6 – 7 – 8 – 9 – 10 cm gestrickt sind, dann gleichzeitig auch die mittleren 6 M am Halsausschnitt des Vorderteils abketten. Weiter in Hin- und Rückr das Muster arbeiten und die Raglanabnahmen arbeiten.
Wenn die Abnahmen an den Ärmeln beendet sind, nimmt man gleichzeitig für die Schulterschrägen ab: Bis zur letzten M des Vorderteils str – das wird die „Schultermasche" –, diese abheben, 1 M des Ärmels str, die abgehobene M locker überziehen, dann 13 – 13 – 15 – 15 – 17 – 17 M für die Schulter im Muster str, dann 2 M rechts zusammenstr, bis zur letzten M des Rückenteils im Muster str und die Abnahmen an der rechten Schulter entsprechend wiederholen(= 4 M Abnahme). Auf diese Weise in jeder Rd abnehmen. In Rückr strickt man 2 M links zusammen. Wenn die Abnahmen für den Halsausschnitt in die Schulterschrägen übergehen, nimmt man nur noch am Rückenteil für die Schultern ab.
Wenn man insgesamt 26 – 30 – 35 – 39 – 44 – 38x auf jeder Seite des Rückenteils abgenommen hat und

alle Halsausschnitt-M wie beschrieben abgenommen sind, legt man 56 – 58 – 58 – 60 – 60 – 58 M des Rückenteils und 15 – 15 – 17 – 17 – 19 – 19 M von jeder Schulter sowie 0 – 1 – 1 – 0 – 0 – 1 M von jeder Seite des Vorderteils auf eine Hilfsnd (= 86 – 90 – 94 – 94 – 98 – 98 M).

HALSAUSSCHNITT

Mit einer Hinr an der rechten Seite beginnen. Mit Fb 1 und Nd 4,0 mm entlang des rechten Halsausschnitts ca. 11 M pro 5 cm aufnehmen, die M im Nacken von der Hilfsnd abheben und gegengleich M entlang des linken Halsausschnitts aufnehmen. Die M-Zahl muss teilbar sein durch 4 minus 1.

Auf der linken Seite Markierungen für 2 Knopflöcher setzen, das erste 1 cm vom Beginn des Ausschnitts, das zweite nach ca. 4 cm. Dann 3 cm im Bündchenmuster [3 M links, 1 M rechts (Rückr) bzw. 3 M rechts, 1 M links (Hinr)] in Hin- und Rückr str. Nach 1,5 cm gleichzeitig ein Knopfloch an jeder Markierung arbeiten: 2 M rechts zusammenstr, 2 Umschläge, 2 M verschränkt rechts zusammenstr. In der nächsten R strickt man 1 M links, 1 M rechts über die Umschläge. Dann abketten.

Die Enden des Halsausschnitts übereinanderlegen und am Vorderteil annähen.

FERTIGSTELLEN

Ärmelöffnungen schließen.

Die untere Bruchkante am Vorder- und Rückenteil nach innen umschlagen und mit lockeren Stichen annähen.

Die Knöpfe annähen.

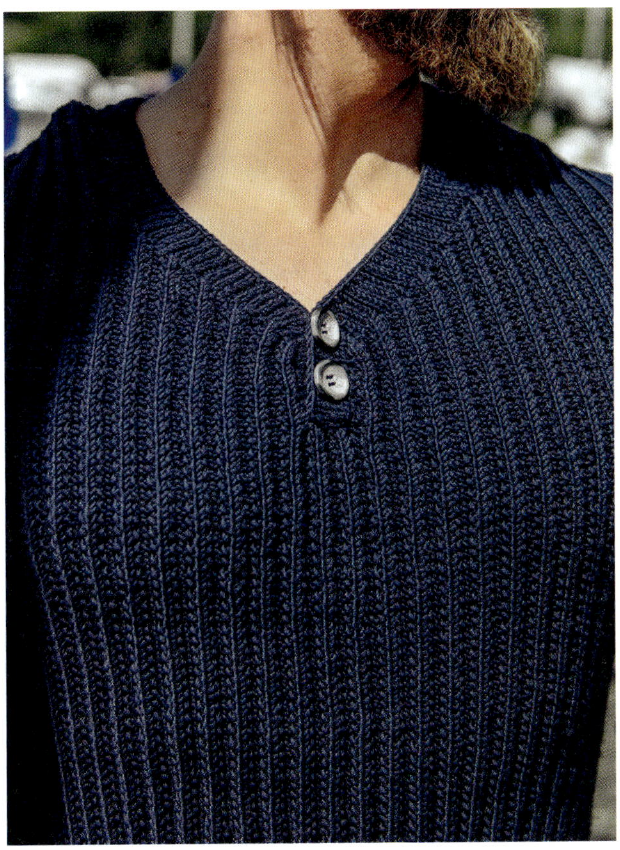

STRICKSCHRIFT

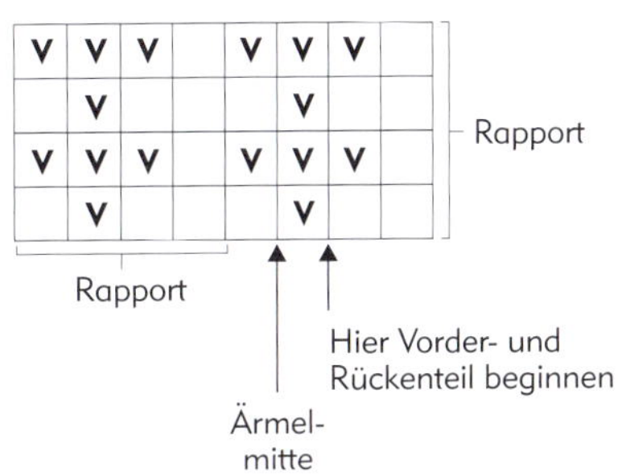

☐ In Hinr rechts, in Rückr links str

V In Hinr links, in Rückr rechts str

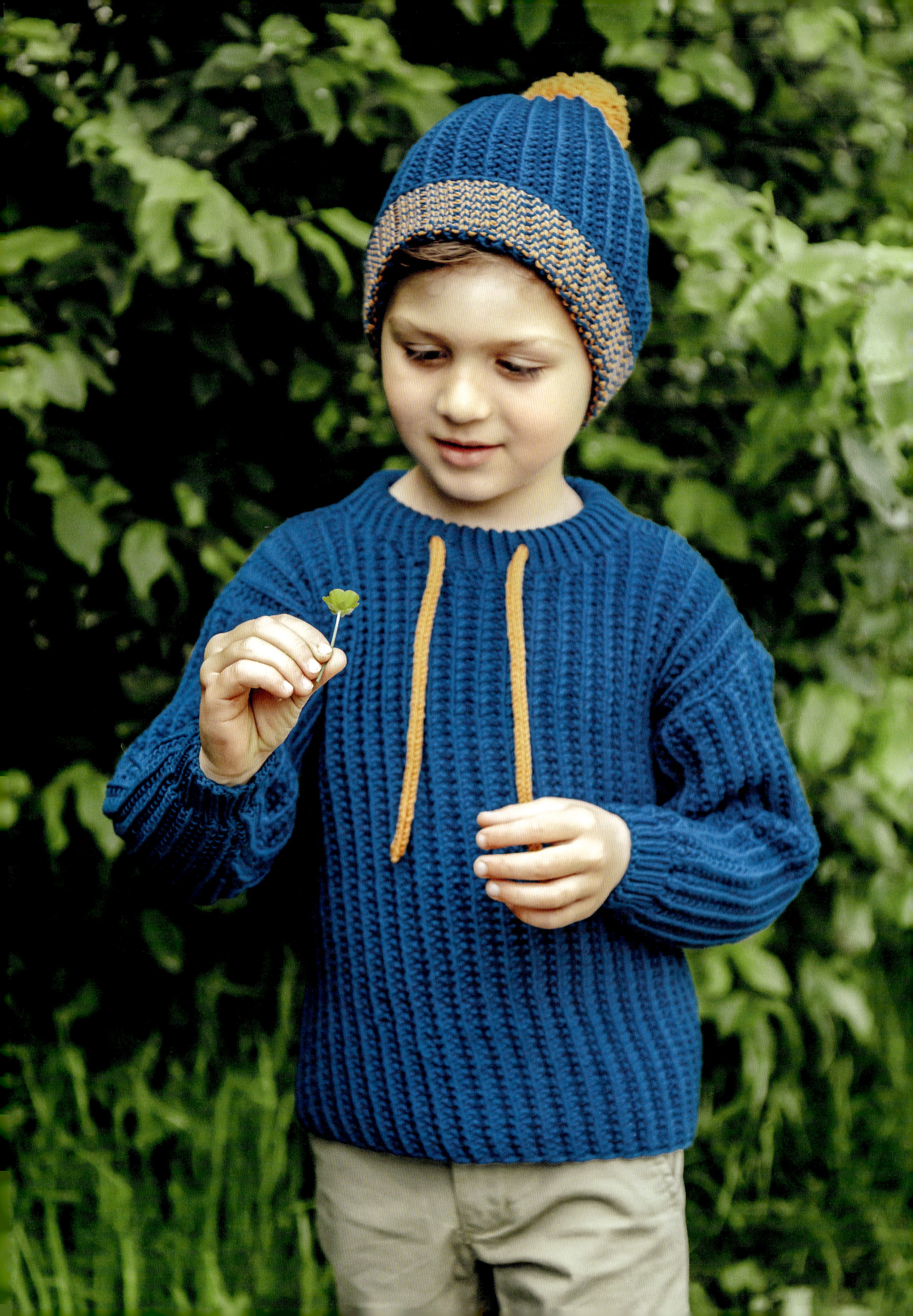

SEGEL-PULLOVER

FÜR KINDER

Der Segel-Pullover passt super für lange und kurze Entdecker. Die dazu passende Mütze finden Sie im hinteren Buchteil.

SCHWIERIGKEITSGRAD 3

GRÖSSEN
2 – 4 – 6 – 8 – 10 – 12 Jahre
Wähle die passende Größe nach den Maßangaben.

FERTIGMASSE
Oberweite ca. 61 – 64 – 70 – 74 – 80 – 86 cm
Gesamtlänge ca. 36 – 40 – 44 – 48 – 52 – 56 cm
Ärmellänge ca. 24 – 27 – 33 – 36 – 38 – 40 cm

MATERIAL
Gann Garn Myk Merino (100 % Merino, ca. 120 m/ 50 g) in Blau (Fb 714) (Fb 1), 300 g – 350 g – 400 g – 450 g – 550 g – 600 g, und in Karamell (Fb 704) (Fb 2), 50 g für alle Größen
Alternative Farben: Heide (Fb 721) und Beige (Fb 705), s. S. 73
Rundstricknadel und Nadelspiel 4,0 und 4,5 mm

MASCHENPROBE
Im Muster mit Nd 4,5 mm
25 M und 32 Rd = ca. 10 cm x 10 cm
Beachte, dass die Maschenprobe stimmen muss, damit Du mit dem Ergebnis zufrieden bist. Stricke zunächst ein Probestück und zähle die Zahl der Maschen auf 10 cm. Wenn Du mehr Maschen hast als angegeben, nimm eine größere Nadelstärke. Hast Du weniger Maschen, nimm dünnere Nadeln.

VORDER- UND RÜCKENTEIL

152 – 160 – 176 – 184 – 200 – 216 M auf der Rundstricknd 4,5 mm in Fb 1 anschl und das Rippenmuster in Rd nach der Strickschrift str. Für das Vorderteil nach 77 – 81 – 89 – 93 – 101 – 109 M und für das Rückenteil nach weiteren 75 – 79 – 87 – 91 – 99 – 107 M jeweils einen M-Markierer setzen. Wenn die Arbeit 22 – 25 – 28 – 31 – 34 – 37 cm misst, wird sie in die beiden Teile aufgeteilt und getrennt weitergearbeitet.

RÜCKENTEIL

Nun das Muster in Hin- und Rückr arbeiten und dabei jeweils eine Rand-M als rechte M auf beiden Seiten str. Nach 12 – 13 – 14 – 15 – 16 – 17 cm gemessen ab der Teilung, die mittleren 37 – 37 – 39 – 39 – 41 – 41 M im Nacken abketten. Dann jede Seite separat weiterstr. Weiter das Muster in Hin- und Rückr str und gleichzeitig in jeder 2. R am Nacken 1 M abnehmen, bis es 17 – 19 – 22 – 24 – 27 – 31 Schulter-M sind. Wenn die Arbeit insgesamt 36 – 40 – 44 – 48 – 52 – 56 cm lang ist, die restlichen M auf einen Maschenhalter setzen. Die andere Seite ebenso, aber spiegelverkehrt str.

VORDERTEIL

Wie das Rückenteil str, bis die Arbeit 10 – 11 – 12 – 12 – 13 – 14 cm ab der Teilung misst. Dann die mittleren 19 – 19 – 21 – 21 – 23 – 23 M am Hals abketten und jede Seite separat weiterstr.

Weiter das Muster in Hin- und Rückr str und gleichzeitig in jeder 2. R am Hals 4 – 3 – 2 – 2 – 1 M abnehmen, bis es 17 – 19 – 22 – 24 – 27 – 31 Schulter-M sind. Wenn die Arbeit insgesamt 36 – 40 – 44 – 48 – 52 – 56 cm lang ist, die restlichen M auf einen Maschenhalter setzen. Die andere Seite ebenso, aber spiegelverkehrt str.

ÄRMEL

32 – 32 – 36 – 36 – 40 – 40 M mit Nd 4,0 mm in Fb 1 anschl. 4 – 4 – 4 – 5 – 5 – 5 cm im Bündchenmuster (1 M rechts, 1 M links) in Rd str. In der letzten Rd gleichzeitig gleichmäßig verteilt 19 – 19 – 17 – 19 – 17 – 21 M zunehmen (= 51 – 51 – 53 – 55 – 57 – 61 M).

Zu Nd 4,5 mm wechseln. An den Anfang der Rd einen M-Markierer setzen (= Unterarm-Mitte). Nach der Strickschrift das Rippenmuster weiterstr. Von der Ärmelmitte ausgehend berechnen, wo die Rd in der Strickschrift beginnt.

Gleichzeitig in der 2. Rd 1 M an jeder Seite des M-Markierers zunehmen. Diese Zunahmen alle 2 cm in allen Größen wiederholen, insgesamt 10 – 12 – 14 – 15 – 16 – 17x, bis man insgesamt 71 – 75 – 81 – 85 – 89 – 95 M erhält. Die zugenommenen M ebenfalls im Muster str.

Wenn der Ärmel 24 – 27 – 33 – 36 – 38 – 40 cm lang ist oder die gewünschte Länge hat, alle M locker im Muster abketten. Den zweiten Ärmel ebenso str.

FERTIGSTELLEN

An den Schultern zusammenstr oder die Teile mit dem Maschenstich verbinden.

HALSAUSSCHNITT

An die vordere Mitte einen M-Markierer setzen. Dann hinten im Nacken an der rechten Schulterseite beginnen. In Fb 1 und mit Nd 4,0 mm 82 – 86 – 90 – 94 – 98 – 102 M um Halsausschnitt herum aufnehmen. Die Zahl der Maschen muss durch zwei teilbar sein und auf beiden Seiten des M-Markierers müssen gleich viele M sein.

4 Rd im Bündchenmuster (1 M rechts, 1 M links) str. Jeweils ca. 3 cm von mittleren M-Markierer zwei weitere Markierer setzen. An jeder markierten Stelle ein Knopfloch (für den Durchzug der Kordel) str: 2 M rechts zusammenstr, 1 Umschlag. Dann 12 weitere Rd im Bündchenmuster str.

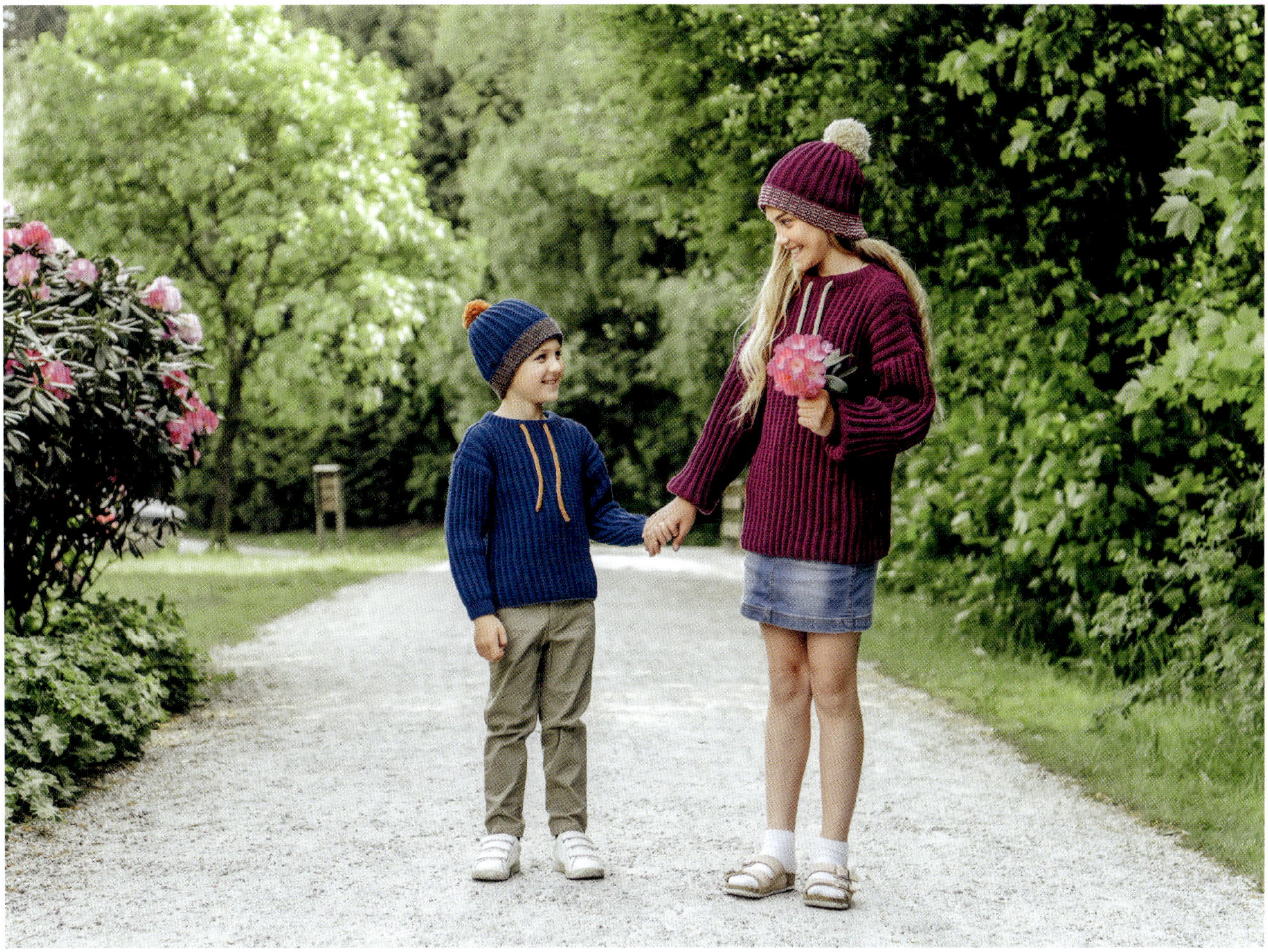

Locker im Muster abketten. Zum Schluss den Halsausschnitt nach innen umschlagen und locker annähen.

KORDEL

4 M mit Nd 4,0 mm in Fb 2 anschl und wie folgt rund str: * Die M auf die rechte Nd schieben, den Faden auf der Rückseite stramm anziehen und 4 M rechts str. * Von * bis * wiederholen, bis die Kordel ca. 75–75 – 80 – 80 – 85 – 85 cm lang ist oder die gewünschte Länge hat. Abketten. Die Kordel kann alternativ auch mit einer Strickliesel gestrickt werden.

FERTIGSTELLEN

Die Ärmel einnähen. Die Kordel durch die Durchzüge am Halsausschnitt ziehen.

STRICKSCHRIFT

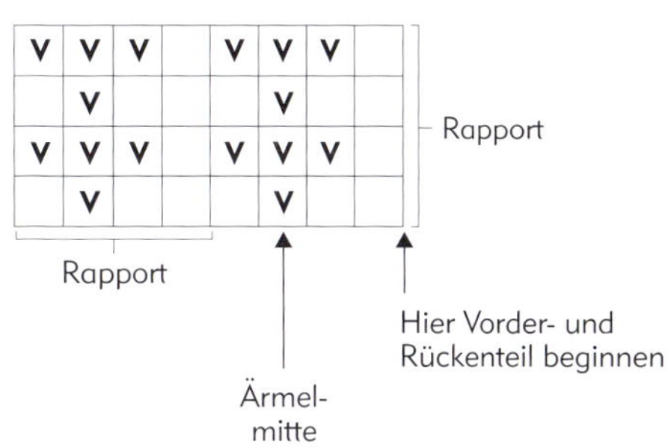

[ ] In Hinr rechts, in Rückr links str

[V] In Hinr links, in Rückr rechts str

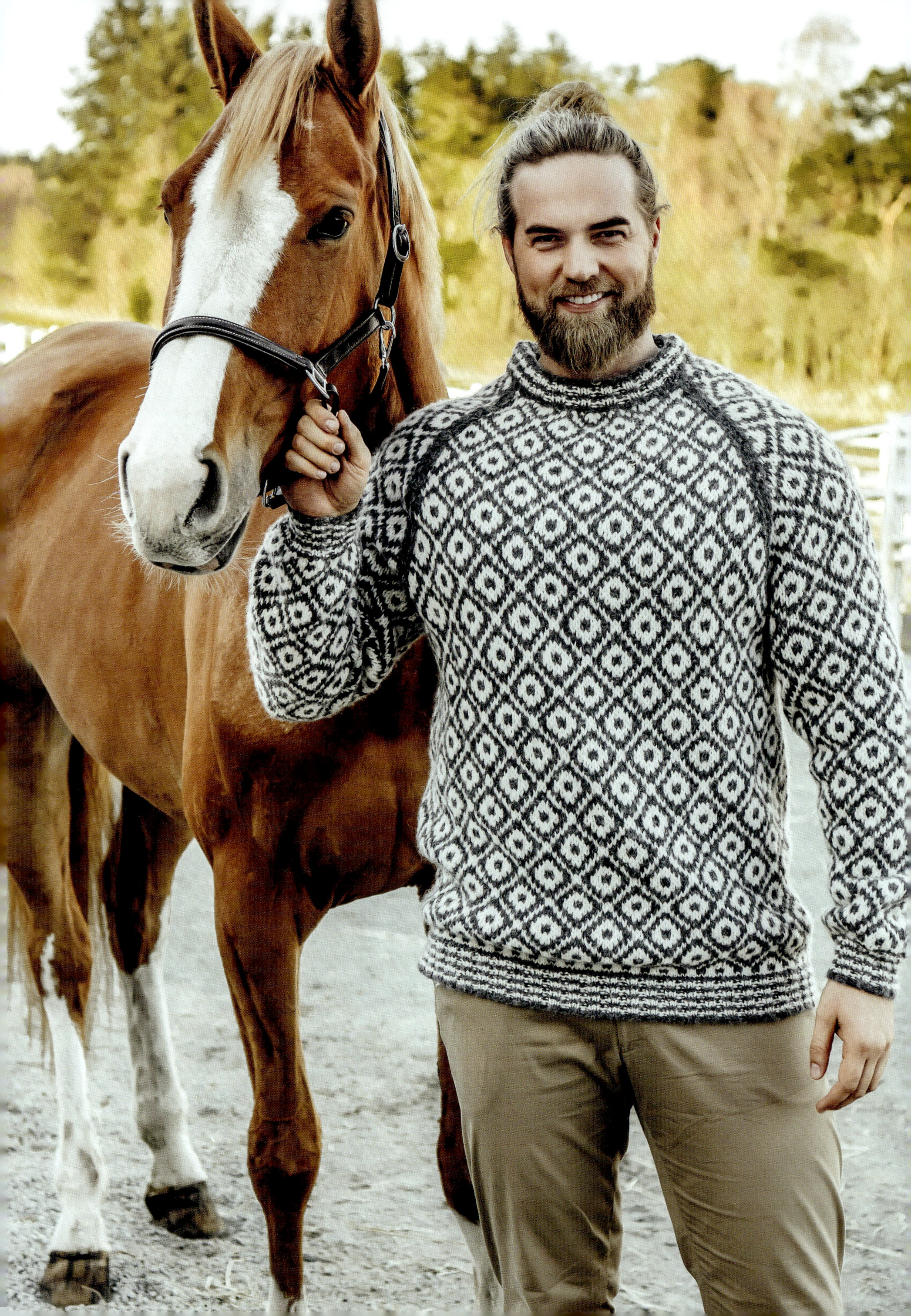

WINDBÖEN-PULLOVER

Weich, bequem und genauso warm wie der Lasse-Pullover. Es gibt ihn sogar als Serie für die ganze Familie und eine Anleitung für die passende Mütze steht ganz hinten im Buch.

SCHWIERIGKEITSGRAD 3

GRÖSSEN
S – M – L – XL – XXL – LASSE
Wähle die passende Größe nach den Maßangaben.

FERTIGMASSE
Oberweite ca. 97 – 109 –114 – 125 – 137 – 125 cm
Gesamtlänge ca. 66 – 68 –70 – 72 – 74 – 76 cm
Ärmellänge ca. 50 – 50 – 52 – 52 –53 – 53 cm

MATERIAL
Gann Garn Sky (62 % Babyalpaka, 16 % Acryl, 22 % Nylon, ca. 150 m/50 g) in Grau meliert (Fb 607) (Fb 1), 300 g – 350 g – 350 g – 400 g – 450 g – 400 g, und in Natur (Fb 601) (Fb 2), 250 g – 250 g – 300 g – 300 g – 350 g – 300 g
Lange und kurze Rundstricknadel und Nadelspiel 5,0 und 6,0 mm

TIPP: Für ein schönes Erscheinungsbild des Musters mit zwei oder mehreren Farben hält man die Fäden immer in derselben Position hinter der Arbeit. Lege beispielsweise die Grundfarbe ganz innen an den Finger und die Musterfarbe ganz außen.

MASCHENPROBE
Im Muster mit Nd 6,0 mm
19 M und 19 Rd = ca. 10 cm x 10 cm
Beachte, dass die Maschenprobe stimmen muss, damit Du mit dem Ergebnis zufrieden bist. Stricke zunächst ein Probestück und zähle die Zahl der Maschen auf 10 cm. Wenn Du mehr Maschen hast als angegeben, nimm eine größere Nadelstärke. Hast Du weniger Maschen, nimm dünnere Nadeln.

TIPP: Beim Musterstricken mit mehreren Farben zieht sich das Gestrick oft zusammen. Man sollte daher besonders gut auf eine korrekte Maschenprobe achten und bei Bedarf ½ bis 1 Nadelstärke größer wählen.

VORDER- UND RÜCKENTEIL
180 – 204 – 216 – 240 – 264 – 240 M mit Nd 5,0 mm in Fb 1 anschl. 1 Rd im Bündchenmuster (2 M rechts, 2 M links) str. Dann das Bündchen weiter im Streifenmuster str: * 2 Rd in Fb 2, 2 Rd in Fb 1. * Von * bis * wiederholen. In allen Größen das Bündchen insgesamt ca. 6 cm lang str.
Zu Nd 6,0 mm wechseln. Nach jeweils 90 – 102 – 108 – 120 – 132 – 120 M einen M-Markierer für das Vorder- bzw. Rückenteil setzen.

Dann in der Strickschrift am Pfeil der gewählten Größe beginnen und das Muster in Rd str, bis die Arbeit ca. 47 – 47 – 48 – 50 – 47 – 50 cm misst. Nun auf beiden Seiten 12 M abketten, jeweils 6 M auf jeder Seite des M-Markierers. Die Arbeit zur Seite legen und die Ärmel str.

ÄRMEL

40 – 44 – 44 – 48 – 48 – 48 M mit Nd 5,0 mm in Fb 1 anschl. Wie beim Vorder- und Rückenteil 6 cm im Bündchenmuster mit Streifen str. Zu Nd 6,0 mm wechseln, 1 Rd glatt rechts str und dabei gleichzeitig gleichmäßig verteilt 12 – 12 – 12 – 12 – 16 – 12 M zunehmen (= 52 – 56 – 56 – 60 – 64 – 60 M). An den Anfang der Rd einen M-Markierer setzen (= Unterarm-Mitte). Von der Ärmelmitte ausgehend berechnen, wo die Rd in der Strickschrift beginnt und dann im Muster in Rd weiterstr. Gleichzeitig 1 M an jeder Seite des M-Markierers zunehmen. Diese Zunahmen ca. alle 3,5 – 3,5 – 3 – 3 – 3 – 3 cm wiederholen, bis man insgesamt 76 – 80 – 84 – 88 – 92 – 88 M erhält. Den Ärmel weiter bis zur angegebenen oder gewünschten Länge str. Darauf achten, dass der Ärmel mit derselben Muster-Rd wie das Vorder- und Rückenteil beendet wird. In der letzten Rd 12 M an der Unterarm-Mitte abketten, jeweils 6 M auf beiden Seiten des M-Markierers. Die Arbeit zur Seite legen und den zweiten Ärmel ebenso str.

RAGLAN

Alle Teile auf eine Rundstricknd 6,0 mm setzen, dabei jeweils einen Ärmel mit der Abkettkante zwischen Vorder- und Rückenteil (= 284 – 316 – 336 – 368 – 400 – 368 M). Im Muster weiterstr. Dort, wo sich die Teile treffen, 4 M-Markierer setzen. Nun für den Raglan immer in Fb 1 wie folgt abnehmen: Bis 2 M vor dem M-Markierer str, 1 M locker abheben, 1 M rechts, die abgehobene M überziehen, 1 M rechts in Fb 1 str, 2 M rechts zusammenstr. Auf diese Weise an allen vier Raglanstellen abnehmen (= 8 M Abnahme). In jeder Rd die Raglanabnahmen wiederholen, insgesamt 10 – 11 – 13 – 15 – 18 – 15x. Weiter dann in jeder 2. Rd insgesamt 19 – 21 – 23 – 27 – 31 – 27x für den Raglan abnehmen.
Nun die mittleren 18 – 26 – 28 – 32 – 36 – 32 M am Halsausschnitt abketten und die Rd beenden. Den Faden abschneiden und vorn am Halsausschnitt neu ansetzen. Darauf achten, dass die Raglanabnahmen mit einer Hinr beginnen. Weiter im Muster in Hin- und Rückr str, während für den Halsausschnitt wie folgt abgenommen wird: Auf beiden Seiten in jeder 2. R 1x 3 M, 2x 1 M und 1x 1 M in allen Größen abnehmen. Weiterstr, bis es insgesamt 23 – 25 – 27 – 31 – 35 – 31 Raglanabnahmen am Rückenteil sind und zum Schluss noch 70 – 78 – 80 – 76 – 72 – 76 M auf der Nd sind. Dann den Halsausschnitt str.

HALSAUSSCHNITT

Die M von auf die Nd 5,0 mm setzen und mit Fb 1 str, dabei in der vorderen Mitte M aufnehmen (= ca. 100 – 114 – 120 – 120 – 120 – 120) M). Nun 1 Rd rechte M str und dabei gleichmäßig verteilt 8 – 18 – 20 – 20 – 20 – 20 M abnehmen (= 92 – 96 – 100 – 100 – 100 – 100 M).
8 cm im Bündchenmuster (2 M rechts, 2 M links) str, dabei in Streifen wie bei Vorder- und Rückenteil sowie an den Ärmeln str. Dann locker im Muster abketten. Die Kante nach innen umschlagen und mit lockeren Stichen annähen.

FERTIGSTELLEN

Die Ärmelöffnungen schließen. Alle losen Fäden nach innen ziehen und vernähen.

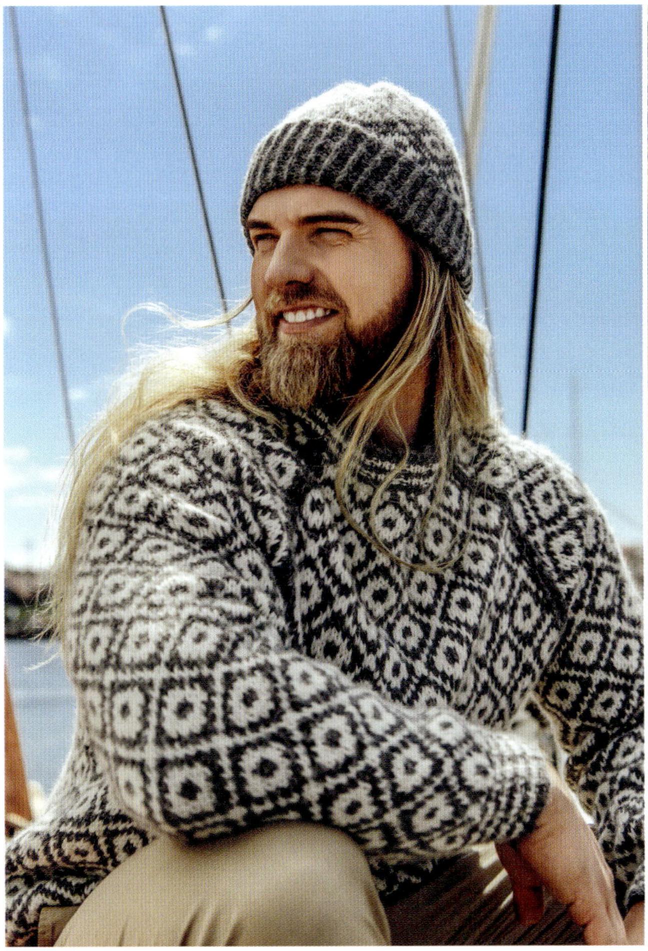

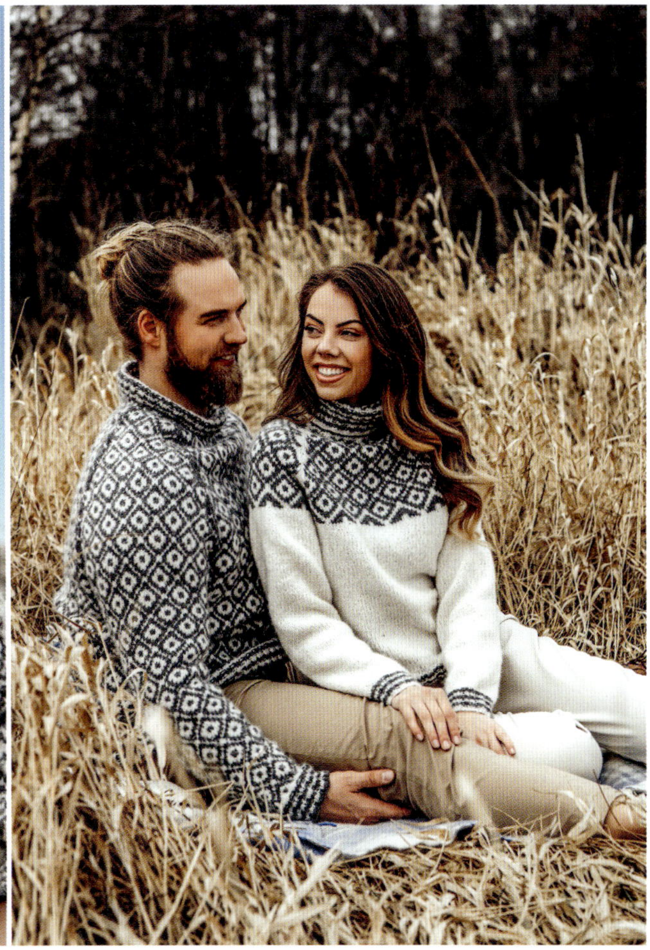

STRICKSCHRIFT

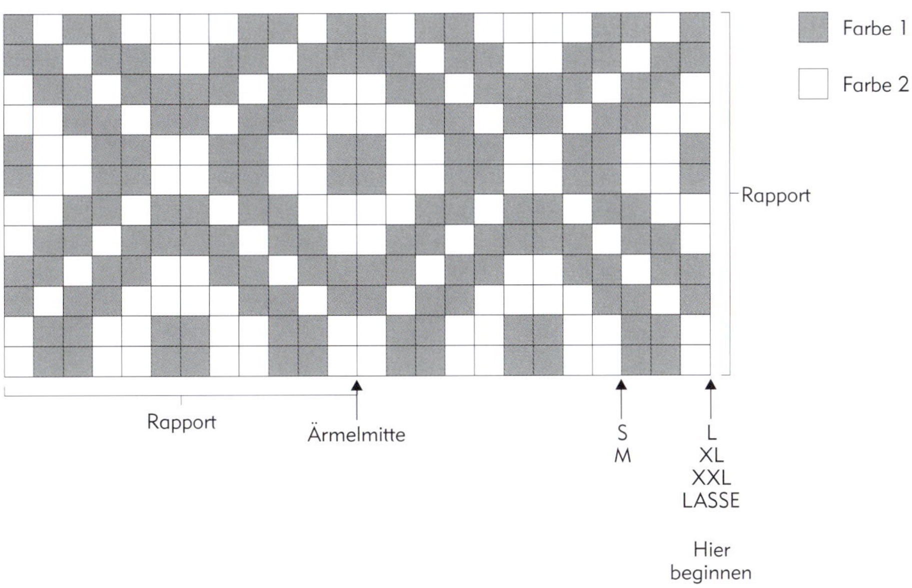

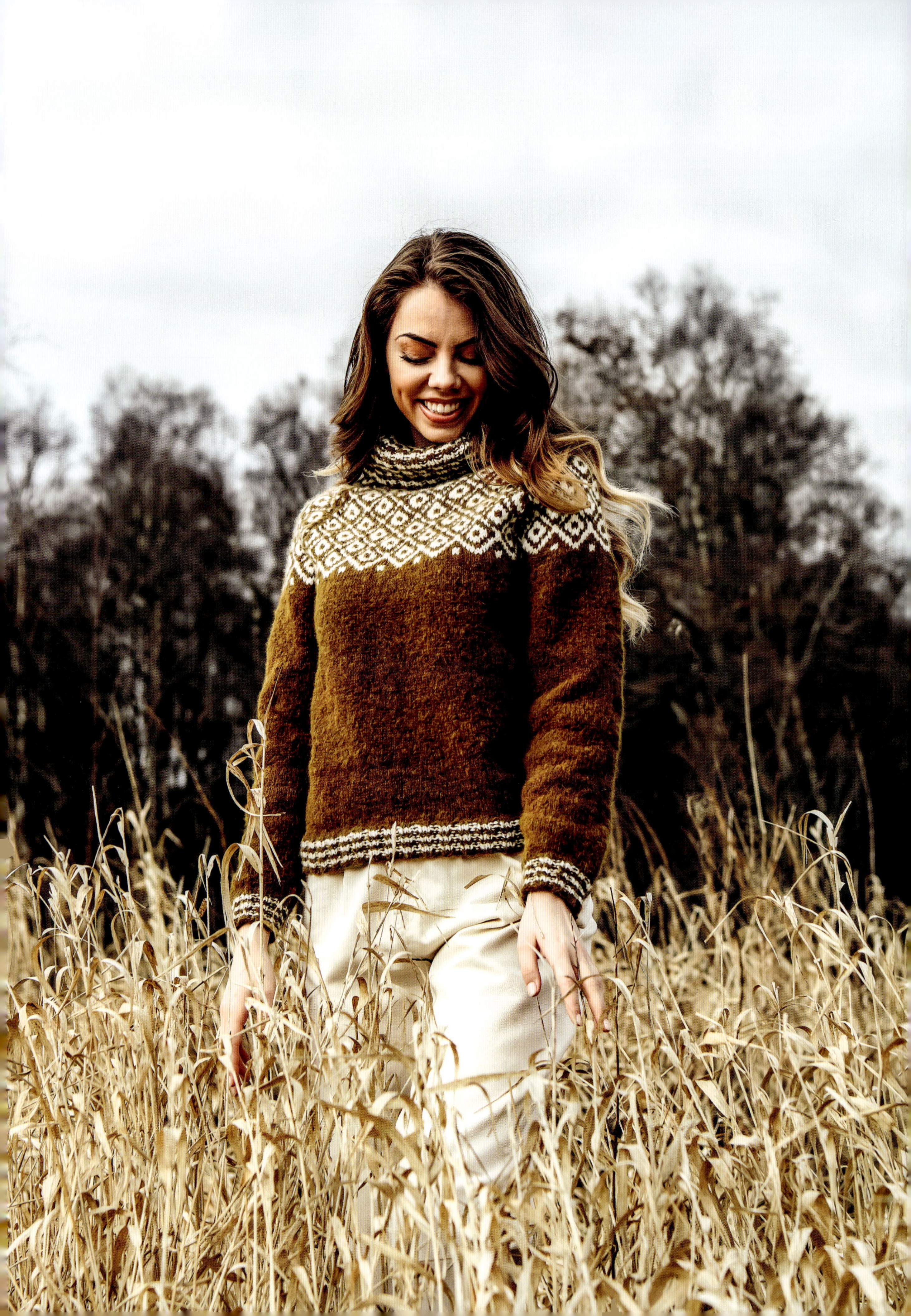

WINDBÖEN-PULLOVER

FÜR DAMEN

SCHWIERIGKEITSGRAD 3

GRÖSSEN
XS – S – M – L – XL – XXL
Wähle die passende Größe nach den Maßangaben.

FERTIGMASSE
Oberweite ca. 93 – 99 – 105 – 116 – 122 – 133 cm
Gesamtlänge ca. 56 – 58 – 60 – 62 – 64 – 66 cm
Ärmellänge ca. 48 cm oder gewünschte Länge

MATERIAL
Gann Garn Sky (62 % Babyalpaka, 16 % Acryl, 22 % Nylon, ca. 150 m/50 g) in Cognac (Fb 604) (Fb 1), 300 g – 300 g – 350 g – 350 g – 400 g – 450 g, und in Natur (Fb 601) (Fb 2), 150 g – 150 g – 150 g – 200 g – 200 g – 200 g
Alternative Farben: Natur (Fb 601) und Grau meliert (Fb 607), s. S. 81
Lange und kurze Rundstricknadel und Nadelspiel 5,0 und 6,0 mm

> **TIPP:** Für ein schönes Erscheinungsbild des Musters mit zwei oder mehreren Farben hält man die Fäden immer in derselben Position hinter der Arbeit. Lege beispielsweise die Grundfarbe ganz innen an den Finger und die Musterfarbe ganz außen.

MASCHENPROBE
Glatt rechts mit Nd 6,0 mm
19 M und 22 Rd = ca. 10 cm x 10 cm
Im Muster mit Nd 6,0 mm
19 M und 19-20 Rd = ca. 10 cm x 10 cm
Beachte, dass die Maschenprobe stimmen muss, damit Du mit dem Ergebnis zufrieden bist. Stricke zunächst ein Probestück und zähle die Zahl der Maschen auf 10 cm. Wenn Du mehr Maschen hast als angegeben, nimm eine größere Nadelstärke. Hast Du weniger Maschen, nimm dünnere Nadeln.

VORDER- UND RÜCKENTEIL
176 – 188 – 196 – 220 – 232 – 252 M mit Nd 5,0 mm in Fb 1 anschl. 1 Rd im Bündchenmuster (2 M rechts, 2 M links) str. Dann das Bündchen weiter im Streifenmuster str: * 2 Rd in Fb 2, 2 Rd in Fb 1. * Von * bis * wiederholen. In allen Größen das Bündchen insgesamt ca. 6 cm lang str oder bis es 3 Streifen in Fb 2 sind. Mit 2 Rd in Fb 1 enden.
Zu Nd 6,0 mm wechseln. Nach jeweils 88 – 94 – 98 – 110 – 116 – 126 M einen M-Markierer für das Vorder- bzw. Rückenteil setzen. Dann glatt rechts in Fb 1 in Rd weiterstr, bis die Arbeit ca. 36 – 37 – 38 – 39 – 40 – 41 cm misst. Nun für die Armausschnitte auf beiden Seiten 10 M abketten, 5 M auf beiden Seiten des Markierers. Die Arbeit zur Seite legen und die Ärmel str.

ÄRMEL

36 – 36 – 40 – 40 – 44 – 44 M mit Nd 5,0 mm in Fb 1 anschl. Wie beim Vorder- und Rückenteil 6 cm im Bündchenmuster mit Streifen str. Zu Nd 6,0 mm wechseln, 1 Rd glatt rechts str und dabei gleichzeitig gleichmäßig verteilt 6 – 8 – 6 – 10 – 8 – 10 M zunehmen (= 42 – 44 – 46 – 50 – 52 – 54 M). An den Anfang der Rd einen M-Markierer setzen (= Unterarm-Mitte). In Rd glatt rechts str, dabei 1 M an jeder Seite des M-Markierers zunehmen. Diese Zunahmen ca. alle 3,5 – 3 – 3 – 3 – 2,5 – 2,5 cm wiederholen, bis man insgesamt 68 – 72 – 76 – 80 – 82 – 86 M erhält. Den Ärmel weiter bis zur angegebenen oder gewünschten Länge str. In der letzten Rd 10 M an der Unterarm-Mitte abketten, jeweils 5 M auf jeder Seite des M-Markierers. Die Arbeit zur Seite legen und den zweiten Ärmel ebenso str.

RAGLAN

Alle Teile auf eine Rundstricknd 6,0 mm setzen, dabei jeweils einen Ärmel mit der Abkettkante zwischen Vorder- und Rückenteil (= 272 – 292 – 308 – 340 – 356 – 384 M). Das Muster in Rd nach der Strickschrift str. Von der vorderen Mitte aus ausrechnen, wo das Muster für jedes Teil beginnen soll: Hinterteil, linker Ärmel, Vorderteil und rechter Ärmel. Dort, wo sich die Teile treffen, 4 M-Markierer setzen, die jeweils um die 1. bzw. letzte M des Vorder- und Rückenteils gehängt werden.

Nun für den Raglan immer in Fb 1 wie folgt abnehmen: Bis 2 M vor dem M-Markierer str, 2 M rechts verschränkt zusammenstr, die markierte M rechts str, 2 M rechts zusammenstr. Auf diese Weise an allen vier Raglanstellen abnehmen (= 8 M Abnahme). Die Raglanabnahmen in jeder Rd wiederholen, insgesamt 5 – 7 – 9 – 11 – 13 – 15x. Weiter in jeder 2. Rd insgesamt 19 – 21 – 23 – 26 – 28 – 31x für den Raglan abnehmen.

Nun die mittleren 18 – 20 – 20 – 26 – 28 – 32 M am Halsausschnitt abketten und die Rd beenden. Den Faden abschneiden und vorn am Halsausschnitt neu ansetzen. Darauf achten, dass die Raglanabnahmen mit einer Hinr beginnen. Weiter im Muster in Hin- und Rückr str, während für den Halsausschnitt wie folgt abgenommen wird: Auf beiden Seiten in jeder 2. R 1x 3 M, 1x 2 M und 1x 1 M in allen Größen abnehmen. Weiterstr, bis es insgesamt 23 – 25 – 27 – 30 – 32 – 35 Raglanabnahmen und zum Schluss noch 58 – 60 – 60 – 62 – 60 – 60 M auf der Nd sind. Dann den Halsausschnitt str.

HALSAUSSCHNITT

Die M auf die Nd 5,0 mm setzen und mit Fb 1 str. 30 – 32 – 32 – 34 – 40 – 40 M zusätzlich am vorderen Halsausschnitt aufnehmen (= 88 – 92– 92 – 96 – 100 – 100 M).

Weiter ca. 16 cm im Bündchenmuster (2 M rechts, 2 M links) und im Streifenmuster wie bei Vorder- und Rückenteil sowie an den Ärmeln str. Dann locker im Muster abketten.

FERTIGSTELLEN

Die Ärmelöffnungen schließen. Alle losen Fäden nach innen ziehen und vernähen.

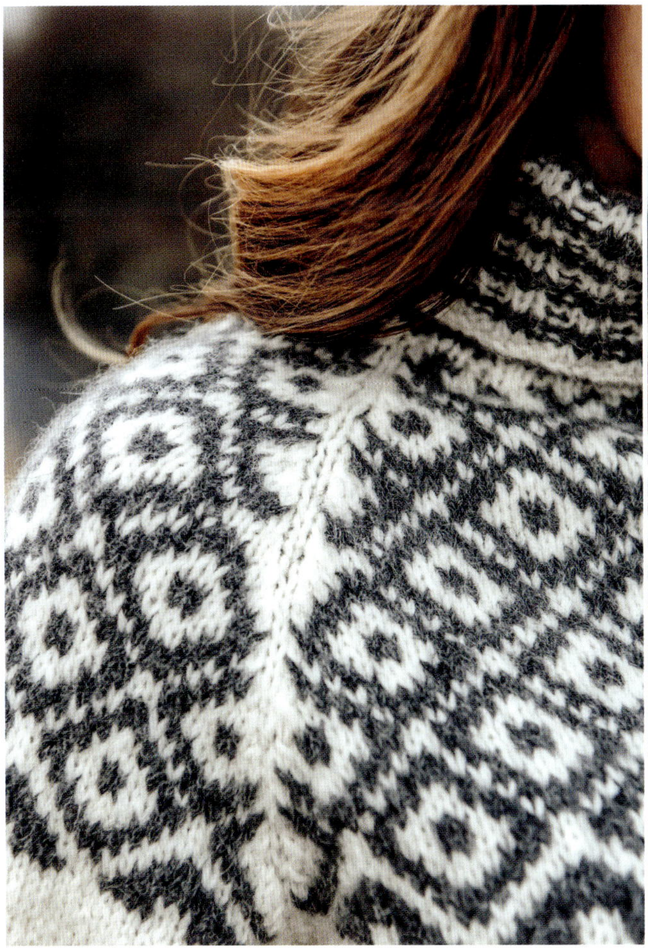

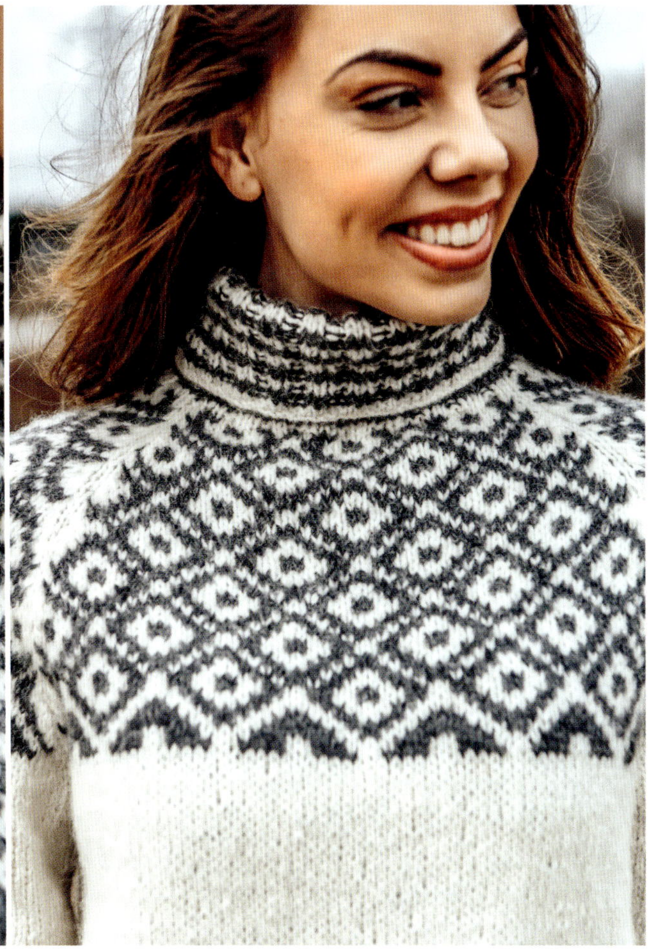

STRICKSCHRIFT

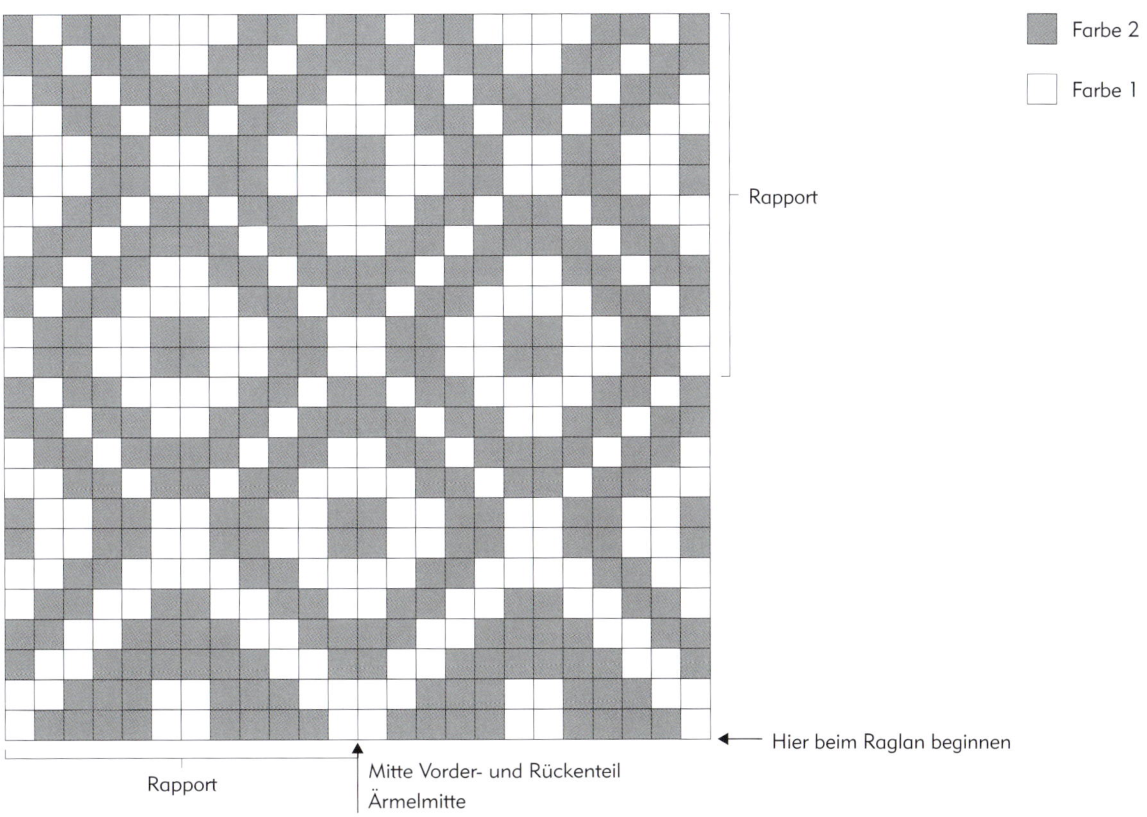

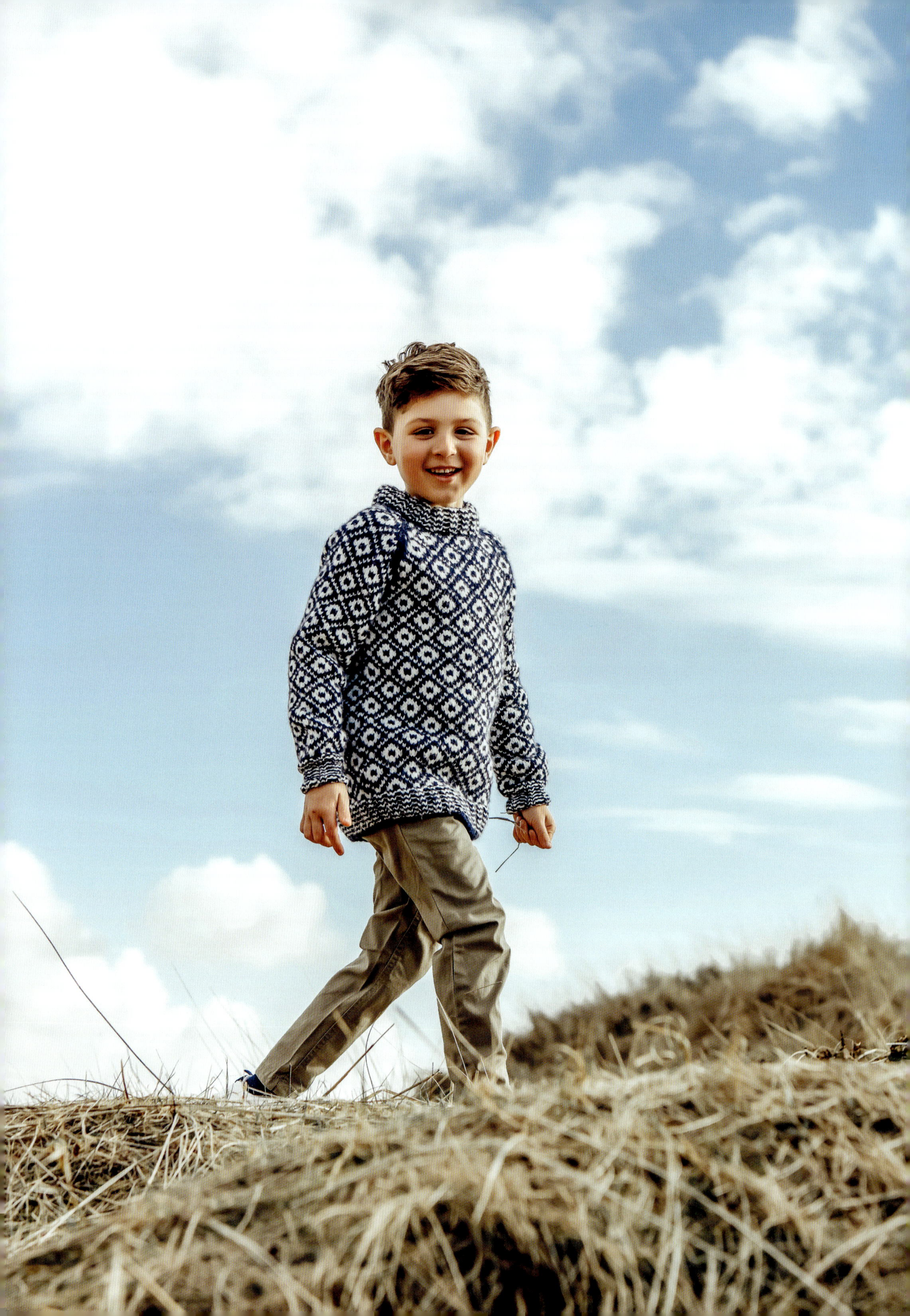

WINDBÖEN-PULLOVER

FÜR KINDER

SCHWIERIGKEITSGRAD 3

GRÖSSEN
2/4 – 6 – 8 – 10 – 12 Jahre
Wähle die passende Größe nach den Maßangaben.

FERTIGMASSE
Oberweite ca. 63 – 69 – 74 – 80 – 86 cm
Gesamtlänge ca. 38 – 44 – 48 – 52 – 56 cm
Ärmellänge ca. 26 – 33 – 36 – 38 – 40 cm

MATERIAL
Gann Garn Sky (62 % Babyalpaka, 16 % Acryl, 22 % Nylon, ca. 150 m/50 g) in Marineblau (Fb 615) (Fb 1), 100 g – 150 g – 150 g – 150 g – 200 g, und in Natur (Fb 601) (Fb 2), 100 g – 100 g – 100 g – 150 g – 150 g
Alternative Farben: Weinrot (Fb 608) und Natur (Fb 601), s. S. 85
Lange und kurze Rundstricknadel und Nadelspiel 5,0 und 6,0 mm

TIPP: Für ein schönes Erscheinungsbild des Musters mit zwei oder mehreren Farben hält man die Fäden immer in derselben Position hinter der Arbeit. Lege beispielsweise die Grundfarbe ganz innen an den Finger und die Musterfarbe ganz außen.

MASCHENPROBE
Im Muster mit Nd 6,0 mm
19 M und 19-20 Rd = ca. 10 cm x 10 cm
Beachte, dass die Maschenprobe stimmen muss, damit Du mit dem Ergebnis zufrieden bist. Stricke zunächst ein Probestück und zähle die Zahl der Maschen auf 10 cm. Wenn Du mehr Maschen hast als angegeben, nimm eine größere Nadelstärke. Hast Du weniger Maschen, nimm dünnere Nadeln.

VORDER- UND RÜCKENTEIL
120 - 132 – 144 – 156 – 168 M mit Nd 5,0 mm in Fb 1 anschl. 1 Rd im Bündchenmuster (2 M rechts, 2 M links) str. Dann das Bündchen weiter im Streifenmuster str: * 1 Rd in Fb 2, 1 Rd in Fb 1. * Von * bis * wiederholen. Das Bündchen insgesamt ca. 4 – 4 – 5 – 5 – 6 cm lang str. Zu Nd 6,0 mm wechseln. Nach jeweils 60 - 66 – 72 – 78 – 84 M einen M-Markierer für das Vorder- bzw. Rückenteil setzen. Dann in der Strickschrift am Pfeil der gewählten Größe beginnen und

das Muster in Rd str, bis die Arbeit ca. 23 – 28 – 31 – 35 – 38 cm misst. Nun auf beiden Seiten 10 M abketten, jeweils 5 M auf jeder Seite des M-Markierers. Die Arbeit zur Seite legen und die Ärmel str.

ÄRMEL
24 – 28 – 28 – 32 – 32 M mit Nd 5,0 mm in Fb 1 anschl. Wie beim Vorder- und Rückenteil 6 cm im Bündchenmuster mit Streifen str. Zu Nd 6,0 mm wechseln, 1 Rd glatt rechts str und dabei gleichzeitig gleichmäßig verteilt 12 – 10 – 12 – 10 – 12 M zunehmen (= 36 – 38 - 40 – 42 – 44 M). An den Anfang der Rd einen M-Markierer setzen (= Unterarm-Mitte). Von der Ärmelmitte ausgehend berechnen, wo die Rd in der Strickschrift beginnt und dann im Muster in Rd weiterstr. Gleichzeitig 1 M an jeder Seite des M-Markierers zunehmen. Diese Zunahmen ca. alle 2,5 – 3,5 – 3 – 3,5 – 3,5 cm wiederholen, bis man insgesamt 50 – 50 - 56 – 56 – 58 – 60 M erhält.
Den Ärmel weiter bis zur angegebenen oder gewünschten Länge str. Darauf achten, dass der Ärmel mit derselben Muster-Rd wie das Vorder- und Rückenteil beendet wird. In der letzten Rd 10 M an der Unterarm-Mitte abketten, jeweils 5 M auf jeder Seite des M-Markierers. Die Arbeit zur Seite legen und den zweiten Ärmel ebenso str.

RAGLAN
Alle Teile auf eine Rundstricknd 6,0 mm setzen, dabei jeweils einen Ärmel mit der Abkettkante zwischen Vorder- und Rückenteil (= 180 – 192 - 216 – 232 – 248 M). Im Muster weiter str. Dort, wo sich die Teile treffen, 4 M-Markierer setzen. Nun für den Raglan immer in Fb 1 wie folgt abnehmen: Bis 2 M vor dem M-Markierer str, 1 M locker abheben, 1 M rechts, die abgehobene M überziehen, 1 M rechts str, 2 M rechts zusammenstr. Auf diese Weise an allen vier Raglanstellen abnehmen (= 8 M Abnahme). In jeder Rd die Raglanabnahmen wiederholen, insgesamt 0 – 0 – 2 – 4 – 6x. Weiter dann in jeder 2. Rd insgesamt 10 – 11 - 13 – 15 - 17x für den Raglan abnehmen.

Nun die mittleren 10 – 14 – 16 – 18 – 20 M am Vorderteil abketten und die Rd beenden. Den Faden abschneiden und vorn am Halsausschnitt neu ansetzen. Darauf achten, dass die Raglanabnahmen mit einer Hinr beginnen. Weiter im Muster in Hin- und Rückr str, während für den Halsausschnitt wie folgt abgenommen wird: Auf beiden Seiten in jeder 2. R. 2x 2 M und 1x 1 M in allen Größen abnehmen. Weiterstr, bis es insgesamt 14 – 15 – 17 – 19 – 21 Raglanabnahmen am Rückenteil sind und zum Schluss noch 48 – 48 – 54 – 52 – 50 M auf der Nd sind. Dann den Halsausschnitt str.

HALSAUSSCHNITT
Die M auf die Nd 5,0 mm setzen und mit Fb 1 str. 20 – 24 – 26 – 28 – 34 M am vorderen Halsausschnitt aufnehmen (= ca. 68 – 72 – 80 – 80 – 84 M).
Ca. 6 – 6 – 7 – 7 – 7 cm im Bündchenmuster (2 M rechts, 2 M links) mit Streifen wie bei Vorder- und Rückenteil sowie an den Ärmeln str. Dann locker im Muster abketten. Nach innen umschlagen und mit lockeren Stichen annähen.

FERTIGSTELLEN
Die Ärmelöffnungen schließen. Alle losen Fäden nach innen ziehen und vernähen.

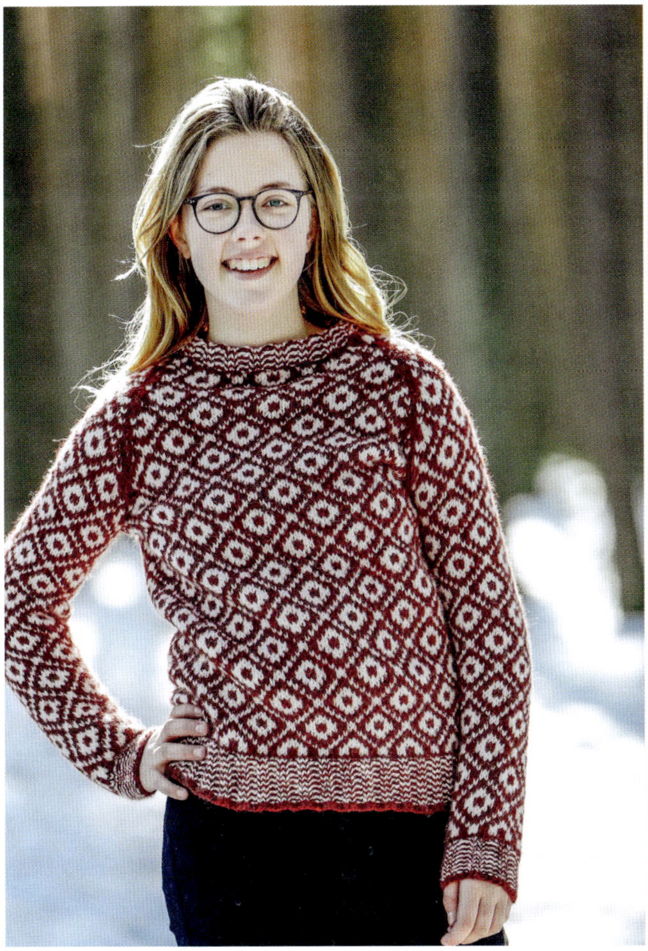

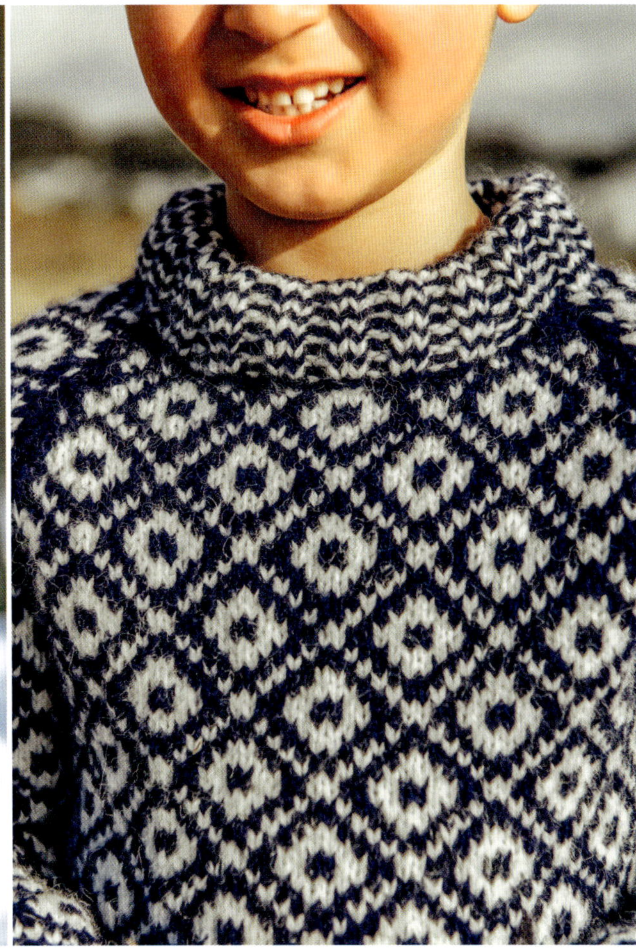

STRICKSCHRIFT

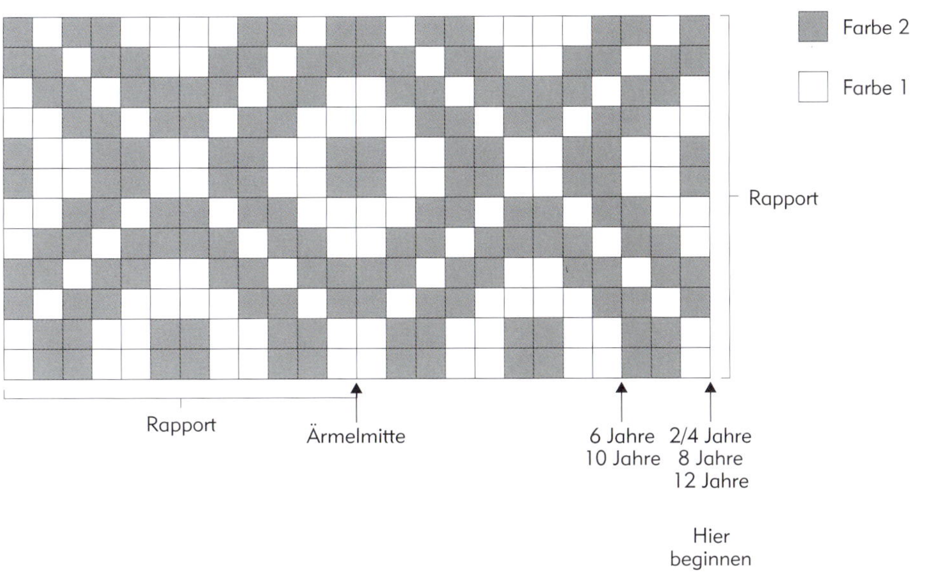

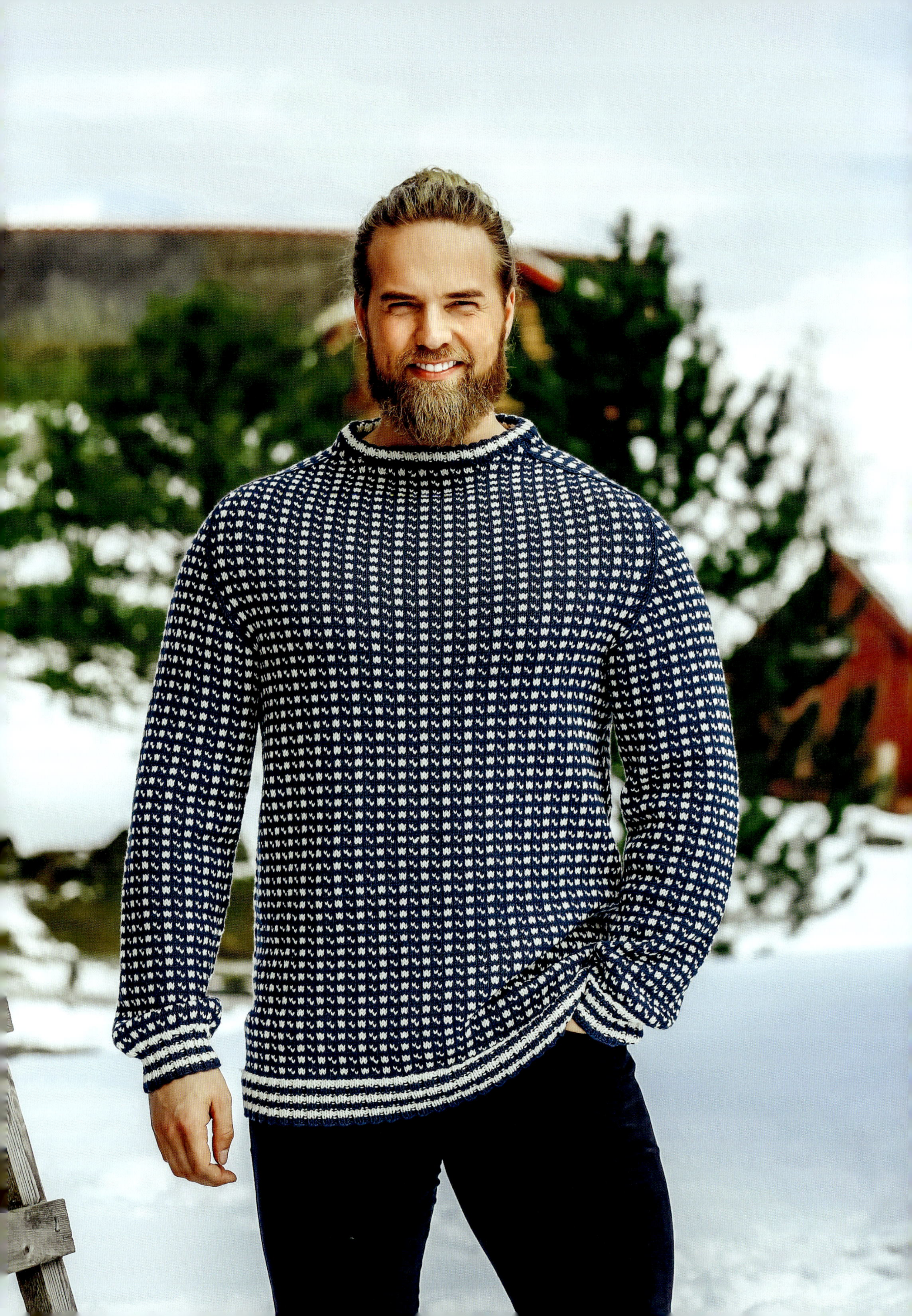

SAGA

PULLOVER FÜR HERREN

Der Saga wird Dein Lieblingspullover. Er ist vom Isländer inspiriert und garantiert auch bei eisigen Temperaturen *sagenhaft* behagliche Wärme. Das Herrenmodell ist so gestrickt, dass es besonders gut an den Schultern sitzt.

SCHWIERIGKEITSGRAD 3

GRÖSSEN
S – M – L – XL – XXL – LASSE
Wähle die passende Größe nach den Maßangaben.

FERTIGMASSE
Oberweite ca. 98 – 109 – 115 – 125 – 136 – 131 cm
Gesamtlänge ca. 66 – 68 – 70 – 72 – 74 – 78 cm
Ärmellänge ca. 50 – 50 – 52 – 52 – 53 – 53 cm

MATERIAL
Gann Garn Myk Merino (100 % Merino, ca. 120 m/50 g) in Schiefer (Fb 707) (Fb 1), 500 g – 550 g – 600 g – 650 g – 700 g – 700 g, und in Natur (Fb 701) (Fb 2), 200 g – 250 g – 250 g – 300 g – 300 g – 300 g
Lange und kurze Rundstricknadel und Nadelspiel 4,0 und 4,5 mm

MASCHENPROBE
Im Muster mit Nd 4,5 mm
22 M und 28 R = ca. 10 cm
Beachte, dass die Maschenprobe stimmen muss, damit Du mit dem Ergebnis zufrieden bist. Stricke zunächst ein Probestück und zähle die Zahl der Maschen auf 10 cm. Wenn Du mehr Maschen hast als angegeben, nimm eine größere Nadelstärke. Hast Du weniger Maschen, nimm dünnere Nadeln.

TIPP: Beim Musterstricken mit mehreren Farben zieht sich das Gestrick oft zusammen. Man sollte daher besonders gut auf eine korrekte Maschenprobe achten und bei Bedarf ½ bis 1 Nadelstärke größer wählen.

VORDER- UND RÜCKENTEIL
216 – 240 – 252 – 276 – 300 – 288 M mit Nd 4,0 mm in Fb 1 anschl. Im Bündchenmuster (2 M rechts, 2 M links) in Rd im Streifenmuster str: * 3 Rd in Fb 1, 3 Rd in Fb 2 * . Der M-Anschlag zählt als 1. Rd. Von * bis * 2x arbeiten. Zu Nd 4,5 mm wechseln. Nach jeweils 108 – 120 – 126 – 138 – 150 – 144 M einen M-Markierer für das Vorder- bzw. Rückenteil setzen. Dann in der Strickschrift am Pfeil der gewählten Größe beginnen und das Muster in Rd str, bis die Arbeit ca. 46 – 47 – 48 – 49 – 50 – 53 cm gemessen ab Anschlagkante misst. Nun auf beiden Seiten 12 M für den Armausschnitt abketten, jeweils 6 M auf jeder Seite des M-Markierers. Die Arbeit zur Seite legen und die Ärmel str.

ÄRMEL

50 – 52 – 54 – 56 – 60 – 60 M mit Nd 4,0 mm in Fb 1 anschl. Wie beim Vorder- und Rückenteil im Bündchenmuster mit Streifen str, in der letzten Rd gleichzeitig gleichmäßig verteilt 12 – 14 – 16 – 18 – 18 – 16 M zunehmen (= 62 – 66 – 70 – 74 – 78 – 76 M). Zu Nd 4,5 mm wechseln. An den Anfang der Rd einen M-Markierer setzen (= Unterarm-Mitte). Von der Ärmelmitte ausgehend berechnen, wo die Rd in der Strickschrift beginnt und dann im Muster in Rd weiterstr. In der 2. Rd gleichzeitig 1 M an jeder Seite des M-Markierers zun. Diese Zunahmen ca. alle 3 – 3 – 3,5 – 3 – 3 – 2,5 cm wiederholen, insgesamt 13 – 13 – 13 – 14 – 15 – 18x, bis man insgesamt 88 – 92 – 96 – 102 – 108 – 112 M erhält.

Den Ärmel weiter bis 50 – 50 – 52 – 52 – 53 – 53 cm oder bis zur gewünschten Länge str. Darauf achten, dass der Ärmel mit derselben Muster-Rd wie das Vorder- und Rückenteil beendet wird. In der letzten Rd 12 M an der Unterarm-Mitte abketten, jeweils 6 M auf jeder Seite des M-Markierers. Die Arbeit zur Seite legen und den zweiten Ärmel ebenso str.

RAGLAN

Alle Teile auf eine Rundstricknd 4,5 mm setzen, dabei jeweils einen Ärmel mit der Abkettkante zwischen Vorder- und Rückenteil (= 344 – 376 – 396 – 432 – 468 – 464 M). Dort, wo sich die Teile treffen, 4 M-Markierer setzen. Im Muster weiter str. Gleichzeitig ab der 1. Rd für den Raglan immer in Fb 1 wie folgt abnehmen:

Bis 2 M vor dem M-Markierer str, 1 M locker abheben, 1 M rechts, die abgehobene M überziehen, 2 M rechts zusammenstr. Auf diese Weise an allen vier Raglanstellen abnehmen (= 8 M Abnahme). Die Raglanabnahmen in jeder Rd wiederholen, insgesamt 5 – 6 – 7 – 8 – 9 – 10x.

Dann weiter nur an den Ärmeln abnehmen, während die M am Vorder- und Rückenteil ohne Abnahmen weitergestrickt werden: 11 – 12 – 11 – 11 – 15 – 16x in jeder Rd, danach in jeder 2. Rd 15 – 15 – 17 – 18 – 16 – 16x, (insgesamt 26 – 27 – 28 – 29 – 31 – 32 Raglanabnahmen und 200 – 220 – 228 – 252 – 272 – 256 M). Auf jeder Schulter sind es jetzt noch 14 – 14 – 14 – 16 – 16 – 16 M.

Weiter nur die M an Vorder- und Rückenteil wie folgt abnehmen: Das Vorderteil bis zur letzten M vor der Schulter str, diese M abh, 1 M vom Schulterteil str, die abgehobene M überziehen. Dann 12 – 12 – 12 – 14 – 14 – 14 M im Muster str, dann 2 M rechts zusammenstr. Auf diese Art an jeder Schulter/ Vorderteil- und Schulter/Rückenteilstelle in jeder Rd abnehmen (= 4 M Abnahme in jeder Rd). Wenn man 15 – 20 – 21 – 26 – 30 – 26x abgenommen hat, die mittleren 26 – 26 – 28 – 28 – 30 – 30 M am Halsausschnitt abketten. An der Schulter nun wie zuvor, aber in Hin- und Rückr str, dabei gleichzeitig für den Halsausschnitt an jeder Seite 6x 3 – 2 – 1 – 1 – 1 – 1 M am Anfang jeder R abnehmen. Insgesamt sind es 21 – 26 – 27 – 32 – 36 – 32 Abnahmen an jeder Schulter (= 72 – 72 – 74 – 78 – 80 – 80 M).

HALSAUSSCHNITT

An der rechten hinteren Schulter mit Fb 1 und Nd 4,0 mm beginnen. Die M im Nacken und an der linken Schulter str, am Halsausschnitt ca. 11 M pro 5 cm aufnehmen und die M der rechten Schulter str. Die M-Zahl muss durch 4 teilbar sein.

Ca. 6 cm im Bündchenmuster mit Streifen wie beim Vorder- und Rückenteil sowie bei den Ärmeln str.

Locker im Muster abketten.

Das Bündchen nach innen umschlagen und mit lockeren Stichen annähen.

FERTIGSTELLEN

Ärmelöffnungen schließen.

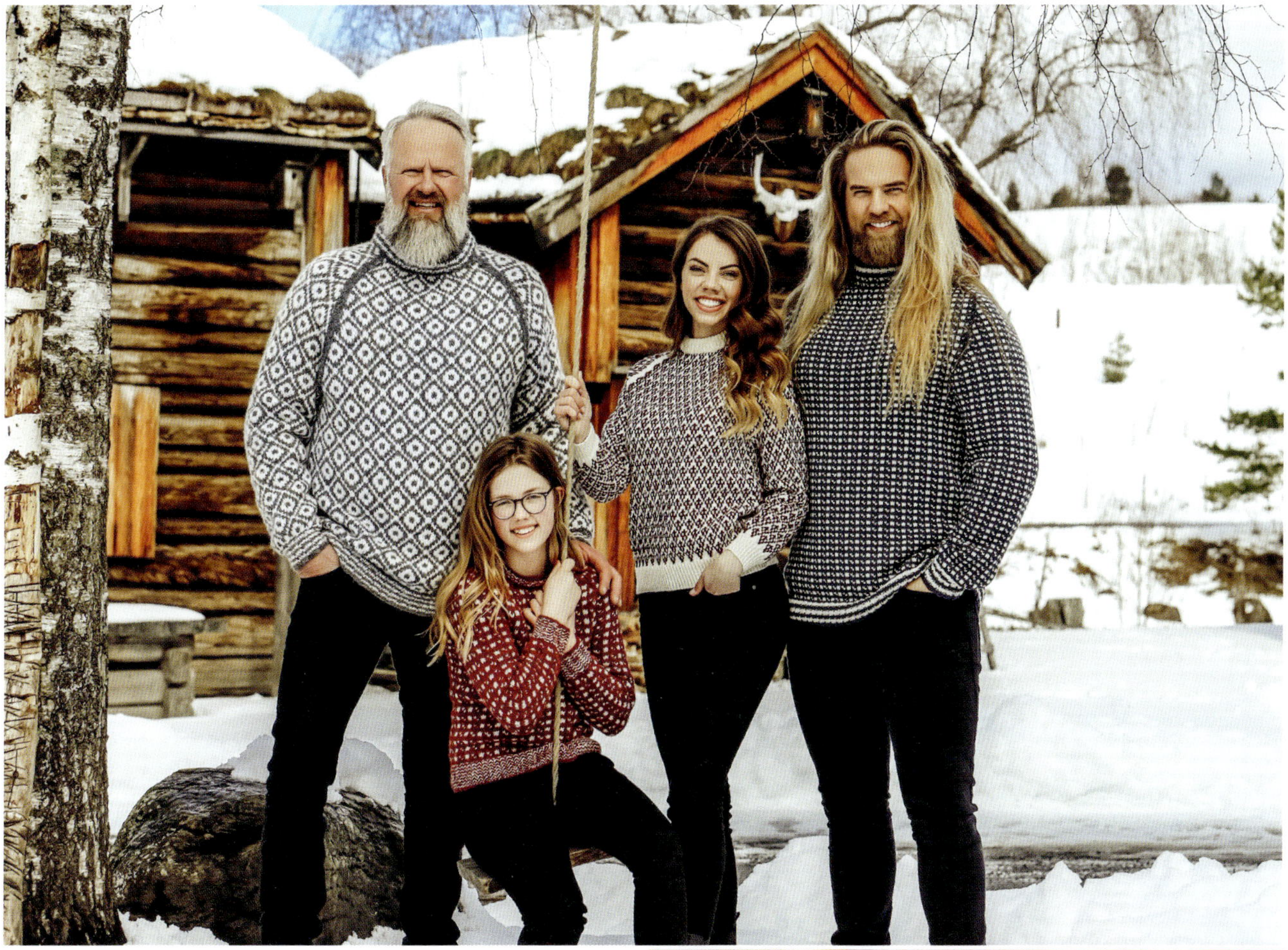

STRICKSCHRIFT

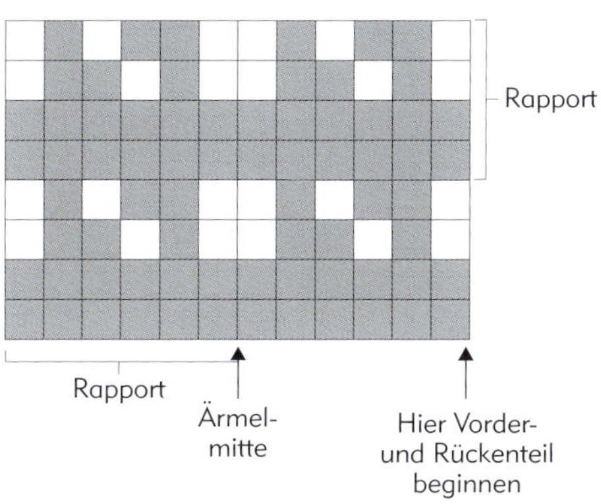

Farbe 1

Farbe 2

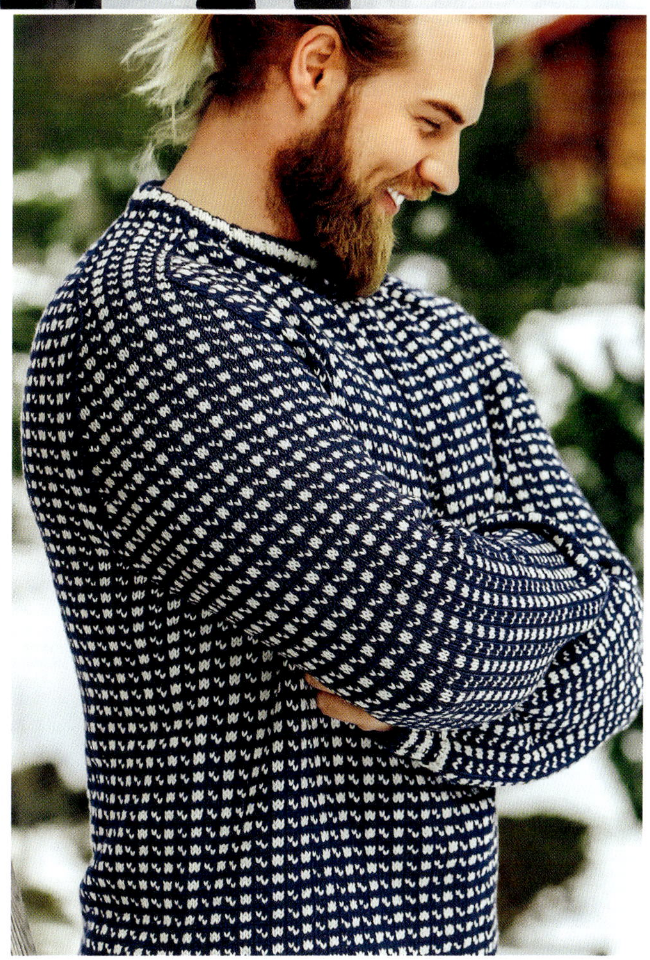

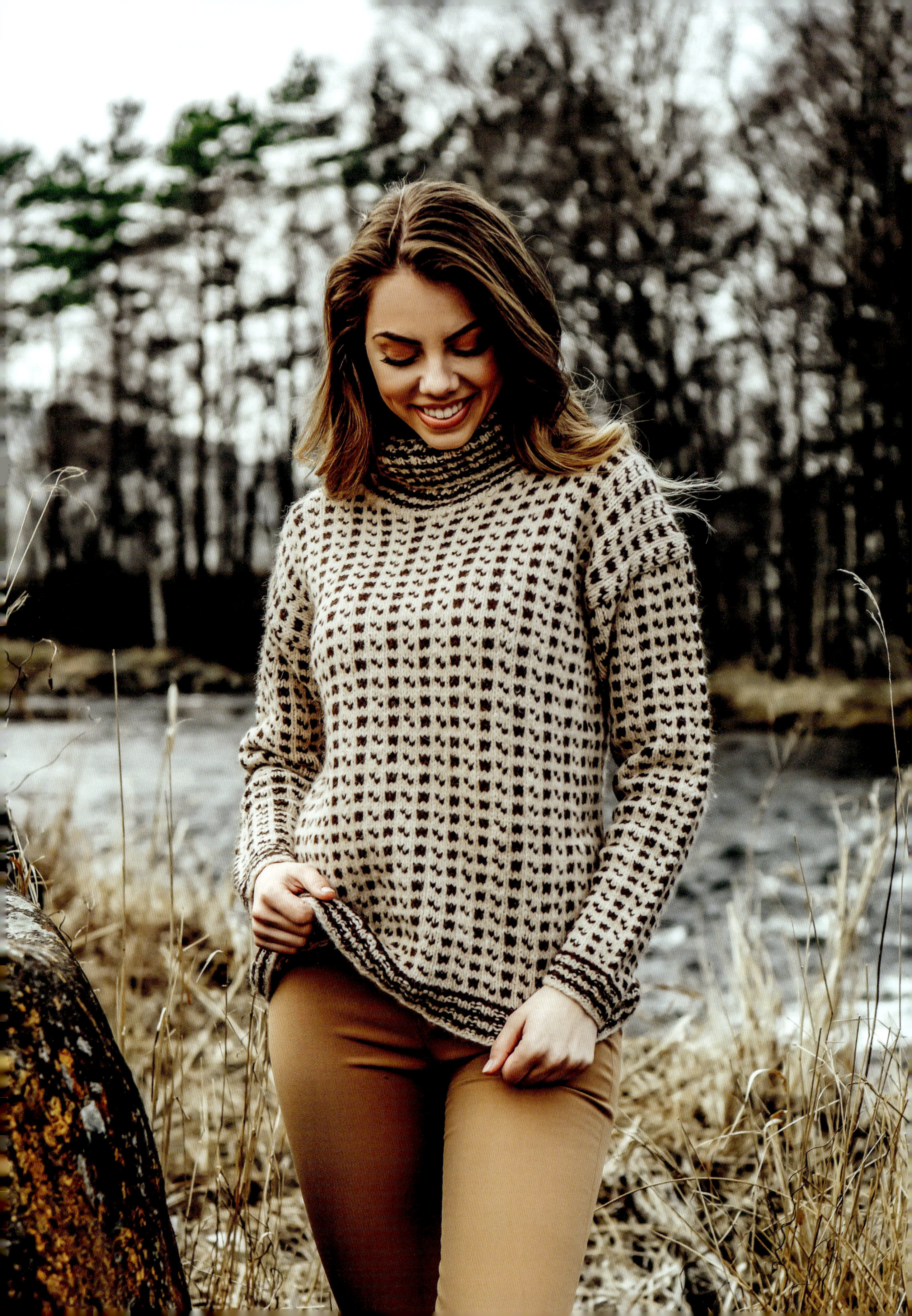

SAGA

PULLOVER FÜR DAMEN

Der Damenpullover hat einen hohen Rollkragen. Das Bündchen können Sie bei allen Saga-Modellen mit breiten oder schmalen Streifen variieren.

SCHWIERIGKEITSGRAD 2

GRÖSSEN
XS – S – M – L – XL – XXL
Wähle die passende Größe nach den Maßangaben.

FERTIGMASSE
Oberweite ca. 92 – 99 – 106 – 113 – 120 – 127 cm
Gesamtlänge ca. 59 – 61 – 63 – 65 – 67 – 69 cm
Ärmellänge ca. 49 – 49 – 50 – 50 – 51 – 51 cm

MATERIAL
Gann Garn Sky (62 % Babyalpaka, 16 % Acryl, 22 % Nylon, ca. 150 m/50 g) in Hellbeige (Fb 605) (Fb 1), 300 g – 350 g – 350 g – 400 g – 450 g – 500 g, und in Dunkelbraun (Fb 603) (Fb 2), 150 g – 150 g – 150 g – 200 g – 200 g – 200 g
Lange und kurze Rundstricknadel und Nadelspiel 5,0 und 6,0 mm

TIPP: Für ein schönes Erscheinungsbild des Musters mit zwei oder mehreren Farben hält man die Fäden immer in derselben Position hinter der Arbeit. Lege beispielsweise die Grundfarbe ganz innen an den Finger und die Musterfarbe ganz außen.

MASCHENPROBE
Im Muster mit Nd 6,0 mm
17 M und 21 R = ca. 10 cm x 10 cm
Beachte, dass die Maschenprobe stimmen muss, damit Du mit dem Ergebnis zufrieden bist. Stricke zunächst ein Probestück und zähle die Zahl der Maschen auf 10 cm. Wenn Du mehr Maschen hast als angegeben, nimm eine größere Nadelstärke. Hast Du weniger Maschen, nimm dünnere Nadeln.

TIPP: Beim Musterstricken mit mehreren Farben zieht sich das Gestrick oft zusammen. Man sollte daher besonders gut auf eine korrekte Maschenprobe achten und bei Bedarf ½ bis 1 Nadelstärke größer wählen.

DER PULLOVER KANN AUF ZWEI ARTEN GESTRICKT WERDEN:
Alternative 1: Durch Aufschneiden der Armausschnitte und mit eingenähten Ärmeln
Alternative 2: Ohne Aufschneiden, indem das Muster im oberen Vorder- und Rückenteil in Hin- und Rückr gestrickt wird, mit eingenähten Ärmeln.

VORDER- UND RÜCKENTEIL

Alternative 1 wird ohne Teilung bis zu den Schultern gerade hoch gestr.
Alternative 2 wird an den Armausschnitten in Vorder- und Rückenteil aufgeteilt.

Alternative 1 und Alternative 2

156 – 168 – 180 – 192 – 204 – 216 M in Fb 1 mit Nd 5,0 mm anschl. Im Bündchenmuster (2 M rechts, 2 M links) mit Streifen wie folgt in Rd str: * 2 Rd in Fb 1, 2 Rd in Fb 2 * . Der M-Anschlag zählt als 1. Rd. Von * bis * 2x in allen Größen wiederholen.
Zu Nd 6,0 mm wechseln. Nach jeweils 78 – 84 – 90 – 96 – 102 – 108 M einen M-Markierer für das Vorder- bzw. Rückenteil setzen. Dann im Muster nach der Strickschrift weiterstr.

Alternative 1

Weiterstr, bis die Arbeit ca. 59 – 61 – 63 – 65 – 67 – 69 cm misst.

RÜCKENTEIL
Die mittleren 34 – 34 – 36 – 36 – 38 – 38 M des Rückenteils für den Nacken auf eine Hilfsnd setzen. Die restlichen 22 – 25 – 27 – 30 – 32 – 35 M Schulter-M auf beiden Seiten des Rückenteils auf Maschenhalter setzen.

VORDERTEIL
Die 22 – 25 – 27 – 30 – 32 – 35 Schulter-M auf beiden Seiten des Vorderteils auf Maschenhalter setzen. Mit einem Heftfaden einen schönen Bogen für den Halsausschnitt ca. 6 – 6 – 6 – 7 – 7 – 7 cm tief zwischen den Schultern markieren.
Die Ärmel str.

Alternative 2

Wenn das Vorder- und Rückenteil 41 – 42 – 43 – 44 – 45 – 46 cm lang ist, gemessen von der Anschlagkante, wird die Arbeit an den Markierern geteilt und jedes Teil getrennt weitergestrickt.

RÜCKENTEIL
Im Muster weiterstr, nun in Hin- und Rückr mit je einer Rand-M auf beiden Seiten.
Wenn die Arbeit 59 – 61 – 63 – 65 – 67 – 69 cm misst, die mittleren 34 – 34 – 36 – 36 – 38 – 38 M für den Nacken auf eine Hilfsnd setzen. Die restlichen 22 – 25 – 27 – 30 – 32 – 35 Schulter-M auf beiden Seiten auf Maschenhalter setzen.

STRICKSCHRIFT

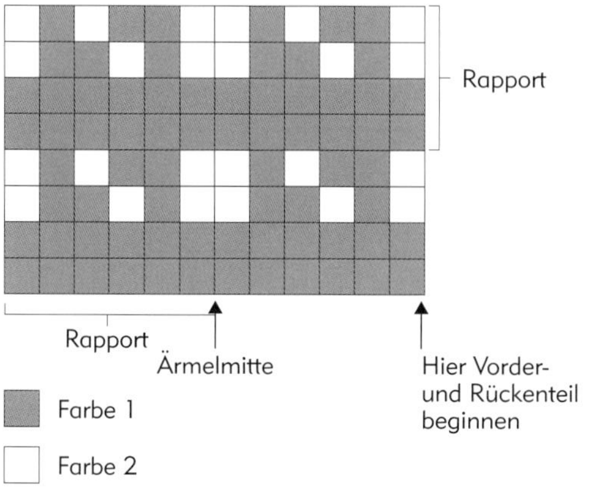

VORDERTEIL

Wie das Rückenteil in Hin- und Rückr str, bis die Arbeit 53 – 55 – 57 – 58 – 60 – 62 cm misst. Dann die mittleren 18 – 18 – 20 – 20 – 22 – 22 M für den Hals abketten und jede Seite getrennt fertig str. Das Muster weiter in Hin- und Rückr arbeiten und dabei gleichzeitig für den Halsausschnitt in jeder 2. R 3 – 2 – 1 – 1 – 1 M abnehmen (= 22 – 25 – 27 – 30 – 32 – 35 Schulter-M).
Weiterstr, bis die Arbeit 59 – 61 – 63 – 65 – 67 – 69 cm misst. Die restlichen M auf einen Maschenhalter setzen. Die andere Seite ebenso str, aber spiegelverkehrt.

ÄRMEL

Alternative 1 und Alternative 2

32 – 32 – 36 – 36 – 40 – 44 M in Fb 1 mit Nd 5,0 mm anschl. Das Bündchen wie beim Vorder- und Rückenteil str.
Zu Nd 6,0 mm wechseln. An den Anfang der Rd einen M-Markierer setzen (= Unterarm-Mitte). Von der Ärmelmitte ausgehend berechnen, wo die Rd in der Strickschrift beginnt und danach im Muster weiterstr.
In der 2. Rd gleichzeitig 1 M an jeder Seite des M-Markierers zunehmen. Diese Zunahmen alle 2,5 cm in allen Größen wiederholen, insgesamt 16 – 17 – 17 – 18 – 18 - 17x, bis man insgesamt 64 – 66 – 70 – 72 – 76 – 78 M erhält.
Den Ärmel weiter bis 49 – 49 – 50 – 50 – 51 – 51 cm oder bis zur gewünschten Länge str. Mit einer Rd in Fb 1 enden.
Alternative 1: Die Arbeit auf links wenden und 5 R glatt rechts in Hin- und Rückr als Beleg str. Locker abketten.
Alternative 2: Locker abketten.

FERTIGSTELLEN

Alternative 1

Mit einem Heftfaden die Ärmelausschnitte entsprechend der Ärmelbreite senkrecht an den Seiten des Vorder- und Rückenteils markieren.
Mit der Nähmaschine im kleinsten Zickzack-Stich auf beiden Seiten des Heftfadens für die Ärmelöffnungen absteppen und mittig zwischen den Nähten aufschneiden.
Mit normalem Zickzack-Stich die Schnittkanten nach dem Aufschneiden versäubern.
Die Schulternähte schließen.

Alternative 2

Die Schulternähte schließen.

HALSAUSSCHNITT

Alternative 1

Die M im Nacken in Fb 1 mit Nd 5,0 mm abstr und an der Außenseite des Heftfadens entlang des Halsausschnitts ca. 8-9 M pro 5 cm aufnehmen. Die M-Zahl muss durch 4 teilbar sein.
Dann ca. 17 cm in Rd im Bündchenmuster mit Streifen wie beim Vorder- und Rückenteil sowie an den Ärmeln str. Mit 1 Rd in Fb 1 enden. Locker im Muster abketten.
Im kleinsten Zickzack-Stich mit der Nähmaschine an der Innenseite des Heftfadens für den Halsausschnitt absteppen und das überstehende Gestrick abschneiden.
Mit normalem Zickzack-Stich die Schnittkanten nach dem Aufschneiden versäubern. Nach Wunsch ein Schrägband über die Schnittkante auf der Innenseite des hinteren Ausschnitts am Nacken nähen. Den Rollkragen nach außen umschlagen.
Die Ärmel einnähen. Die Schnittkanten verdecken, indem der Beleg darüber genäht wird.

Alternative 2

Die M im Nacken in Fb 1 mit Nd 5,0 mm abstr und entlang des Halsausschnitts ca. 8-9 M pro 5 cm aufnehmen. Die M-Zahl muss durch 4 teilbar sein.
Dann ca. 17 cm in Rd im Bündchenmuster mit Streifen wie beim Vorder- und Rückenteil sowie an den Ärmeln str. Mit 1 Rd in Fb 1 enden. Locker im Muster abketten.
Den Rollkragen nach außen umschlagen.
Die Ärmel einnähen.

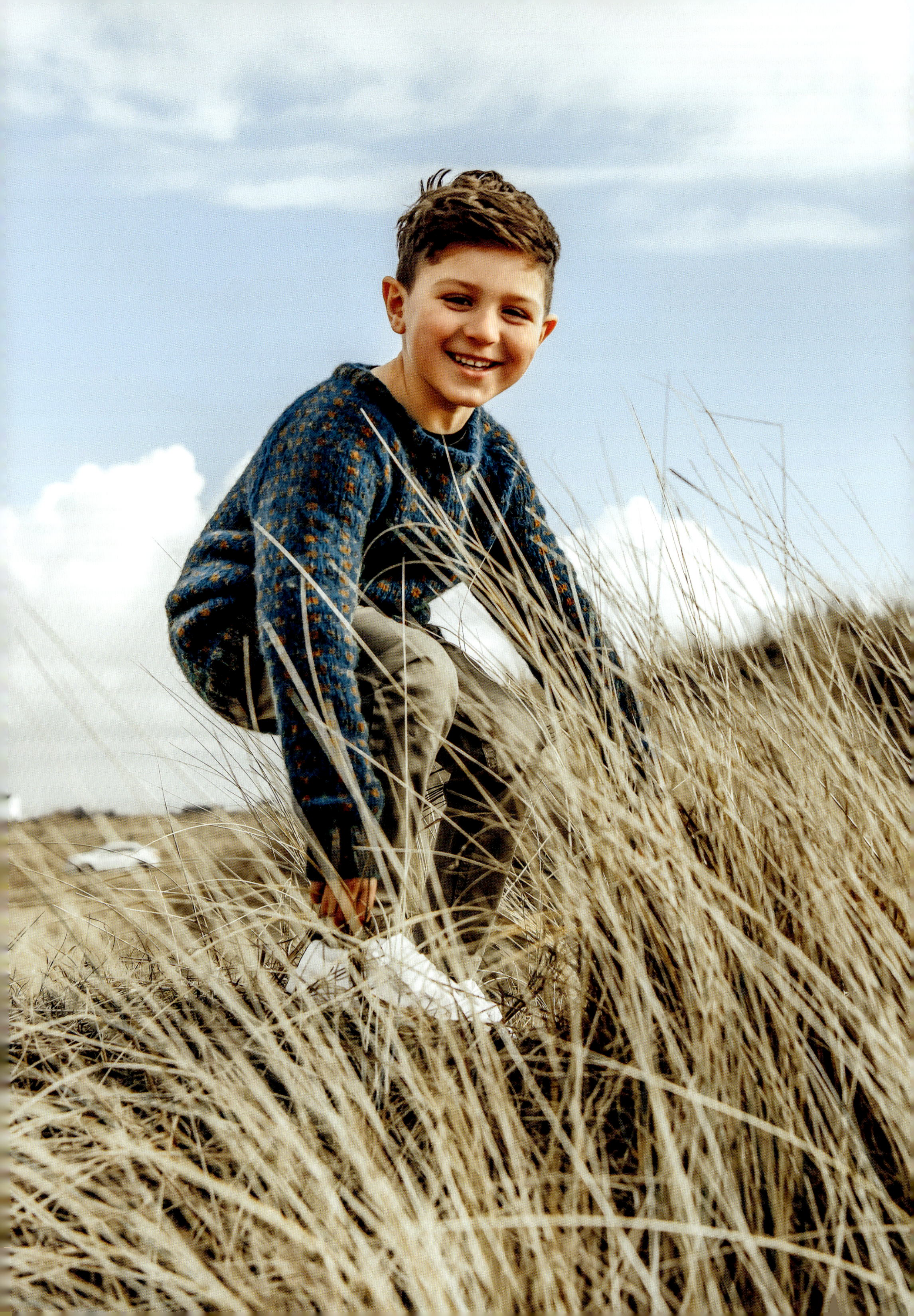

SAGA

PULLOVER FÜR KINDER

Ein toller Pullover zum Spielen im Wald oder für den Kindergarten.

SCHWIERIGKEITSGRAD 2

GRÖSSEN
2/4 – 6 – 8/10 – 12 Jahre
Wähle die passende Größe nach den Maßangaben.

FERTIGMASSE
Oberweite ca. 63 – 71 – 78 – 85 cm
Gesamtlänge ca. 38 – 44 – 52 – 56 cm
Ärmellänge ca. 26 – 33 – 37 – 40 cm

MATERIAL
Gann Garn Sky (62 % Babyalpaka, 16 % Acryl, 22 % Nylon, ca. 150 m/50 g) in Dunkles Petrol (Fb 612) (Fb 1), 150 g – 150 g – 200 g – 200 g, und in Cognac (Fb 604) (Fb 2), 50 g – 100 g – 100 g – 100 g
Alternative Farben: Natur (Fb 601) und Demin (Fb 614), s. S. 97
Lange und kurze Rundstricknadel und Nadelspiel 5,0 und 6,0 mm

> **TIPP:** Beim Musterstricken mit mehreren Farben zieht sich das Gestrick oft zusammen. Man sollte daher besonders gut auf eine korrekte Maschenprobe achten und bei Bedarf ½ bis 1 Nadelstärke größer wählen.

MASCHENPROBE
Im Muster mit Nd 6,0 mm
17 M und 21 R = ca. 10 cm x 10 cm
Beachte, dass die Maschenprobe stimmen muss, damit Du mit dem Ergebnis zufrieden bist. Stricke zunächst ein Probestück und zähle die Zahl der Maschen auf 10 cm. Wenn Du mehr Maschen hast als angegeben, nimm eine größere Nadelstärke. Hast Du weniger Maschen, nimm dünnere Nadeln.

VORDER- UND RÜCKENTEIL
108 – 120 – 132 – 144 M in Fb 1 mit Nd 5,0 mm anschl. Im Bündchenmuster (2 M rechts, 2 M links) mit Streifen wie folgt in Rd str: * 1 Rd in Fb 1, 1 Rd in Fb 2 * . Von * bis * wiederholen, bis das Bündchen ca. 4 – 4 – 5 – 5 cm misst. Mit 1 Rd in Fb 1 enden.
Zu Nd 6,0 mm wechseln. Auf beiden Seiten nach 54 – 60 – 66 – 72 M für das Vorder-, bzw. das Rückenteil M-Markierer setzen. Dann im Muster nach der Strickschrift arbeiten. Wenn die Arbeit 23 – 28 – 34 – 37 cm ab der Anschlagkante misst, auf beiden Seiten 6 – 8 – 10 – 10 M für die Armausschnitte abketten, 3 – 4 – 5 – 5 M auf jeder Seite des M-Markierers (= 48 – 52 – 56 – 62 M je Teil). Die Arbeit zur Seite legen und die Ärmel str.

ÄRMEL

24 – 28 – 28 – 32 M mit Nd 5,0 mm in Fb 1 anschl. In Rd das Bündchen wie beim Vorder- und Rückenteil str. Zu Nd 6,0 mm wechseln. An den Anfang der Rd einen M-Markierer setzen (= Unterarm-Mitte). Von der Ärmelmitte ausgehend berechnen, wo die Rd in der Strickschrift beginnt und im Muster weiterst. Dabei gleichzeitig in der 1. Rd gleichmäßig verteilt 6 – 6 – 8 – 8 M zunehmen (= 30 – 34 – 36 – 40 M). In der 6. Rd an jeder Seite des M-Markierers 1 M zunehmen. Diese Zunahmen jeweils nach 3 – 4 – 3,5 – 3,5 cm wiederholen, insgesamt 7 – 7 – 9 – 9x (= 44 – 48 – 54 – 58 M).
Wenn der Ärmel 26 – 33 – 37 – 40 cm lang ist oder die gewünschte Länge hat, an der Unterarm-Mitte 6 – 8 – 10 – 10 M (= 3 – 4 – 5 – 5 M an jeder Seite des M-Markierers) abketten (= 38 – 40 – 44 – 48 M). Darauf achten, dass der Ärmel mit derselben Muster-Rd wie das Vorder- und Rückenteil beendet wird. Die Arbeit zur Seite legen und den zweiten Ärmel ebenso str.

RAGLAN

Alle Teile auf eine Rundstricknd 6,0 mm setzen, dabei jeweils einen Ärmel mit der Abkettkante zwischen Vorder- und Rückenteil (= 172 – 184 – 200 – 220 M). Dort, wo sich die Teile treffen, 4 M-Markierer setzen. Im Muster weiterstr. Gleichzeitig ab der 2. – 3. – 5. – 3. Rd für den Raglan wie folgt abnehmen:
Bis 2 M vor dem M-Markierer str, 1 M locker abheben, 1 M rechts, die abgehobene M überziehen, 1 M rechts, 2 M rechts zusammenstr (= 8 M Abnahme). Auf diese Weise an allen vier Raglanstellen in jeder 2. Rd abnehmen. Das Muster bei jeder Abnahme entsprechend anpassen. Dann bei der 9. – 10. – 11. – 13. Raglanabnahme gleichzeitig die mittleren 8 – 10 – 12 – 14 M am Halsausschnitt abketten und die Rd beenden.
Nun an der linken Seite des Halsausschnitts neu ansetzen und in Hin- und Rückr weiter im Muster str. Gleichzeitig für den Halsausschnitt an jeder Seite 2 – 2 – 1 – 1 M an Anfang jeder 2. R abnehmen. Insgesamt sind es 13 – 14 – 15 – 17 Raglanabnahmen (= 48 – 50 – 56 – 58 M).

HALSAUSSCHNITT

An der hinteren linken Schulter beginnen und in Fb 1 mit Nd 5,0 mm die M an Nacken und Schulter str. Am Halsausschnitt dazu noch ca. 8 M pro 5 cm aufnehmen. Die M-Zahl muss durch 4 teilbar und auf beiden Seiten des Halsausschnitts gleich sein.
Dann 5 Rd im Bündchenmuster mit Streifen wie beim Vorder- und Rückenteil sowie an den Ärmeln str. Abschließend noch 6 Rd im Bündchenmuster nur in Fb 1 str. Locker im Muster abketten.

FERTIGSTELLEN

Das Halsbündchen nach innen umschlagen und mit lockeren Stichen annähen.
Ärmelöffnungen schließen.

STRICKSCHRIFT

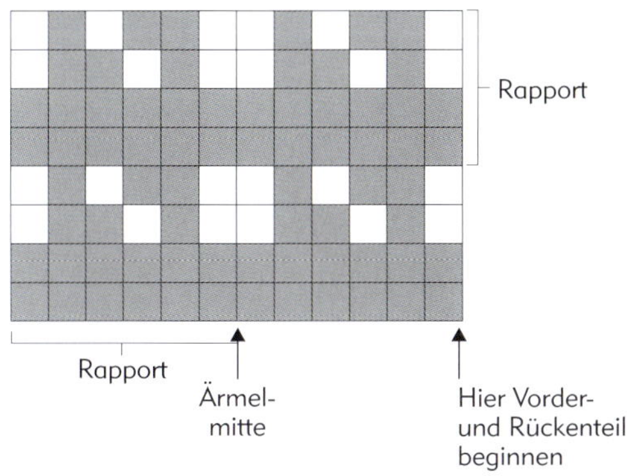

- Farbe 1
- Farbe 2

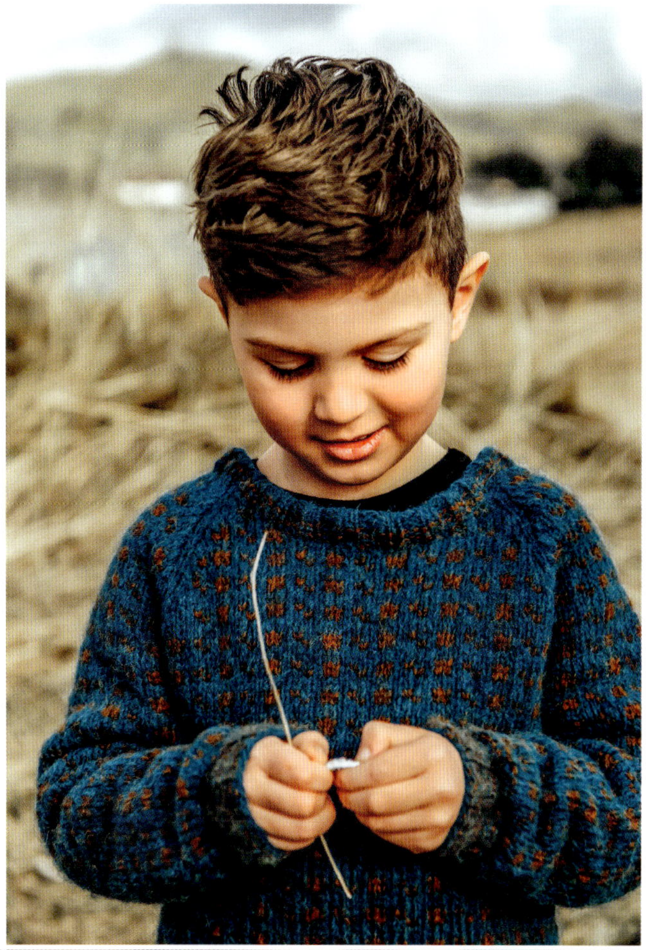

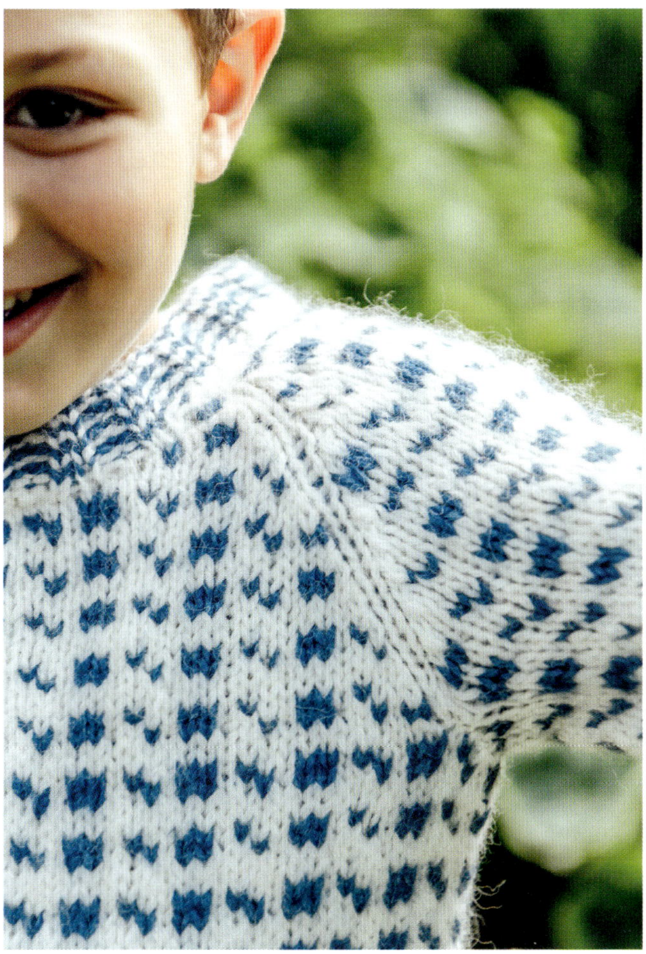

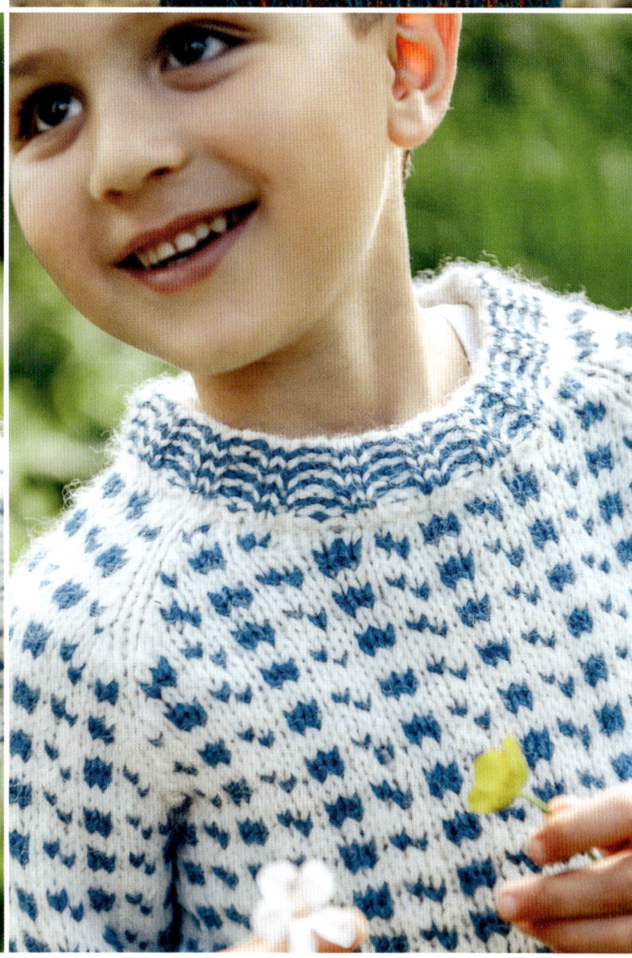

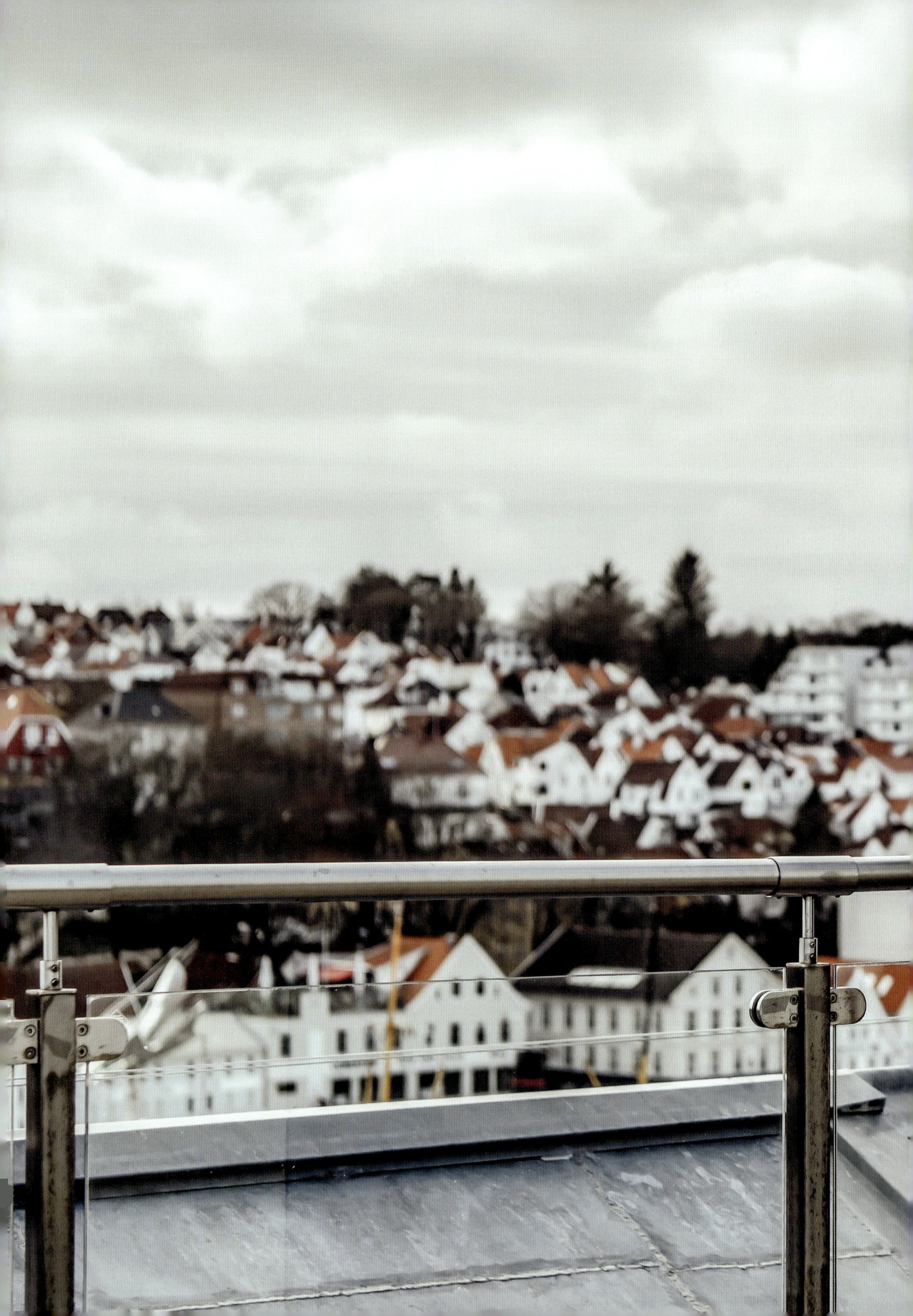

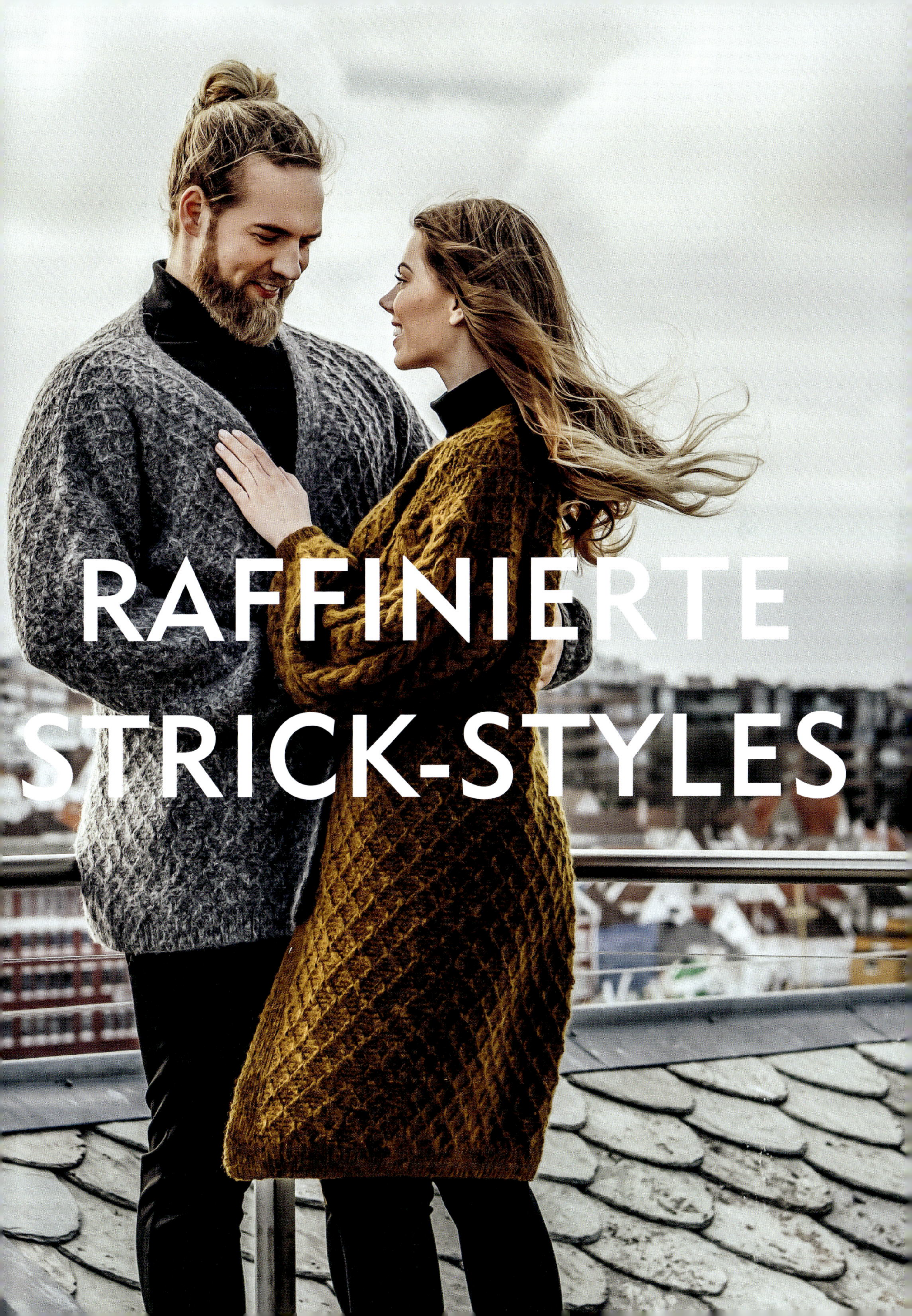
RAFFINIERTE
STRICK-STYLES

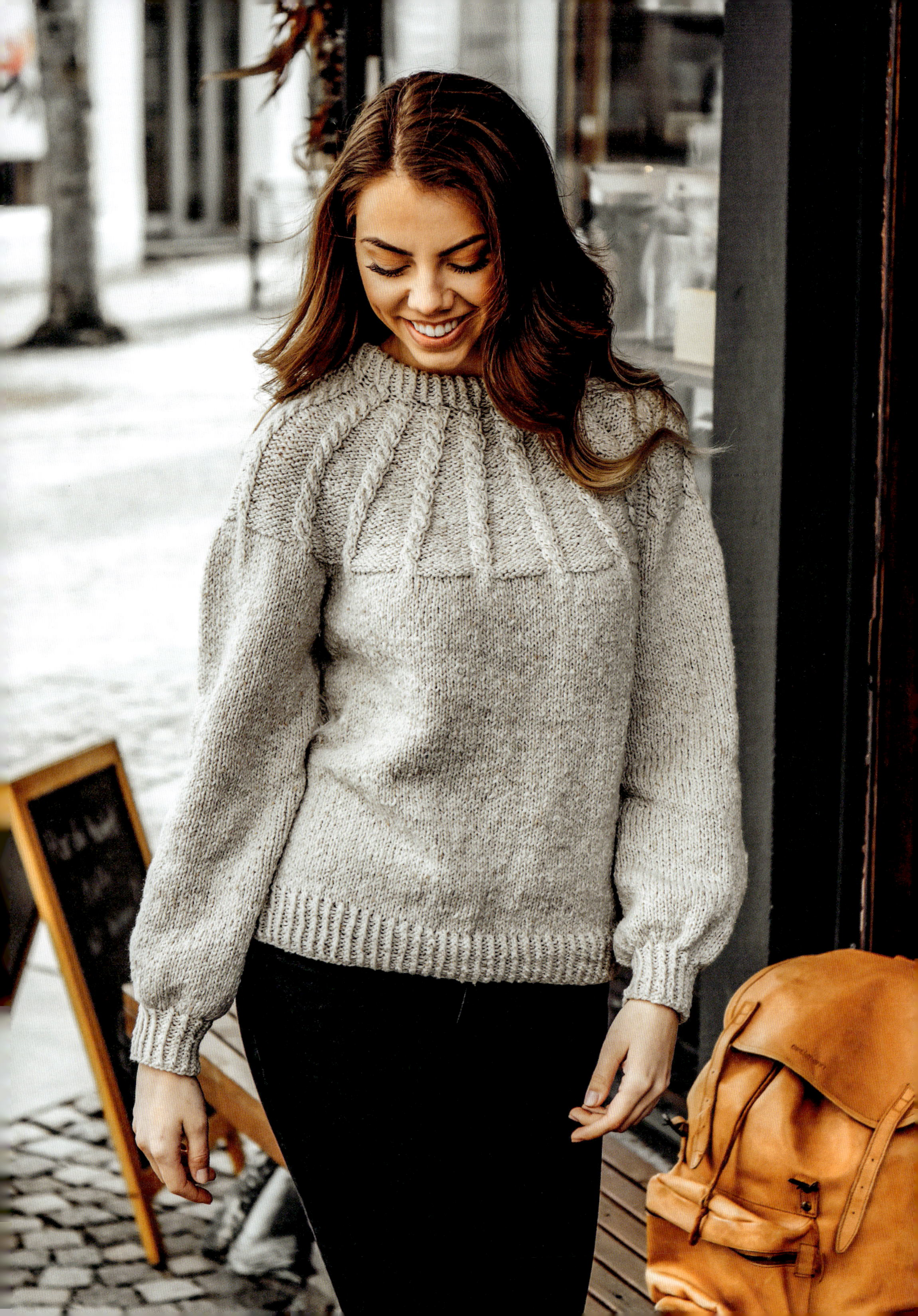

SONNENSTRAHLEN

PULLOVER FÜR DAMEN

Ein Pullover mit dem Du um die Wette strahlen kannst. Seine kleinen Zöpfe laufen wie Strahlen über die Schultern.

SCHWIERIGKEITSGRAD 3

GRÖSSEN
XS – S – M – L – XL – XXL
Wähle die passende Größe nach den Maßangaben.

FERTIGMASSE
Oberweite ca. 90 – 98 – 108 – 116 – 124 – 130 cm
Gesamtlänge ca. 56 – 58 – 60 – 62 – 64 – 66 cm
Ärmellänge ca. 48 cm oder gewünschte Länge

MATERIAL
Gann Garn Tweed (80 % Wolle, 20 % Polyamid, ca. 112 m/50 g) in Hellbeige (Fb 909), 400 g – 450 g – 500 g – 550 g – 600 g – 650 g
Lange und kurze Rundstricknadel und Nadelspiel 4,0 und 5,0 mm
Zopf- oder Hilfsnadel

MASCHENPROBE
Glatt rechts mit Nd 5,0 mm
17 M und 24 Rd = ca. 10 cm x 10 cm
Beachte, dass die Maschenprobe stimmen muss, damit Du mit dem Ergebnis zufrieden bist. Stricke zunächst ein Probestück und zähle die Zahl der Maschen auf 10 cm. Wenn Du mehr Maschen hast als angegeben, nimm eine größere Nadelstärke. Hast Du weniger Maschen, nimm dünnere Nadeln. Der Pullover wird von oben nach unten gestrickt.

HALSAUSSCHNITT UND SCHULTERPASSE
88 – 90 – 98 – 106 – 110 – 116 M mit Nd 4,0 mm anschl. 6 cm im Bündchenmuster (1 M rechts verschränkt, 1 M links) in Rd str. (Später wird es doppelt gelegt.) Zu Nd 5,0 mm wechseln. 1 Rd glatt rechts str und dabei gleichzeitig gleichmäßig verteilt 7 – 10 – 12 – 14 – 20 – 19 M zunehmen (= 95 – 100 – 110 – 120 – 130 –135 M). Weiter nach der Strickschrift das Muster str und wie dort angegeben zunehmen. 228 – 240 – 264 – 288 – 312 – 324 M. Wenn die Strickschrift komplett fertig gestrickt ist, noch 1 – 3 – 5 – 7 – 9 – 9 Rd glatt rechts str. In der letzten Rd gleichmäßig verteilt 0 – 10 – 8 – 6 – 4 - 8 M zunehmen (= 228 – 250 – 272 – 294 – 316 – 332 M).

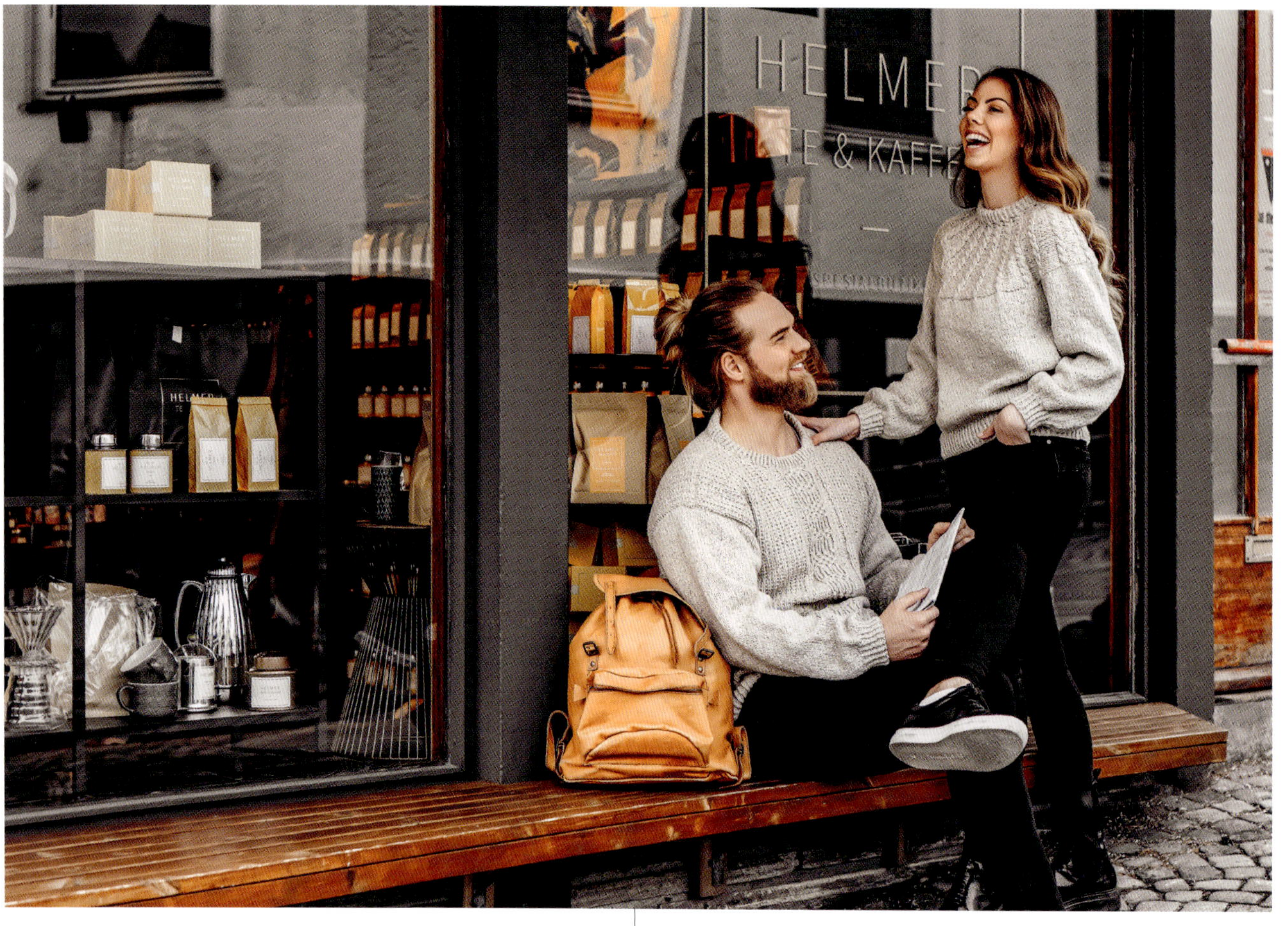

Die Arbeit wie folgt aufteilen: Am Beginn der Rd anfangen, 66 – 73 – 82 – 89 – 96 – 112 M str (= Rückenteil), die folgenden 48 – 52 – 54 – 58 – 62 – 64 M für den Ärmel stilllegen, 10 M neu anschl (= Ärmelöffnung), 66 – 73 – 82 – 89 – 96 – 112 M str (= Vorderteil), die folgenden 48 – 52 – 54 – 58 – 62 – 64 M für den zweiten Ärmel stilllegen, 10 M neu anschagen (= Ärmelöffnung), dann mit dem Vorder- und Rückenteil weiterarbeiten.

VORDER- UND RÜCKENTEIL

Die Rd umfasst nun 152 – 166 – 184 – 198 – 212 – 224 M. Weiter in Rd glatt rechts str, bis die Arbeit ca. 31 – 32 – 33 – 34 – 35 – 36 cm ab der Abteilung der Ärmel misst. Zu Nd 4,0 mm wechseln und für alle Größen ca. 5 cm im Bündchenmuster (1 M rechts verschränkt, 1 M links) str. Abketten.

ÄRMEL

10 neue M unter dem Arm anschl (= 58 – 62 – 64 – 68 – 72 – 74 M). In Rd glatt rechts str, bis die Arbeit ca. 5 cm vor der angegebenen oder gewünschten Länge erreicht hat. In der letzten Rd gleichmäßig verteilt 24 – 28 – 28 – 32 – 34 – 36 M abnehmen (= 34 – 34 – 36 – 36 – 38 – 38 M). Zu Nd 4,0 mm wechseln und 5 cm im Bündchenmuster (1 M rechts verschränkt, 1 M links) in Rd str, dann abketten. Den zweiten Ärmel ebenso str.

FERTIGSTELLEN

Das Halsbündchen nach innen umschlagen und mit lockeren Stichen annähen.
Ärmelöffnungen schließen. Alle losen Fäden nach innen ziehen und vernähen.

STRICKSCHRIFT

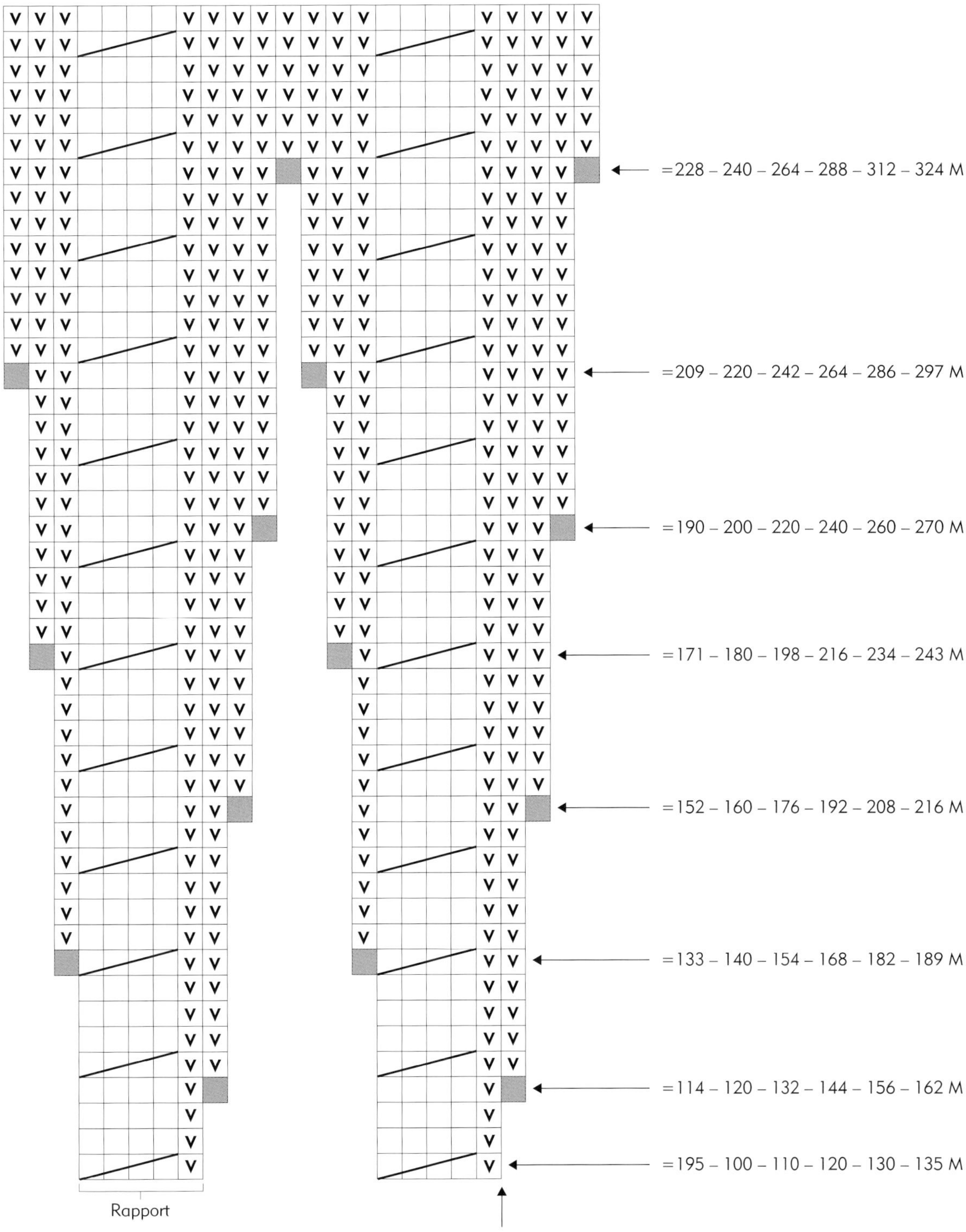

1 M rechts

V 1 M links

2 M auf einer Zopfnd vor die Arbeit legen, 2 M rechts str, die M von der Zopfnd rechts str

1 M zunehmen: Den Faden zwischen 2 M mit der linken Nd von vorne nach hintenaufnehmen und links verschränkt abstr

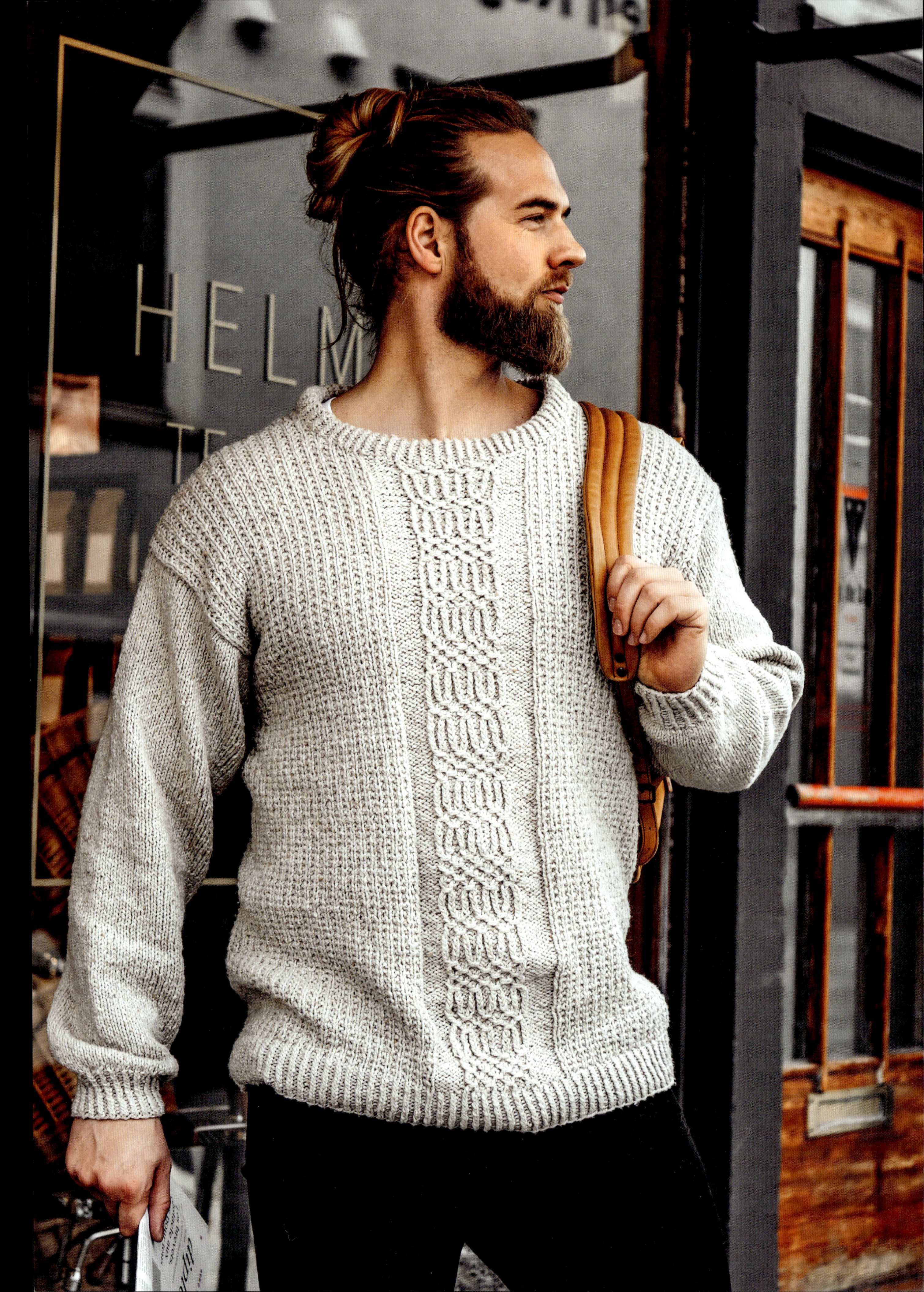
HELM

MONDSCHEIN

Wie die Kaskaden eines Wasserfalls sprudelt das Muster dieses effektvollen, mitteldicken Pullovers über Brust und Rücken.

SCHWIERIGKEITSGRAD 3

GRÖSSEN

S – M – L – XL – XXL – LASSE
Wähle die passende Größe nach den Maßangaben.

FERTIGMASSE

Oberweite ca. 98 – 107 – 116 – 124 – 135 – 130 cm
Gesamtlänge ca. 66 – 68 – 70 – 72 – 74 – 78 cm
Ärmellänge ca. 55 – 56 – 56 – 57 – 57 – 60 cm

MATERIAL

Gann Garn Tweed (80 % Wolle, 20 % Polyamid, ca. 112 m/50 g) in Hellbeige (Fb 909), 550 g – 600 g – 650 g – 700 g – 750 g – 750 g
Lange und kurze Rundstricknadel und Nadelspiel 4,5 und 5,0 mm

MASCHENPROBE

Glatt rechts mit Nd 5,0 mm
17 M und 22 Rd = ca. 10 cm x 10 cm
Im Muster A mit Nd 5,0 mm
22 M und 23 Rd = ca. 10 cm x 10 cm
Beachte, dass die Maschenprobe stimmen muss, damit Du mit dem Ergebnis zufrieden bist. Stricke zunächst ein Probestück und zähle die Zahl der Maschen auf 10 cm. Wenn Du mehr Maschen hast als angegeben, nimm eine größere Nadelstärke. Hast Du weniger Maschen, nimm dünnere Nadeln.

VORDER- UND RÜCKENTEIL

166 – 182 – 198 – 210 – 230 – 222 M mit Rundstricknd 4,5 mm anschl. Für alle Größen 5 cm im Bündchenmuster (1 M rechts verschränkt, 1 M links) in Rd str. Zu Nd 5,0 mm wechseln. An den Anfang der Rd einen M-Markierer setzen (= linke Seite).
* 29 – 33 – 37 – 39 – 45 – 43 M im Muster A nach der Strickschrift str, 5 M links, dann 6 M über die nächsten 16 M zunehmen (= 22 M für Muster B), 5 M links, 28 – 32 – 36 – 40 – 44 – 42 M im Muster A str * (= 89 – 97 – 105 – 111 – 121 – 117 M). Einen M-Markierer setzen (= rechte Seite). Von * bis * wiederholen (= 178 – 194 – 210 – 222 – 242 – 234 M).
Mit dieser Einteilung ohne Zunahmen weiterstr, bis die Arbeit 44 – 45 – 46 – 47 – 48 – 52 cm lang ist, gemessen von der Anschlagkante.

Nun die Arbeit an den Markierern teilen und jedes Teil getrennt fertig str.

RÜCKENTEIL

In Hin- und Rückr mit derselben Mustereinteilung wie zuvor mit jeweils 1 Rand-M an jeder Seite weiterstr. Die Rand-M wird rechts gestr. Gleichzeitig auf beiden Seiten für die Armausschnitte 1x 2 M und 2x 1 M am Beginn jeder R abnehmen (= 81 – 89 – 97 – 103 – 113 – 109 M).
Weiterstr, bis die Arbeit 64 – 66 – 68 – 70 – 72 – 76 cm misst und in der letzten R gleichmäßig verteilt 6 M über dem Muster B abnehmen.
In der nächsten R die mittleren M für den Ausschnitt im Nacken abketten und dann jede Schulterseite getrennt fertig str. Weiter in Hin- und Rückr str und gleichzeitig in jeder 2. R. 1 M im Nacken abnehmen (= 17 – 21 – 24 – 27 – 31 – 29 Schulter-M).
Weiterstr, bis die Arbeit 66 – 68 – 70 – 72 – 74 – 78 cm misst. Dann die M auf einen Maschenhalter setzen.
Die andere Schulterseite ebenso, aber spiegelverkehrt str.

VORDERTEIL

Weiterstr und die Abnahmen für die Ärmel wie beim Rückenteil arbeiten (= 81 – 89 – 97 – 103 – 113 – 109 M). Weiterstr, bis die Arbeit 59 – 61 – 63 – 64 – 66 – 70 cm misst und in der letzten R gleichmäßig verteilt 6 M über dem Muster B abnehmen.
In der nächsten R die mittleren 17 – 17 – 19 – 19 – 21 – 21 M für den Halsausschnitt abketten. Dann jede Schulterseite getrennt fertig str.
Weiter in Hin- und Rückr str und gleichzeitig in jeder 2. R 1x 5 M, 1x 3 M, 1x 2 M und 2x 1 M am Halsausschnitt abnehmen (= 17 – 21 – 24 – 27 – 31 – 29 Schulter-M).
Weiterstr, bis die Arbeit 66 – 68 – 70 – 72 – 74 – 78 cm misst. Dann die M auf einen Maschenhalter setzen.
Die andere Schulterseite ebenso, aber spiegelverkehrt str.

ÄRMEL

36 – 36 – 38 – 38 – 40 – 42 M mit Nd 4,5 mm anschl und 6 cm im Bündchenmuster (1 M rechts verschränkt, 1 M links) in Rd str. Zu Nd 5,0 mm wechseln. Eine Rd glatt rechts str und dabei gleichmäßig verteilt 8 – 10 – 10 – 12 – 12 – 12 M zunehmen (= 44 – 46 – 48 – 50 – 52 – 54 M).
An den Anfang der Rd einen M-Markierer setzen (= Unterarm-Mitte). Glatt rechts weiterstr und gleichzeitig in der 1. Rd auf beiden Seiten des Markierers 1 M zunehmen. Die Zunahmen nach jeweils 3 – 3 – 2,5 – 2,5 – 2,5 – 3 cm insgesamt 15 – 16 – 17 – 18 – 18 – 18x arbeiten, bis es 74 – 78 – 82 – 86 – 88 – 90 M sind.
Wenn der Ärmel ca. 55 – 56 – 56 – 57 – 57 – 60 cm lang ist oder die gewünschte Länge hat, wird die Arbeit am M-Markierer geteilt. Nun in Hin- undRückr glatt rechts weiter str und gleichzeitig auf beiden Seiten 1x 2 M und 2x 1 M in jeder R für den Armausschnitt abnehmen. Danach abketten.
Den zweiten Ärmel ebenso str.

FERTIGSTELLEN

An den Schultern zusammenstr oder -nähen.

HALSAUSSCHNITT

An der rechten hinteren Schulter beginnen und entlang des Halsausschnitts ca. 8 M pro 5 cm mit Nd 5,0 mm aufnehmen. Die M-Zahl muss durch 2 teilbar sein.
In Rd 6 cm im Bündchenmuster (1 M rechts verschränkt, 1 M links) str. Locker im Muster abketten.
Das Bündchen nach innen umschlagen und mit lockeren Stichen annähen.
Die Ärmel einnähen oder -str.

STRICKSCHRIFT

MUSTER A

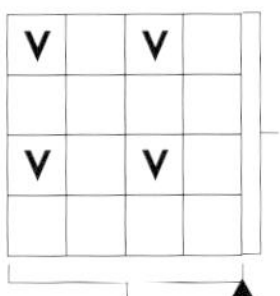

☐ In Hinr rechts, in Rückr links str

V In Hinr links, in Rückr rechts str

MUSTER B = 22 M

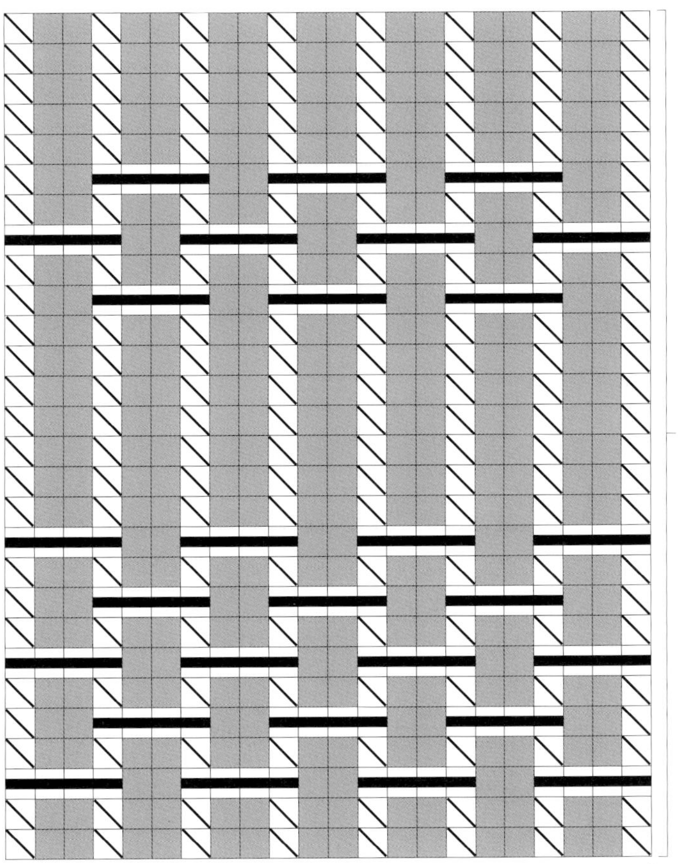

In Hinr rechts verschränkt, in Rückr links verschränkt str

In Hinr links, in Rückr rechts str

4 M auf einer Zopfnd vor die Arbeit legen, den Faden zweimal um die 4 M herumwickeln, die 4 M dann auf die rechte Nd heben, ohne sie zu stricken.

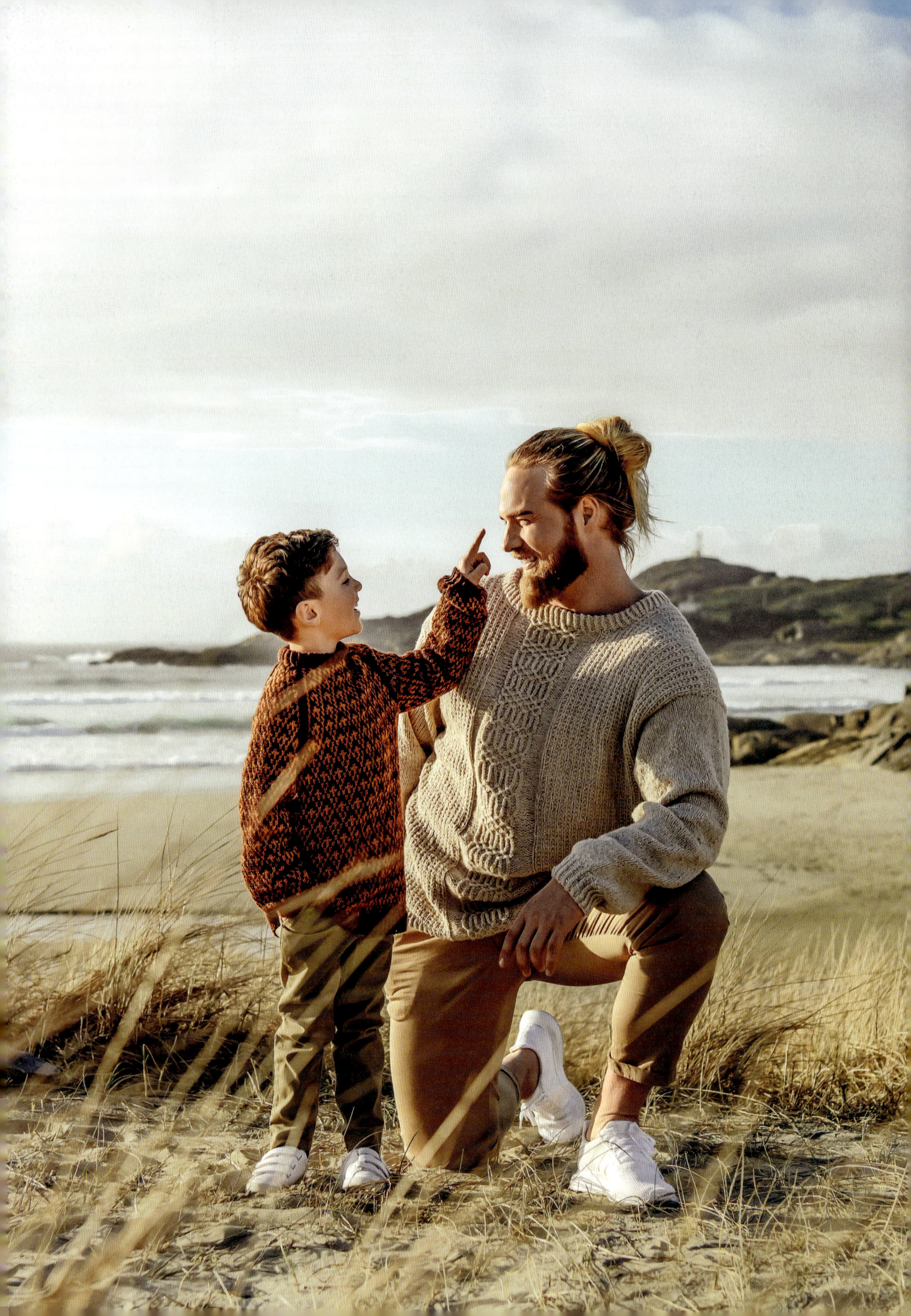

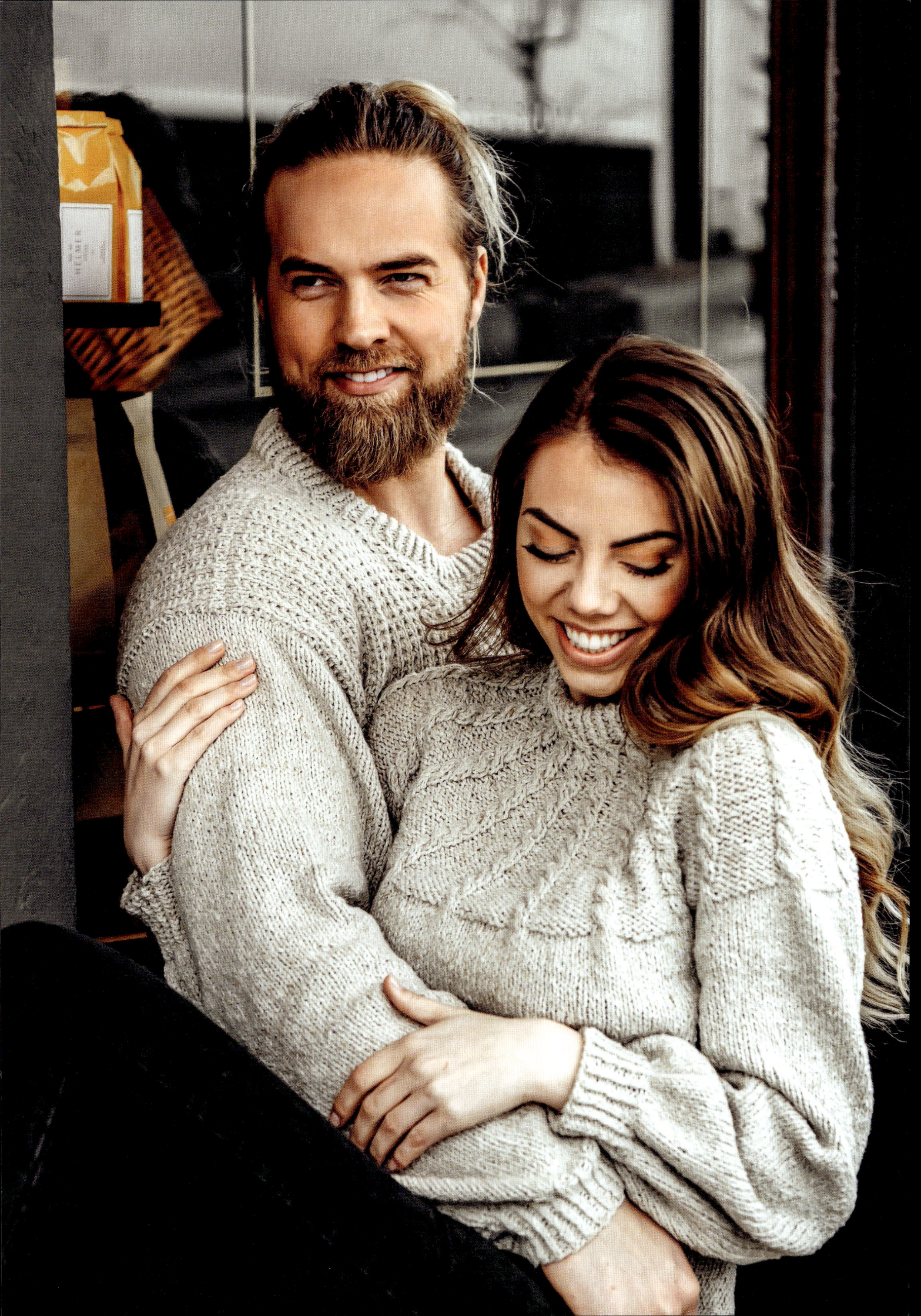

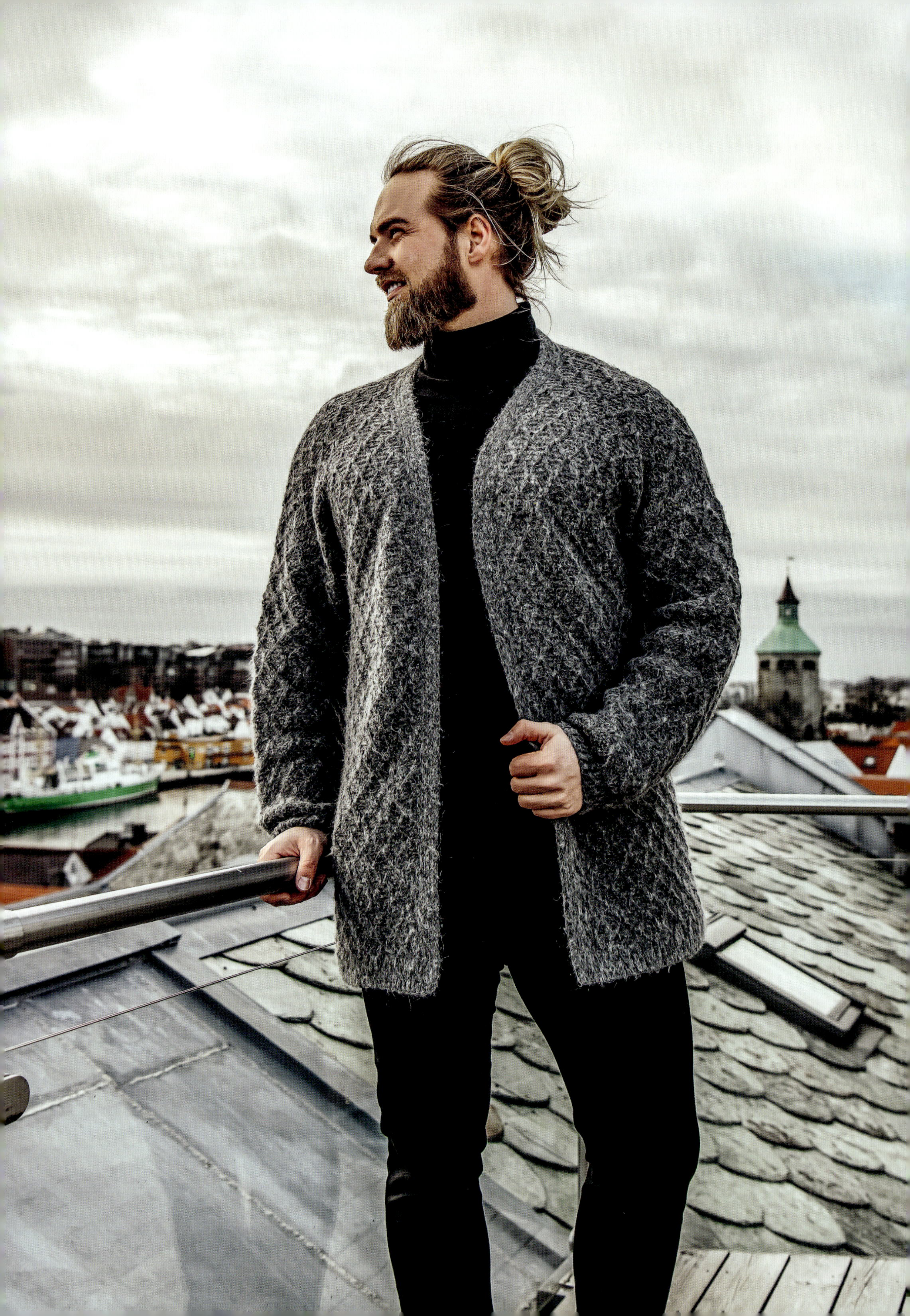

RITTER

HERRENJACKE

Eine stylische Jacke, die ich zu allen Tageszeiten nutze. Zum Frühstückskaffee, wenn ich morgens aufstehe, oder wenn ich zum Essen ausgehe. Das Flechtmuster wirkt griffig und smart.

SCHWIERIGKEITSGRAD 2

GRÖSSEN
S – M – L – XL – XXL – LASSE
Wähle die passende Größe nach den Maßangaben.

FERTIGMASSE
Oberweite ca. 105 – 113 – 121 – 129 – 140 – 140 cm
Gesamtlänge ca. 78 – 80 – 82 – 84 – 86 – 90 cm
Ärmellänge ca. 50 – 50 – 52 – 54 – 56 – 58 cm

MATERIAL
Gann Garn Sky (62 % Babyalpaka, 16 % Acryl, 22 % Nylon, ca. 150 m/50 g) in Grau meliert (Fb 607), 600 g – 650 g – 650 g – 700 g – 750 g – 750 g
Lange und kurze Rundstricknadel und Nadelspiel 5,0 und 6,0 mm

MASCHENPROBE
Im Muster mit Nd 6,0 mm
20 M und 25 Rd = ca. 10 cm x 10 cm
Beachte, dass die Maschenprobe stimmen muss, damit Du mit dem Ergebnis zufrieden bist. Stricke zunächst ein Probestück und zähle die Zahl der Maschen auf 10 cm. Wenn Du mehr Maschen hast als angegeben, nimm eine größere Nadelstärke. Hast Du weniger Maschen, nimm dünnere Nadeln.

VORDER- UND RÜCKENTEIL
221 – 237 – 253 – 269 – 293 – 293 M mit Nd 5,0 mm anschl. Für alle Größen ca. 5 cm im Bündchenmuster (1 M rechts, 1 M links) in Hin- und Rückr str. Zu Nd 6,0 mm wechseln. Nun die ersten und letzten 10 M auf einen Hilfsfaden setzen (sie werden als Blenden zum Schluss gestrickt). 1 Rückr linke M str und dabei 1 M zunehmen.
Für jede Seite einen M-Markierer setzen: nach 49 – 52 – 57 – 61 – 67 – 67 M für jedes der Vorderteile und nach 104 – 114 – 120 – 128 – 140 – 140 M für das Rückenteil. Nun weiter in Hin- und Rückr das Muster nach der Strickschrift str. Dabei mit 1 Rand-M beginnen und enden, die immer rechts gestrickt wird. Weiterstr, bis die Arbeit ca. 55 – 56 – 57 – 58 – 59 – 63 cm misst. Dann die Arbeit an den Markierern teilen und jedes Teil getrennt weiterstr.

RÜCKENTEIL

Weiter das Muster in Hin- und Rückr arbeiten, bis die Arbeit 78 – 80 – 82 – 84 – 86 – 90 cm misst und die Armausschnitte ca. 23 – 24 – 25 – 26 – 27 – 27 cm. Abketten.

RECHTES VORDERTEIL

Weiter das Muster in Hin- und Rückr arbeiten und gleichzeitig für den V-Ausschnitt in jeder 4. R am Anfang der Hinr 2 M rechts verschränkt zusammenstr. Diese Abnahmen insgesamt 15 – 15 – 16 – 16 – 17 – 18 – 18x arbeiten (= 34 – 37 – 41 – 44 – 49 – 49 M) für die Schulter. Das Vorderteil gleich lang wie das Rückenteil str. Abketten.

Das linke Vorderteil ebenso str, hier aber die 2 M am Ende der Hinr rechts zusammenstr.

ÄRMEL

36 – 38 – 40 – 40 – 42 – 44 M mit Nd 5,0 mm anschl. 5 cm im Bündchenmuster (1 M rechts, 1 M links) in Rd str. Zu Nd 6,0 mm wechseln und eine Rd glatt rechts str, dabei gleichzeitig gleichmäßig verteilt 14 – 26 – 26 – 30 – 30 – 32 M zunehmen (= 60 – 64 – 66 – 70 – 72 – 76 M). An den Anfang der Rd einen M-Markierer setzen (= Unterarm-Mitte). Von der Ärmelmitte ausgehend berechnen, wo die Rd in der Strickschrift beginnt und dann das Muster nach der Strickschrift str. Gleichzeitig nach jeweils ca. 2,5 – 2,5 – 2,5 – 2,5 – 2,5 – 3 cm auf beiden Seiten des M-Markierers 1 M zunehmen, bis es insgesamt 92 – 96 – 100 – 104 – 108 – 108 M sind. Bis zur angegebenen oder gewünschten Ärmellänge weiterstr und abketten. Den zweiten Ärmel ebenso str.

FERTIGSTELLEN

Schulternähte schließen.

LINKE BLENDE

Die M der linken Blende auf Nd 5,0 mm setzen.

Dann im Bündchenmuster in Hin- und Rückr bis zur hinteren Mitte im Nacken weiterstr. Die Arbeit beim Messen leicht ziehen. Die M auf eine Hilfsnd setzen oder abketten.

Die rechte Blende ebenso str.

Die beiden Blendenstücke an der hinteren Mitte im Nacken zusammennähen oder -str und am Rückenteil sowie entlang des V-Ausschnitts und an beiden Kanten der Vorderteile annähen.

Die Ärmel einnähen.

STRICKSCHRIFT

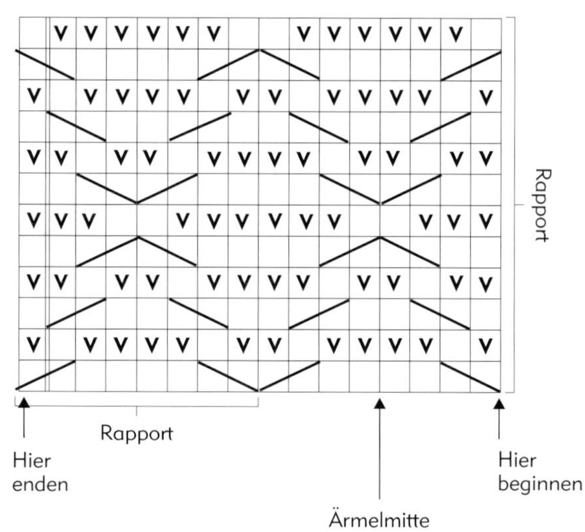

☐ In Hinr rechts, in Rückr links str

V In Hinr links, in Rückr rechts str

╲ Die rechte Nd hinter der 1. M auf der linken Nd vorbei in die 2. M einstechen. Die 2. M rechts str, ohne sie von den Nd zu nehmen, danach die 1. M rechts str und beide M von der linken Nd gleiten lassen.

╱ Die rechte Nd vor der 1. M auf der linken Nd vorbei in die 2. M einstechen. Die 2. M rechts str, ohne sie von den Nd zu nehmen, danach die 1. M rechts str und beide M von der linken Nd gleiten lassen.

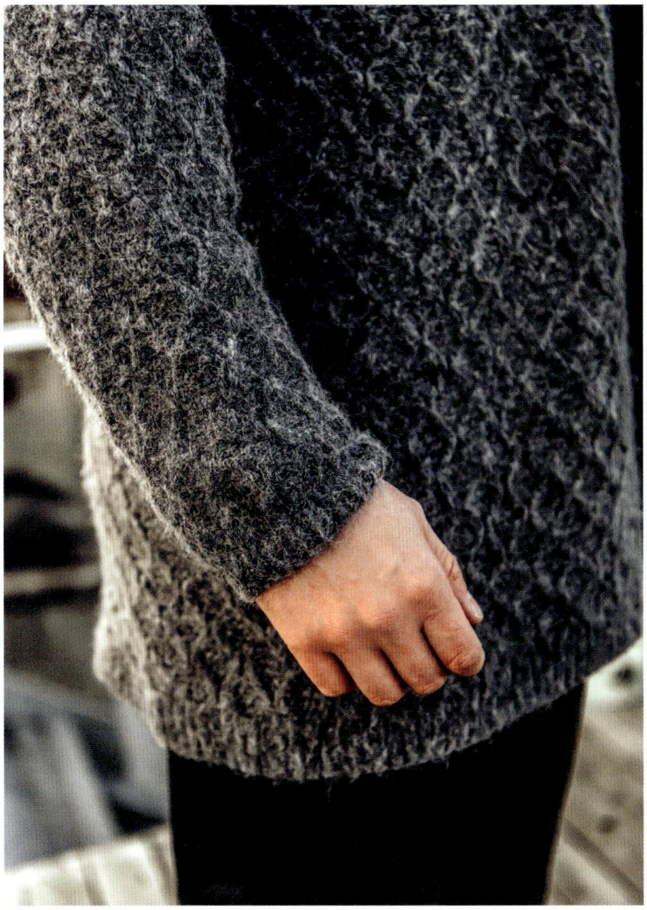

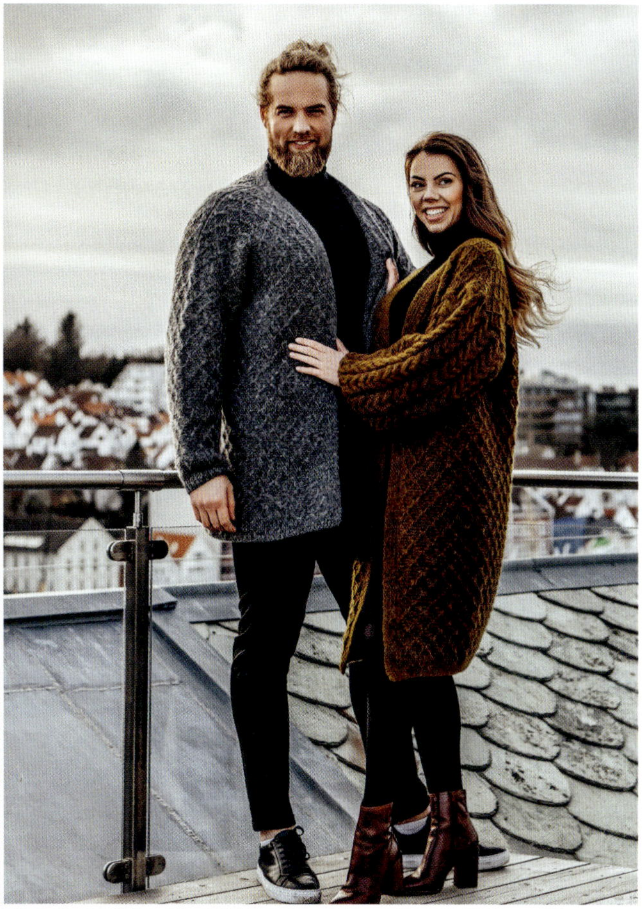

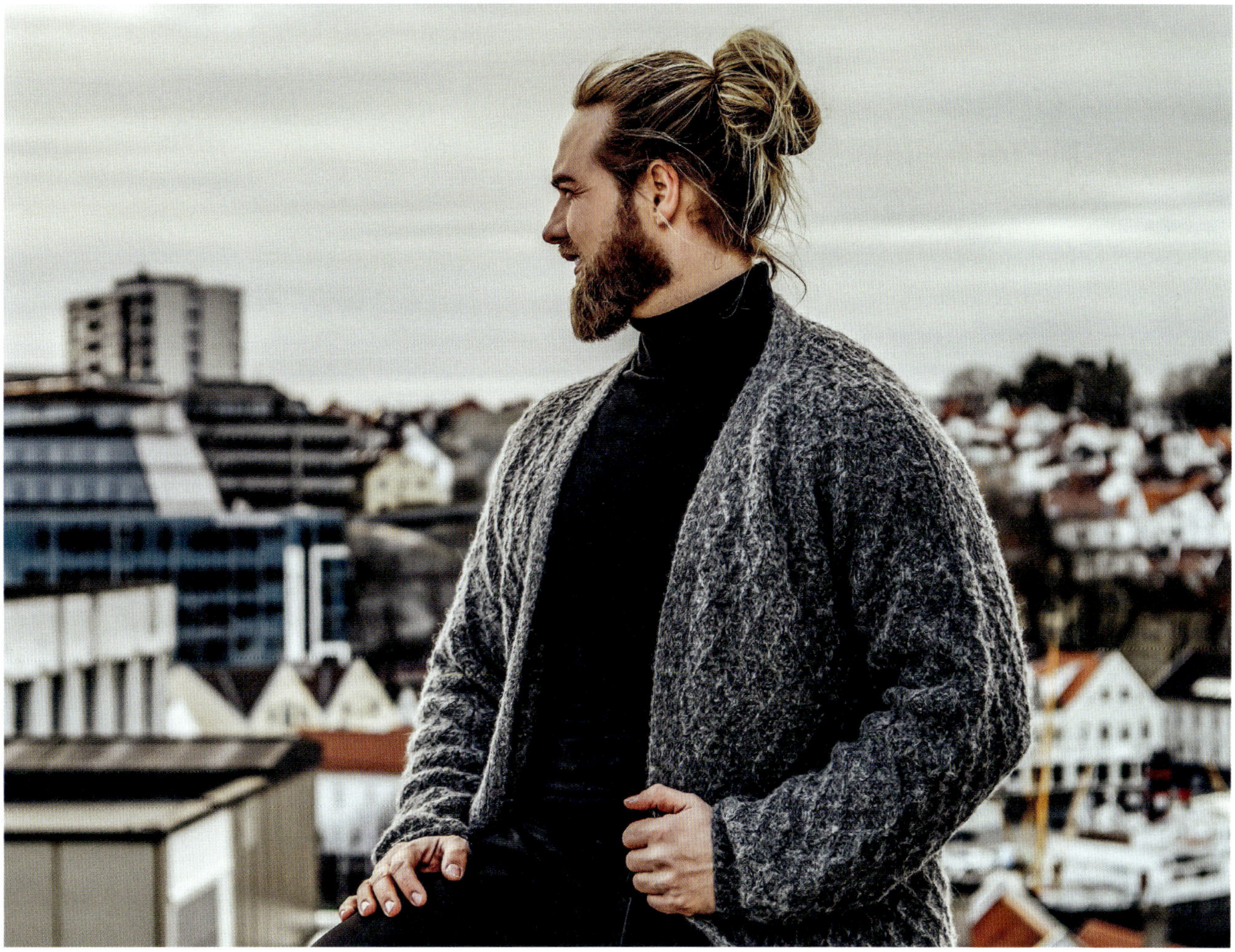

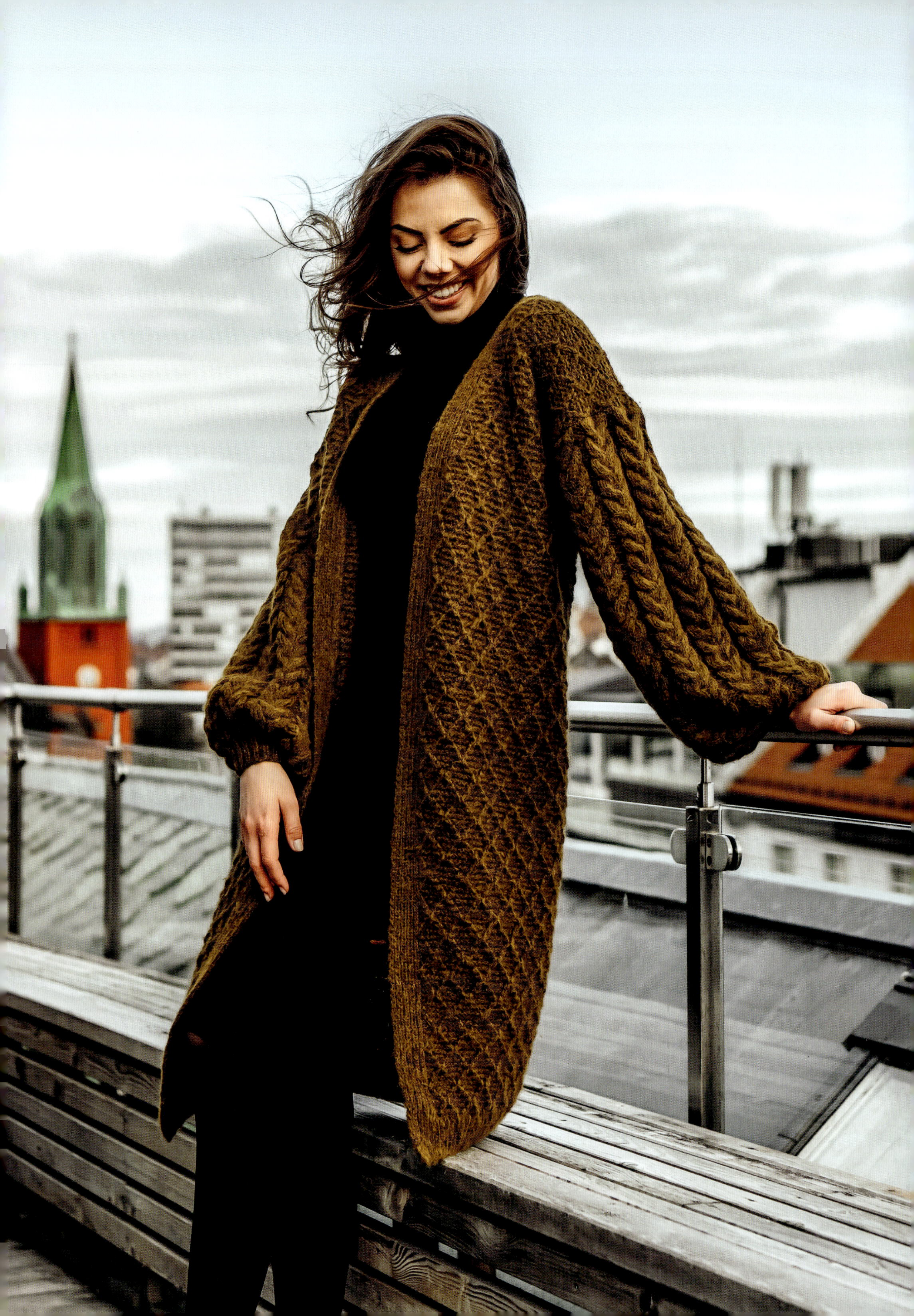

KÖNIGIN

MANTELJACKE FÜR DAMEN

So stylisch wie die Ritterjacke, noch dazu aber echt elegant. Mit den angesagten Ballonärmeln und den breiten Zöpfen trägt sie sich super angenehm.

SCHWIERIGKEITSGRAD 3

GRÖSSEN

S – M – L – XL – XXL
Wähle die passende Größe nach den Maßangaben.

FERTIGMASSE

Oberweite ca. 105 – 113 – 121 – 129 – 140 cm
Gesamtlänge ca. 66 – 68 – 70 – 72 – 74 – 78 cm
Ärmellänge ca. 55 – 56 – 56 – 57 – 57 – 60 cm

MATERIAL

Gann Garn Sky (62 % Babyalpaka, 16 % Acryl, 22 % Nylon, ca. 150 m/50 g) in Cognac (Fb 604), 700 g – 750 g – 800 g – 850 g – 900 g
Lange und kurze Rundstricknadel und Nadelspiel 5,0 und 6,0 mm
Zopf- oder Hilfsnadel

MASCHENPROBE

Im Muster mit Nd 6,0 mm
20 M und 26 Rd = ca. 10 cm x 10 cm
Beachte, dass die Maschenprobe stimmen muss, damit Du mit dem Ergebnis zufrieden bist. Stricke zunächst ein Probestück und zähle die Zahl der Maschen auf 10 cm. Wenn Du mehr Maschen hast als angegeben, nimm eine größere Nadelstärke. Hast Du weniger Maschen, nimm dünnere Nadeln.

VORDER- UND RÜCKENTEIL

221 – 237 – 253 – 269 – 293 M mit Nd 5,0 mm anschl. Für alle Größen ca. 5 cm im Bündchenmuster (1 M rechts, 1 M links) in Hin- und Rückr str. Zu Nd 6,0 mm wechseln. Nun die ersten und letzten 10 M auf einen Hilfsfaden setzen (sie werden als Blenden zum Schluss gestrickt). 1 Rückr linke M str und dabei am Ende der R 1 M zunehmen (= Rand-M).
Für jede Seite einen M-Markierer setzen: nach 49 – 53 – 57 – 61 – 67 M für jedes Vorderteil und nach 104 – 112 – 120 – 128 – 140 M für das Rückenteil.
Nun weiter in Hin- und Rückr das Muster nach der Strickschrift str. Dabei mit 1 Rand-M beginnen und enden, die immer rechts gestrickt wird.
Weiterstr, bis die Arbeit ca. 65 – 65 – 67 – 68 – 69 cm misst. Dann die Arbeit an den Markierern teilen und jedes Teil getrennt weiterstr.

RÜCKENTEIL

Weiter im Muster in Hin- und Rückr arbeiten, dabei gleichzeitig am Anfang und Ende der R je 1 M zunehmen (= Rand-M), die im Folgenden immer rechts gestrickt werden. Weiterarbeiten, bis die Arbeit 88 – 90 – 92 – 94 – 96 cm misst und die Armausschnitte ca. 23 – 25 – 25 – 25 – 28 cm. Abketten.

RECHTES UND LINKES VORDERTEIL

Weiter im Muster in Hin- und Rückr arbeiten und gleichzeitig für den V-Ausschnitt in jeder 4. R in der Hinr nach der Rand-M 2 M rechts verschränkt zusammenstr. Diese Abnahmen insgesamt 15 – 15 – 16 – 16 – 17 – 18x arbeiten (= 34 – 38 – 41 – 44 – 49 Schulter-M). Das Vorderteil gleich lang wie das Rückenteil str. Abketten.

Das linke Vorderteil ebenso str, hier aber für die Abnahmen bis zur 3. M vor dem R-Ende str, dann 2 M rechts zusammenstr und 1 M rechts als Rand-M str.

ÄRMEL

32 – 36 – 36 – 36 – 40 M mit Nd 5,0 mm anschl. 5 cm im Bündchenmuster (1 M rechts, 1 M links) in Rd str. Zu Nd 6,0 mm wechseln und zwei Rd glatt rechts str. In der ersten Rd aus jeder M 2 M herausstr, sodass sich die M-Zahl verdoppelt auf 64 – 72 – 72 – 72 – 80 M; in der 2. Rd dann gleichmäßig verteilt noch 62 – 68 – 68 – 68 – 74 M zunehmen (= 126 – 140 – 140 – 140 – 154 M). Nun im Zopfmuster nach der Strickschrift str, bis der Ärmel die angegebene oder gewünschte Länge hat. Abketten. Den zweiten Ärmel ebenso str.

FERTIGSTELLEN

Die Schulternähte schließen.

LINKE UND RECHTE BLENDE

Die M der linken Blende auf Nd 5,0 mm setzen. Dann im Bündchenmuster in Hin- und Rückr bis zur hinteren Mitte im Nacken weiterstr. Die Arbeit beim Messen leicht ziehen. Die M auf eine Hilfsnd setzen oder abketten.

Die rechte Blende ebenso str.

Die beiden Blendenstücke an der hinteren Mitte im Nacken zusammennähen oder -str und am Rückenteil sowie entlang des V-Ausschnitts und an beiden Innenkanten der Vorderteile annähen.

Die Ärmel einnähen.

STRICKSCHRIFT

MUSTER FÜR DAS VORDER- UND RÜCKENTEIL

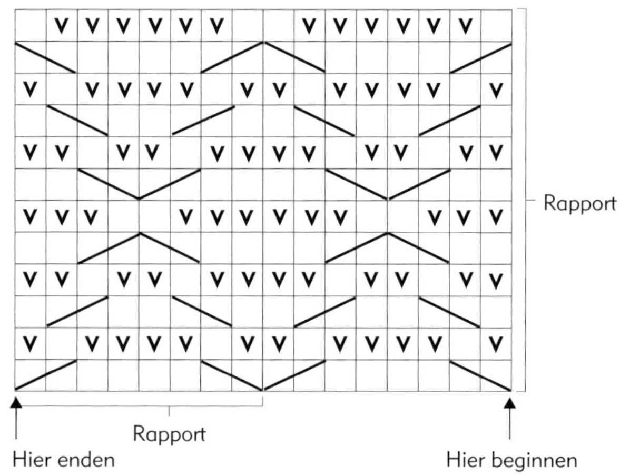

 In Hinr rechts, in Rückr links str

 In Hinr links, in Rückr rechts str

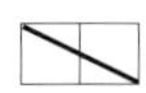 Die rechte Nd hinter der 1. M auf der linken Nd vorbei in die 2. M einstechen. Die 2. M rechts str, ohne sie von den Nd zu nehmen, danach die 1. M rechts str und beide M von der linken Nd gleiten lassen.

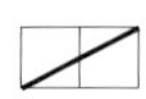 Die rechte Nd vor der 1. M auf der linken Nd vorbei in die 2. M einstechen. Die 2. M rechts str, ohne sie von den Nd zu nehmen, danach die 1. M rechts str und beide M von der linken Nd gleiten lassen.

ZOPFMUSTER FÜR DIE ÄRMEL

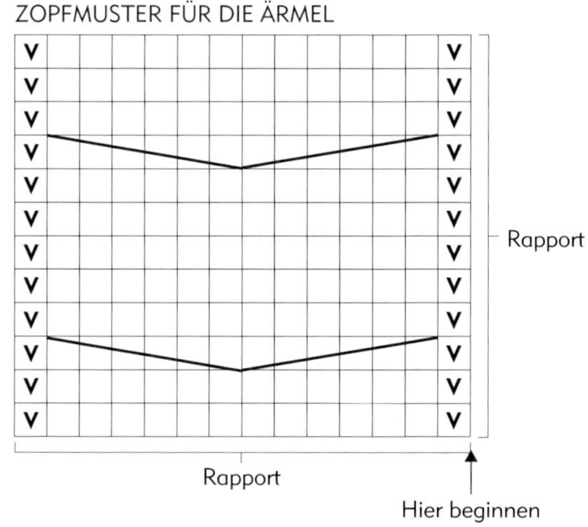

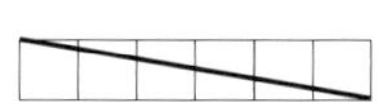 3 M auf eine Hilfsnd hinter die Arbeit legen, 3 M rechts, die M der Hilfsnd rechts str.

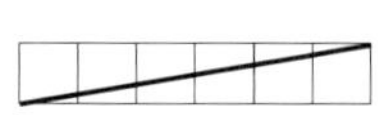 3 M auf eine Hilfsnd vor die Arbeit legen, 3 M rechts, die M der Hilfsnd rechts str.

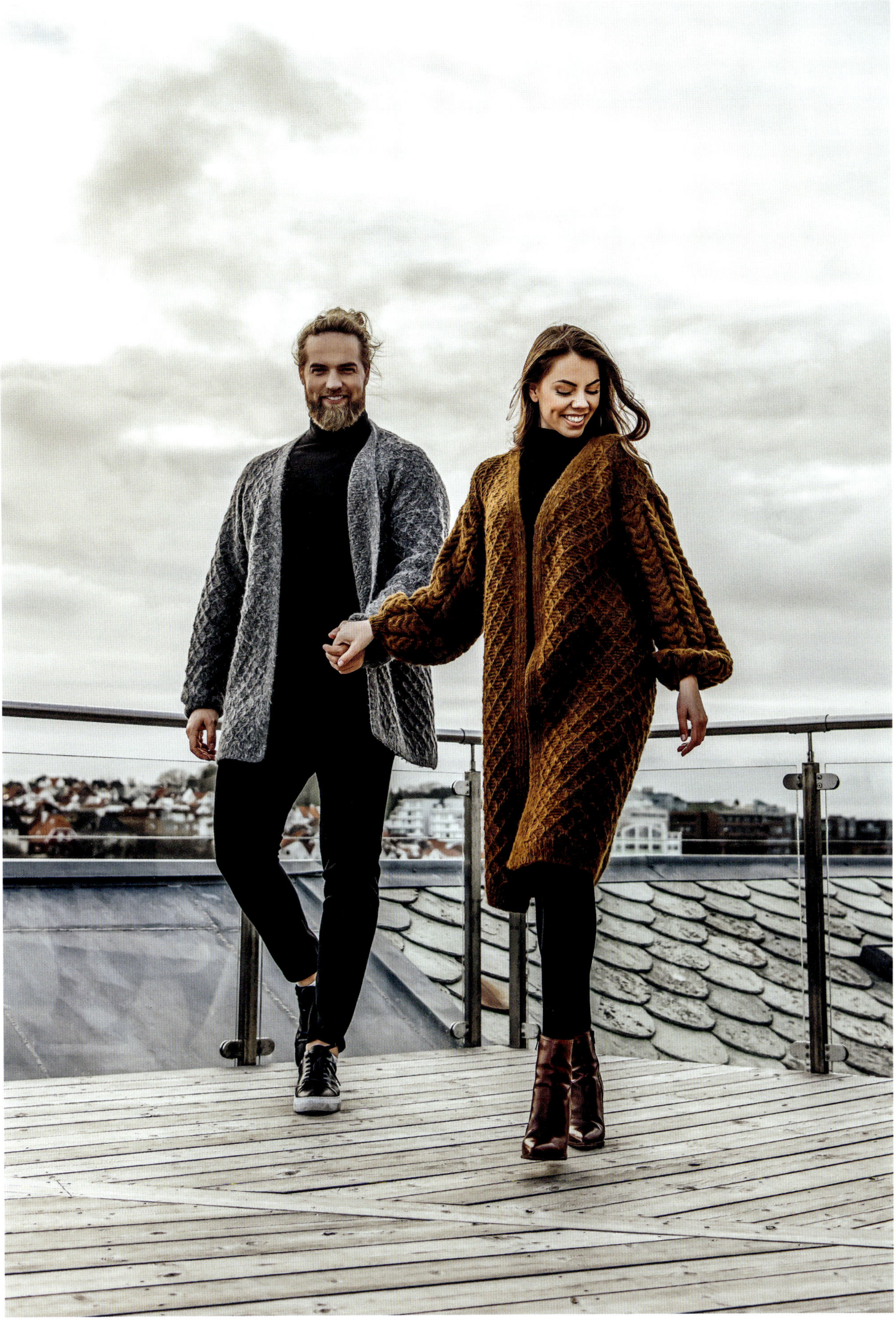

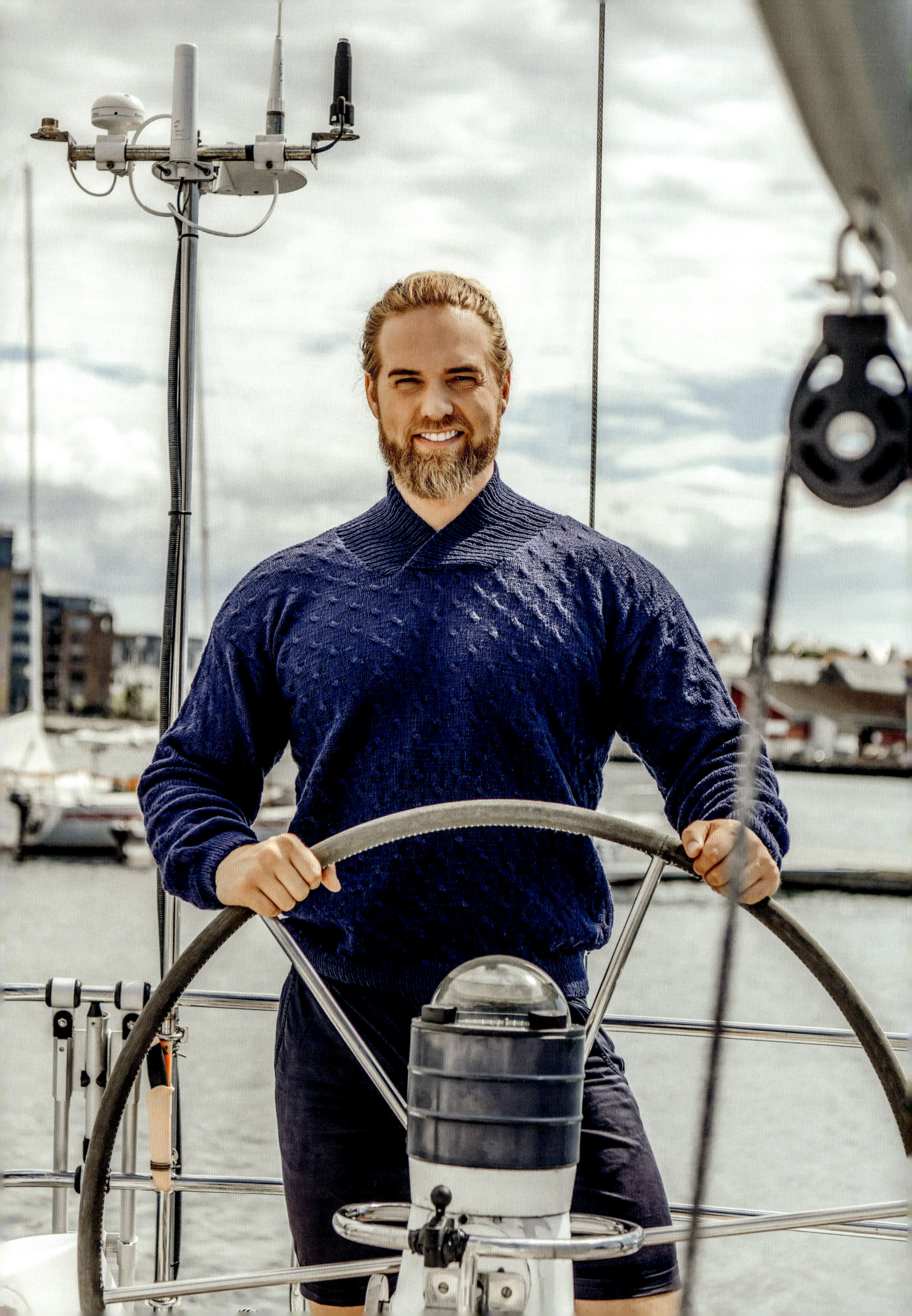

WELLE

Ein dünnerer, leichterer Pullover mit sehr guter Passform. Die kleinen Zöpfe ergeben ein schönes Wellenmuster. Mit heller Wolle wird es ein perfekter Sommerpullover für viele Gelegenheiten.

SCHWIERIGKEITSGRAD 2

GRÖSSEN
S – M – L – XL – XXL – LASSE
Wähle die passende Größe nach den Maßangaben.

FERTIGMASSE
Oberweite ca. 98 – 104 – 114 – 121 – 125 – 125 cm
Gesamtlänge ca. 66 – 68 – 70 – 72 – 74 – 76 cm
Ärmellänge ca. 52 – 52 – 54 – 56 – 56 – 60 cm

MATERIAL
Gann Garn Myk Merino (100 % Superwash Merino, ca. 120 m/50 g) in Marineblau (Fb 715), 700 g – 750 g – 800 g – 850 g – 900 g – 900 g
Lange und kurze Rundstricknadel und Nadelspiel 3,5 und 4,5 mm
Zopf- oder Hilfsnadel

MASCHENPROBE
Im Muster mit Nd 4,5 mm
22 M und 28 Rd = ca. 10 cm x 10 cm
Beachte, dass die Maschenprobe stimmen muss, damit Du mit dem Ergebnis zufrieden bist. Stricke zunächst ein Probestück und zähle die Zahl der Maschen auf 10 cm. Wenn Du mehr Maschen hast als angegeben, nimm eine größere Nadelstärke. Hast Du weniger Maschen, nimm dünnere Nadeln.

VORDER- UND RÜCKENTEIL
216 – 228 – 252 – 264 – 276 – 276 M mit Rundstricknd 3,5 mm anschl und für alle Größen 6 cm im Rippenmuster (1 M rechts, 1 M links) in Rd str. Zu Nd 4,5 mm wechseln. Nach 108 – 114 – 126 – 132 – 138 – 138 M jeweils eine Markierung für Vorder- und Rückenteil setzen. Dann in Rd nach der Strickschrift arbeiten. Bei den Größen S und XL, bei denen das Muster mittig in einem Zopf beginnt und endet, werden die beiden ersten M der 2. Rd zunächst rechts gestrickt. Der Zopf wird dann über die beiden letzten M der 2. Rd und die beiden 1. M der 3. Rd gestrickt.
Bis zu einer Gesamthöhe von 44 – 45 – 46 – 47 – 48 – 50 cm str, dann die beiden Teile an den Markierungen trennen und separat weiterarbeiten.

RÜCKENTEIL

Weiter in Hin- und Rückr im Muster str. Bei den Größen S und XL, die jetzt mit einem halben Zopf beginnen/enden, werden diese M glatt rechts ohne Zopf gestrickt.
Wenn die Arbeit 66 – 68 – 70 – 72 – 74 – 76 cm misst und die Armausschnitte ca. 22– 23 – 24 – 25 – 26 – 26 cm hoch sind, werden die M abgekettet.

VORDERTEIL

Wie das Rückenteil str, aber wenn der Armausschnitt ca. 7 – 8 – 9 – 10 – 11 – 11 cm lang ist, die mittleren 22 – 24 – 24 – 26 – 26 – 28 M abketten. Bei den Abnahmen darauf achten, dass die Zöpfe wie bisher fortgesetzt werden. Jede Seite des Vorderteils wird nun separat fertig gestrickt. Für den Halsausschnitt folgendermaßen abnehmen:
Nach der ersten M 1 M abnehmen, indem man 2 M rechts verschränkt beim rechten Vorderteil zusammenstr (beim linken Vorderteil vor der Rand-M 2 M rechts zusammenstr). Auf diese Weise in jeder 4. R insgesamt 10x in allen Größen abnehmen. Das Vorderteil jeweils gleich lang wie das Rückenteil str. Abketten.

ÄRMEL

48 – 48 – 52 – 52 – 56 – 56 M mit Nd 3,5 mm anschl und 6 cm im Bündchenmuster (1 M rechts, 1 M links) in Rd str. Zu Nd 4,5 mm wechseln. Eine Rd glatt rechts str und dabei gleichmäßig verteilt 16 – 18 – 18 – 20 – 20 – 20 M zunehmen (= 64 – 66 – 70 – 72 – 76 – 76 M). An den Anfang der Rd einen M-Markierer setzen (= Unterarm-Mitte). Nach der Strickschrift weiterstr und gleichzeitig in der 1. Rd auf beiden Seiten des Markierers 1 M zunehmen. Die Zunahmen jeweils nach 2,5 – 2,5 – 2,5 – 2,5 – 2,5 – 2,5 cm wiederholen, bis es 96 – 102 – 106 – 110 – 114 – 114 M sind. Den Ärmel bis zur angegebenen oder gewünschten Länge str und dann abketten.
Den zweiten Ärmel ebenso str.

FERTIGSTELLEN

An den Schultern zusammenstr oder -nähen. Die Ärmel einnähen.

SCHALKRAGEN

An der rechten Vorderseite von unten am Ausschnitt beginnen. Mit Nd 4,5 mm ca. 12-13 M pro 5 cm entlang des Ausschnitts nach oben, um den Hals herum und entlang des Ausschnitts am linken Vorderteil nach unten aufnehmen (= ca. 129 – 135 – 139 – 139 – 145 – 145 M).
Ca. 12 – 13 – 13 – 14 – 14 – 15 cm im Bündchenmuster (1 M rechts, 1 M links) in Hin- und Rückr str. Dann locker im Muster mit einem elastischen Abschluss abketten.
Die Kragenteile an den Enden übereinanderlegen und am Vorderteil festnähen.

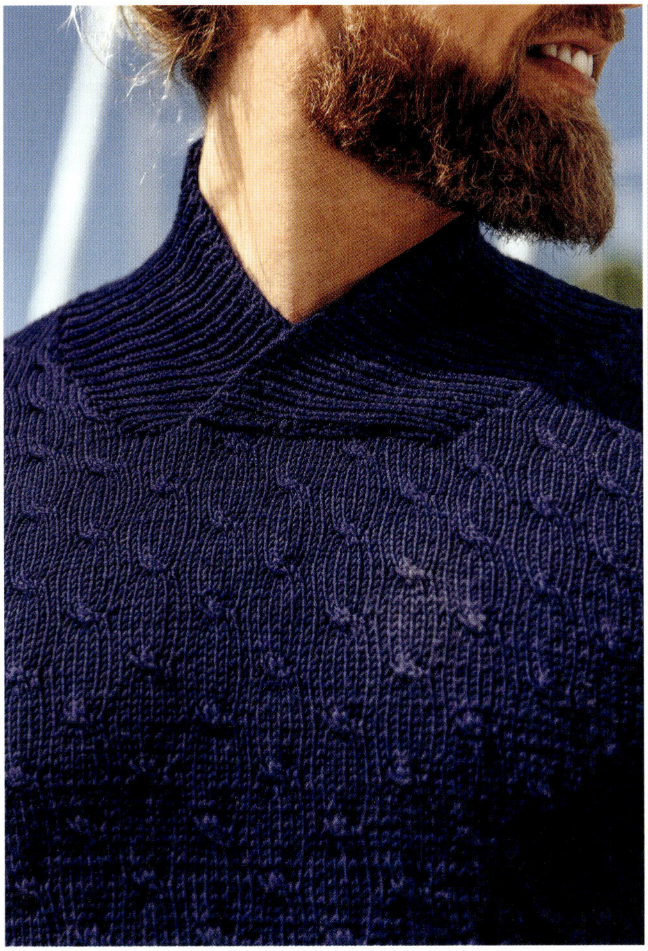

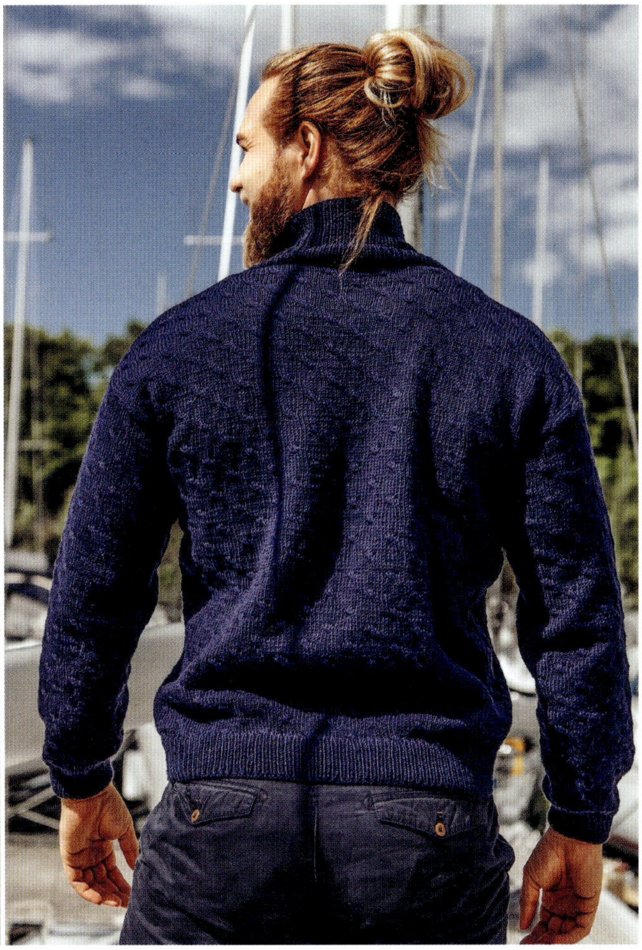

STRICKSCHRIFT

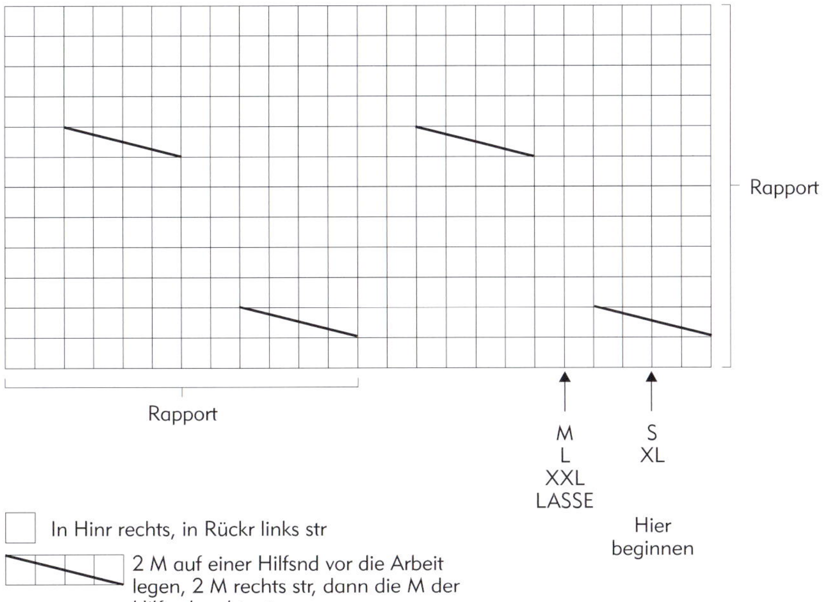

In Hinr rechts, in Rückr links str

2 M auf einer Hilfsnd vor die Arbeit legen, 2 M rechts str, dann die M der Hilfsnd rechts str.

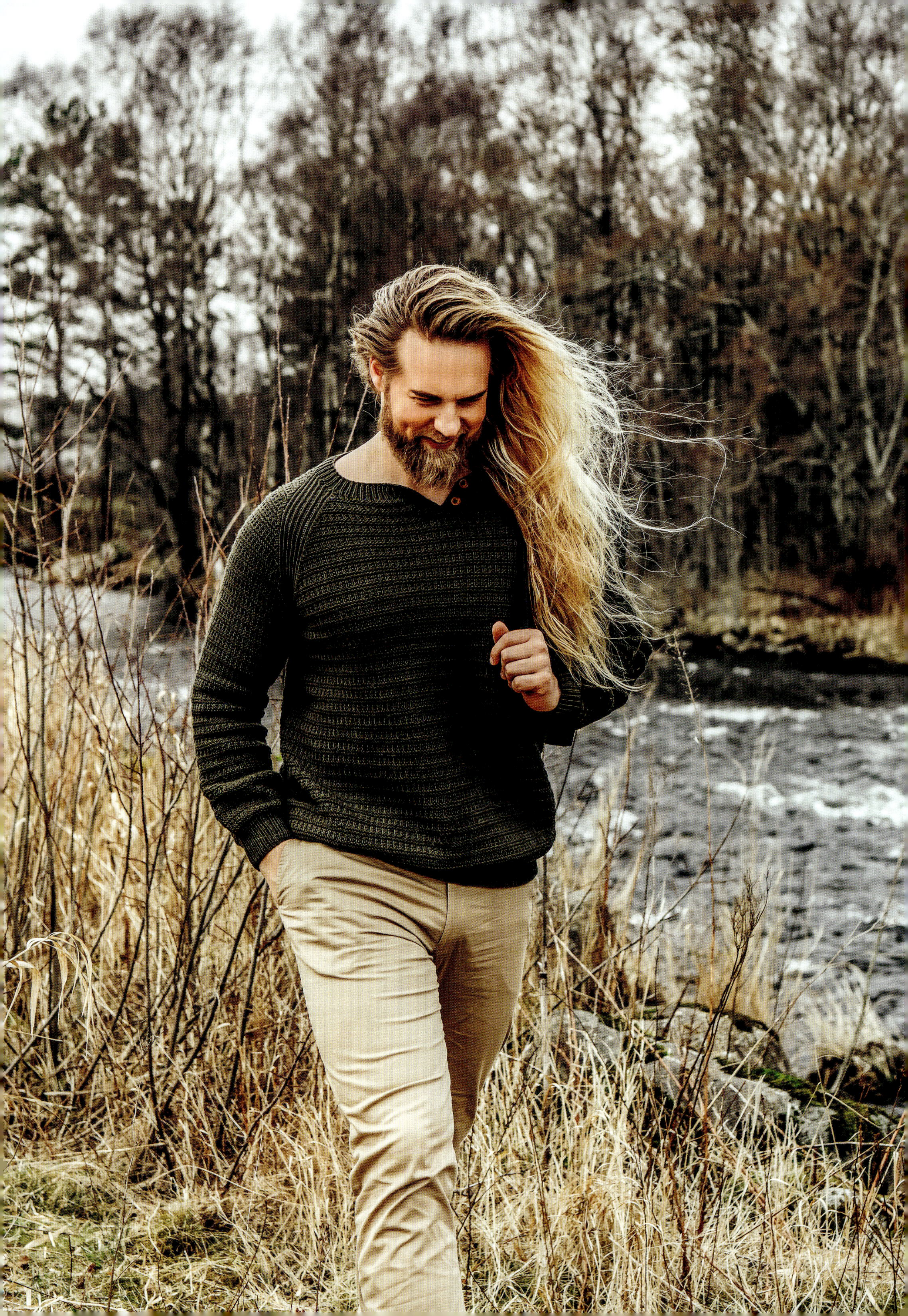

MITTSOMMER

Mit dem weiten Ausschnitt und der lässigen Struktur ist dieser Pullover Dein perfekter Begleiter zum Mittsommerabend oder an anderen hellen Sommerabenden.

SCHWIERIGKEITSGRAD 2

GRÖSSEN
S – M – L – XL – XXL – LASSE
Wähle die passende Größe nach den Maßangaben.

FERTIGMASSE
Oberweite ca. 95 – 103 – 111 – 119 – 127 – 127 cm
Gesamtlänge ca. 66 – 68 – 70 – 72 – 74 – 76 cm
Ärmellänge ca. 50 – 50 – 52 – 52 – 53 – 53 cm

MATERIAL
Gann Garn Myk Merino (100 % Superwash Merino, ca. 120 m/50 g) in Dunkles Olive (Fb 711), 800 g – 850 g – 900 g – 950 g – 1000 g – 1000 g
Lange und kurze Rundstricknadel und Nadelspiel 3,5 und 4,5 mm
2 Knöpfe

MASCHENPROBE
Im Muster mit Nd 4,5 mm
22 M und 34 Rd = ca. 10 cm x 10 cm
Beachte, dass die Maschenprobe stimmen muss, damit Du mit dem Ergebnis zufrieden bist. Stricke zunächst ein Probestück und zähle die Zahl der Maschen auf 10 cm. Wenn Du mehr Maschen hast als angegeben, nimm eine größere Nadelstärke. Hast Du weniger Maschen, nimm dünnere Nadeln.

VORDER- UND RÜCKENTEIL
212 – 228 – 244 – 264 – 280 – 280 M mit Nd 3,5 mm anschl und für alle Größen 6 cm im Bündchenmuster (1 M rechts, 1 M links) in Rd str. Zu Nd 4,5 mm wechseln. Nach 107 – 115 – 123 – 133 – 141 – 141 M einen M-Markierer für das Vorderteil, dann nach 105 – 113 – 121 – 131 – 139 – 139 M einen Markierer für das Rückenteil setzen.
Dann das Muster in Rd nach der Strickschrift str, bis die Arbeit ca. 48 – 49 – 50 – 51 – 52 – 53 cm misst. Nun auf beiden Seiten 14 M abketten, jeweils 7 M auf jeder Seite des M-Markierers. Die Arbeit zur Seite legen und die Ärmel str.

ÄRMEL

48 – 48 – 52 – 52 – 56 – 56 M mit Nd 3,5 mm anschl. 6 cm im Bündchenmuster (1 M rechts, 1 M links) in Rd str. Zu Nd 4,5 mm wechseln, 1 Rd glatt rechts str und dabei gleichzeitig gleichmäßig verteilt 14 – 16 – 14 – 18 – 16 – 18 M zunehmen (= 62 – 64 – 66 – 70 – 72 – 74 M). An den Anfang der Rd einen M-Markierer setzen (= Unterarm-Mitte). Dann im Muster in Rd weiterstr. Gleichzeitig 1 M an jeder Seite des M-Markierers zunehmen. Diese Zunahmen ca. alle 4,5 – 4 – 4 – 4 – 3,5 – 3,5 cm wiederholen, bis man insgesamt 80 – 84 – 88 – 92 – 96 – 100 M erhält. Den Ärmel weiter bis zur angegebenen oder gewünschten Länge str. Darauf achten, dass der Ärmel mit derselben Muster-Rd wie das Vorder- und Rückenteil beendet wird. In der letzten Rd 14 M an der Unterarm-Mitte abketten, jeweils 7 M auf jeder Seite des M-Markierers. Die Arbeit zur Seite legen, den zweiten Ärmel ebenso str.

RAGLAN

Alle Teile auf eine Rundstricknd 4,5 mm setzen, dabei jeweils einen Ärmel mit der Abkettkante zwischen Vorder- und Rückenteil (= 314 – 338 – 366 – 394 – 418 – 426 M). Im Muster weiterstr. Dort, wo sich die Teile treffen, 4 M-Markierer setzen. Nun für den Raglan immer wie folgt abnehmen: Bis 8 M vor dem M-Markierer str, 1 M locker abheben, 1 M rechts, die abgehobene M überziehen, 11 M im Bündchenmuster (1 M rechts verschränkt, 1 M links), dann 2 M rechts zusammenstr. Auf diese Weise an allen vier Raglanstellen abnehmen (= 8 M Abnahme). In jeder 2. Rd die Raglanabnahmen wiederholen, insgesamt 13 – 15 – 17 – 20 – 22 – 23x.

Nun die mittleren 7 M am Vorderteil abketten (gilt für alle Größen) und die Rd beenden. Den Faden abschneiden und vorn am Halsausschnitt neu ansetzen. Darauf achten, dass die Raglanabnahmen mit einer Hinr beginnen. Weiter im Muster in Hin- und Rückr str, bis es insgesamt 22 – 25 – 27 – 30 – 32 – 33 Raglanabnahmen sind. Für den Halsausschnitt wie folgt abnehmen: 1x 8 – 10 – 12 – 13 – 16 – 15 M an jeder Seite abnehmen sowie in jeder 2. R 1x 4 M, 2x 2 M und 1x 1 M an jeder Seite abnehmen. Weiterstr, bis am Rückenteil insgesamt 27 – 30 – 32 – 35 – 37 – 38 Raglanabnahmen gemacht wurden. Die restlichen M auf eine Hilfsnd setzen.

HALSAUSSCHNITT

An der rechten Vorderteilseite unten am Schlitz beginnen und mit Nd 3,5 mm 12 M je 5 cm am Schlitz entlang aufnehmen, dann weiter am Halsausschnitt entlang und wieder hinunter am Schlitz zur linken Vorderteilseite. Die M am Übergang von Schlitz zum Halsausschnitt mit einem Markierer markieren. Nun 5 R im Bündchenmuster (1 M rechts, 1 M links) str, dabei gleichzeitig in jeder 2. R an jeder Seite der markierten M je 1 M zunehmen. Dann ein Knopfloch str: In der nächsten Hinr 3 M im Bündchenmuster, 2 M abketten, die in der nächsten R wieder neu angeschlagen werden, 7 M im Bündchenmuster, wieder 2 M abketten, die in der nächsten R wieder neu angeschlagen werden. Weiter im Bündchenmuster str, bis das Bündchen insgesamt ca. 3 cm breit ist. Dann locker im Muster abketten.

FERTIGSTELLEN

Die Ärmelöffnungen schließen. Alle losen Fäden nach innen ziehen und vernähen. Die Knöpfe annähen.

STRICKSCHRIFT

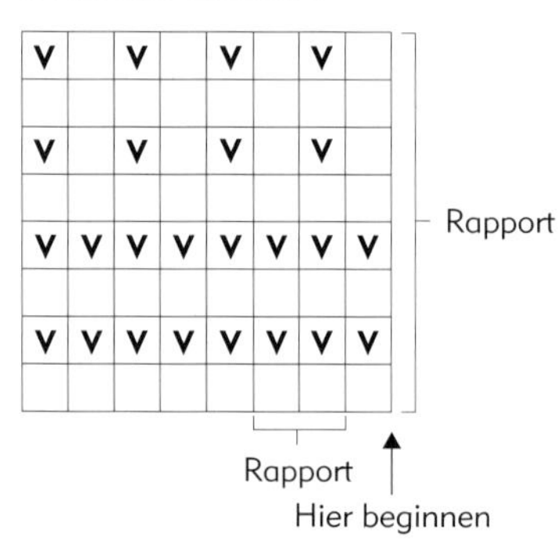

☐ In Hinr rechts, in Rückr links str

V In Hinr links, in Rückr rechts str

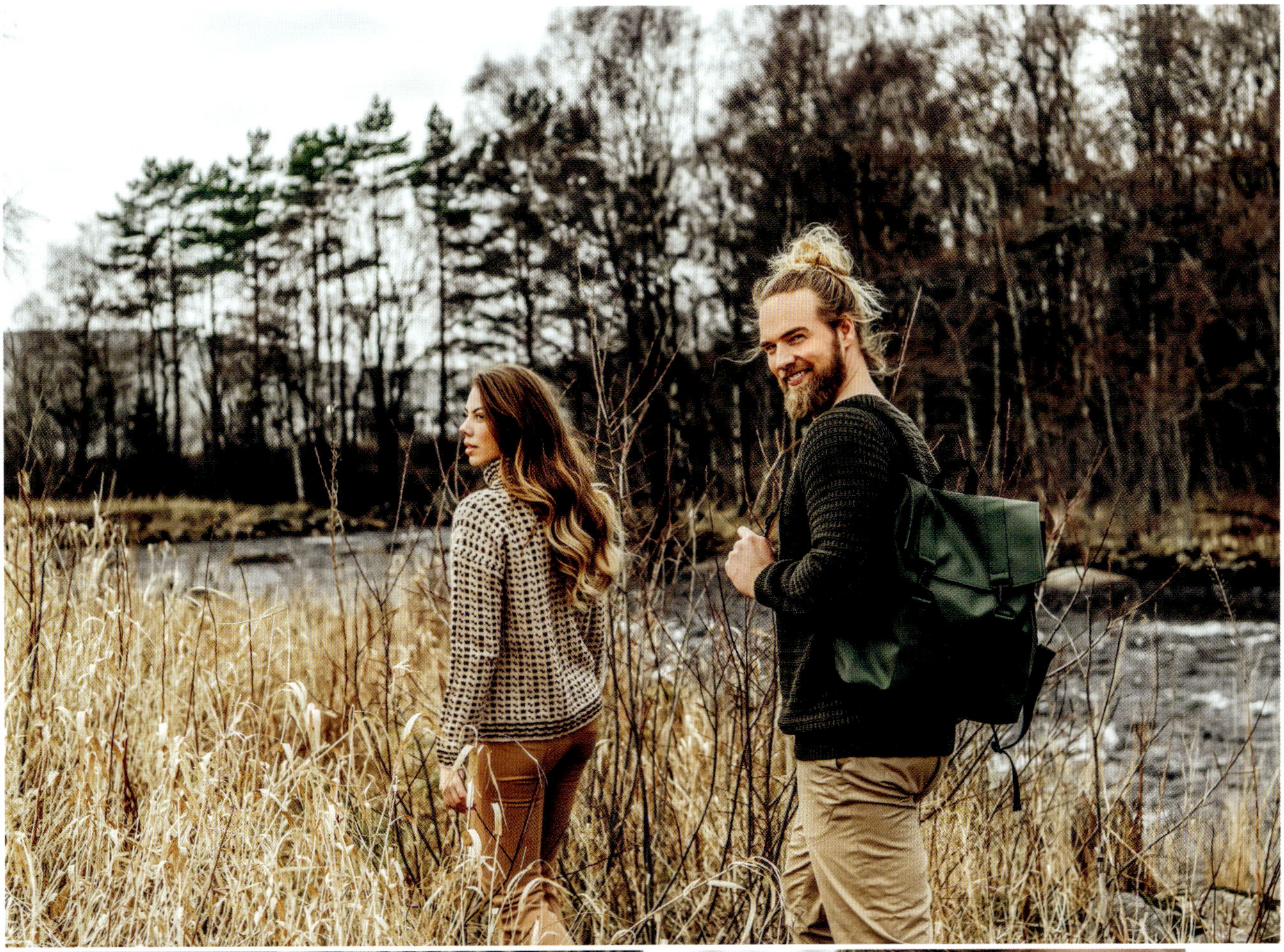

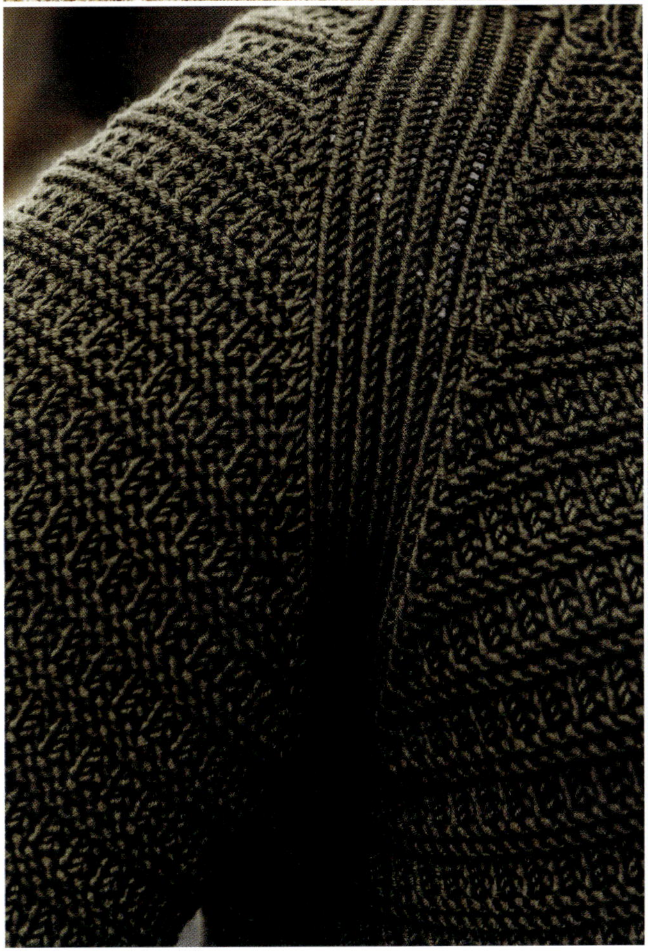

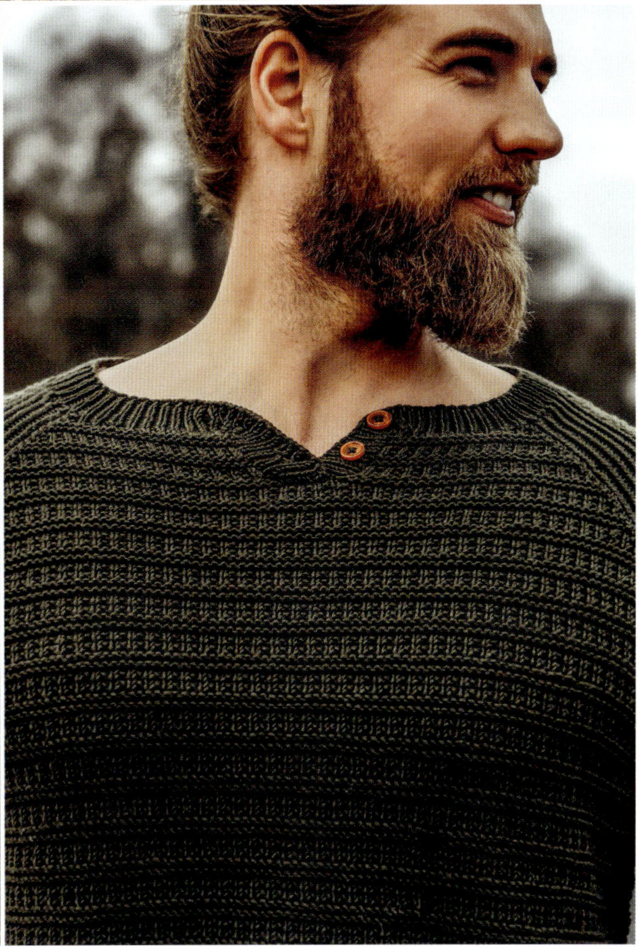

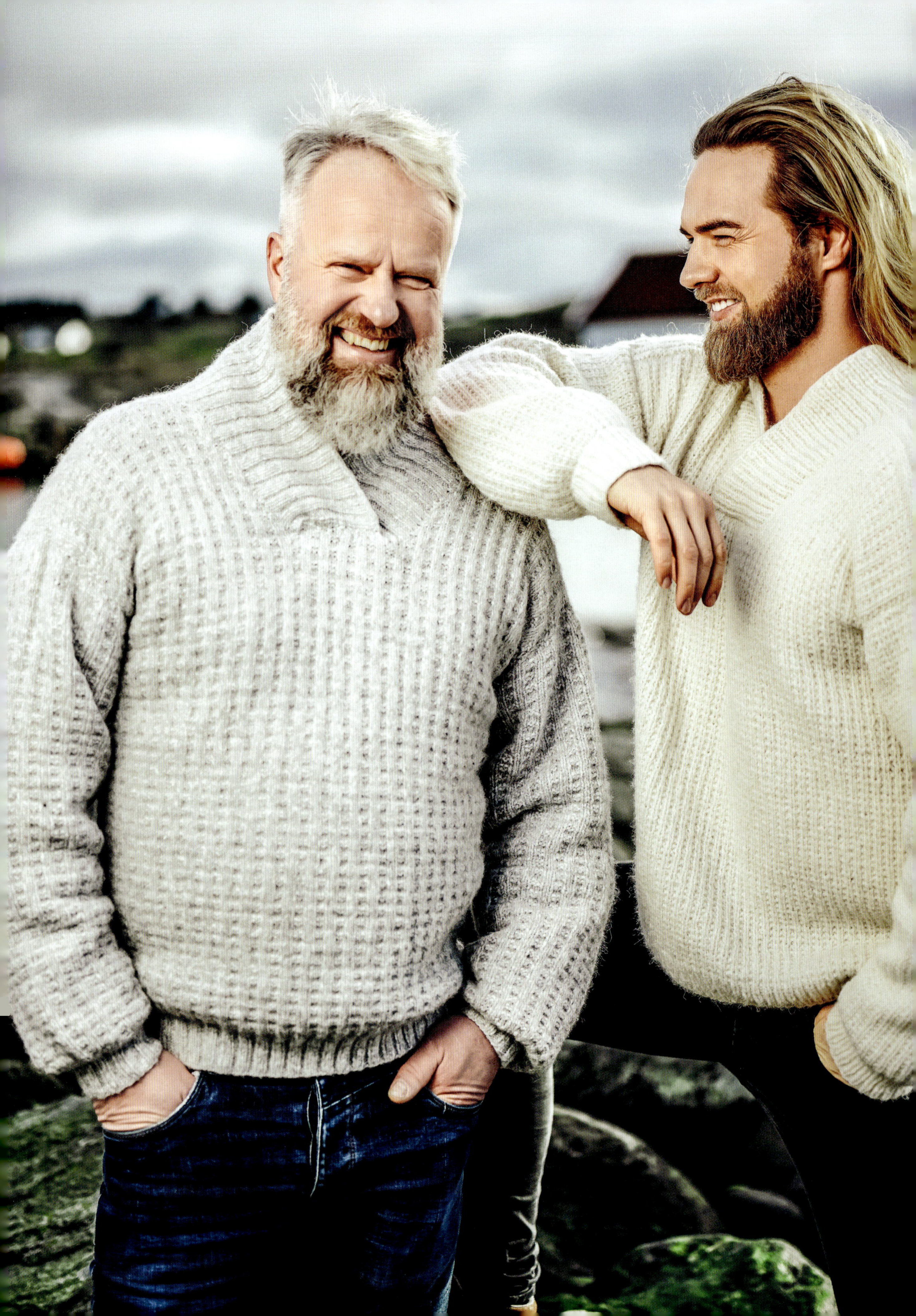

PAPA-PULLOVER

Total gut und warm, zuverlässig und robust, genauso wie mein Papa. Dieser Pullover enttäuscht einen nie!

SCHWIERIGKEITSGRAD 2

GRÖSSEN

S – M – L – XL – XXL – LASSE
Wähle die passende Größe nach den Maßangaben.

FERTIGMASSE

Oberweite ca. 100 – 110 – 120 – 129 – 140 – 129 cm
Gesamtlänge ca. 66 – 68 – 70 – 72 – 74 – 76 cm
Ärmellänge ca. 52 – 52 – 54 – 56 – 56 – 60 cm

MATERIAL

Gann Garn Sky (62 % Babyalpaka, 16 % Acryl, 22 % Nylon, ca. 150 m/50 g) in Hellgrau meliert (Fb 606), 450 g – 500 g – 550 g – 600 g – 650 g – 600 g
Lange und kurze Rundstricknadel und Nadelspiel 5,0 und 6,0 mm

MASCHENPROBE

Im Muster mit Nd 6,0 mm
18 M und 25 Rd = ca. 10 cm x 10 cm
Beachte, dass die Maschenprobe stimmen muss, damit Du mit dem Ergebnis zufrieden bist. Stricke zunächst ein Probestück und zähle die Zahl der Maschen auf 10 cm. Wenn Du mehr Maschen hast als angegeben, nimm eine größere Nadelstärke. Hast Du weniger Maschen, nimm dünnere Nadeln.

VORDER- UND RÜCKENTEIL

168 – 196 – 216 – 232 – 252 – 232 M mit Rundstricknd 5,0 mm anschl und für alle Größen 6 cm im Bündchenmuster (2 M rechts, 2 M links) in Rd str. Zu Nd 6,0 mm wechseln. Nach 86 – 98 – 110 – 118 – 128 – 118 M jeweils einen M-Markierer für das Vorderteil und nach 82 – 98 – 106 – 114 – 124 – 114 M einen M-Markierer für das Rückenteil setzen. Nun im Muster in Rd nach der Strickschrift str, bis die Arbeit ca. 44 – 45 – 46 – 47 – 48 – 50 cm misst. Dann die beiden Teile an den Markierungen trennen und separat weiterarbeiten.

RÜCKENTEIL

Weiter im Muster in Hin- und Rückr str, bis die Arbeit 66 – 68 – 70 – 72 – 74 – 76 cm misst und die Armausschnitte ca. 22 – 23 – 24 – 25 – 26 – 26 cm. Abketten.

VORDERTEIL

Wie das Rückenteil str, aber wenn die Armausschnitte ca. 4 – 4 – 5 – 5 – 6 – 6 cm lang sind, die mittleren 18 – 18 – 20 – 20 – 22 – 20 M abketten und jede Seite separat weiterstr. Am Halsausschnitt weiter abnehmen: Nach der 1. M der R am rechten Vorderteil 2 M rechts verschränkt zusammenstr, am linken Vorderteil vor der Rand-M 2 M rechts zusammenstr. So in jeder 4 R. insgesamt 10x abnehmen (= 24 – 30 – 35 – 39 – 43 – 39 Schulter-M). Die Vorderteile so lang str wie das Rückenteil, dann abketten.

ÄRMEL

36 – 36 – 40 – 40 – 44 – 44 M mit Nd 5,0 mm anschl und 6 cm im Bündchenmuster (2 M rechts, 2 M links) in Rd str. Zu Nd 6,0 mm wechseln. Eine Rd glatt rechts str und dabei gleichmäßig verteilt 20 – 24 – 24 – 28 – 28 – 28 M zunehmen (= 56 – 60 – 64 – 68 – 72 – 72 M). An den Anfang der Rd einen M-Markierer setzen (= Unterarm-Mitte). Nach der Strickschrift weiterstr und gleichzeitig in der 1. Rd auf beiden Seiten des Markierers 1 M zunehmen. Die Zunahmen jeweils nach 3,5 – 4 – 4 – 4 – 4 – 4 cm wiederholen, bis es 80 – 82 – 86 – 90 – 94 – 94 M sind. Weiterstr, bis der Ärmel die angegebene oder die gewünschte Länge hat. Danach abketten. Den zweiten Ärmel ebenso str.

FERTIGSTELLEN

An den Schultern zusammennähen.

SCHALKRAGEN

An der rechten Vorderseite unten beginnen. Mit Nd 5,0 mm jeweils ca. 10 M pro 5 cm entlang des V-Ausschnitts, am hinteren Halsausschnitt und wieder an der linken Seite des V-Ausschnitts aufnehmen. Die Maschenanzahl muss durch 4 + 2 M teilbar sein. Ca. 10 – 10 – 11 – 11 – 12 – 12 cm im Bündchenmuster (2 M rechts, 2 M links) in Hin- und Rückr str. Dann locker im Muster abketten. Die Kragenteile an den Enden übereinanderlegen und am Vorderteil festnähen.

Die Ärmel einnähen. Alle Fäden vernähen.

STRICKSCHRIFT

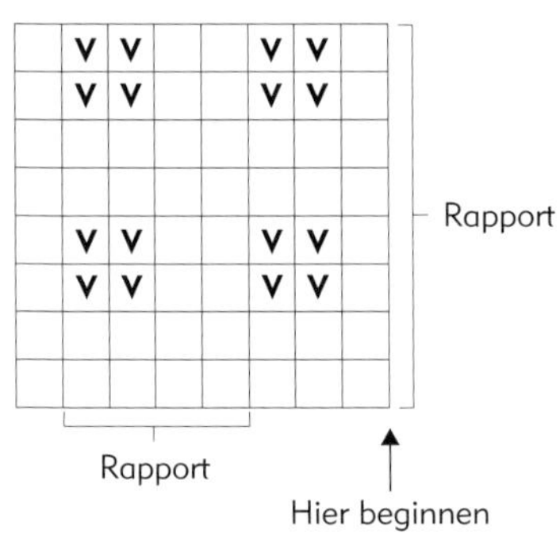

☐ In Hinr rechts, in Rückr links str

V In Hinr links, in Rückr rechts str

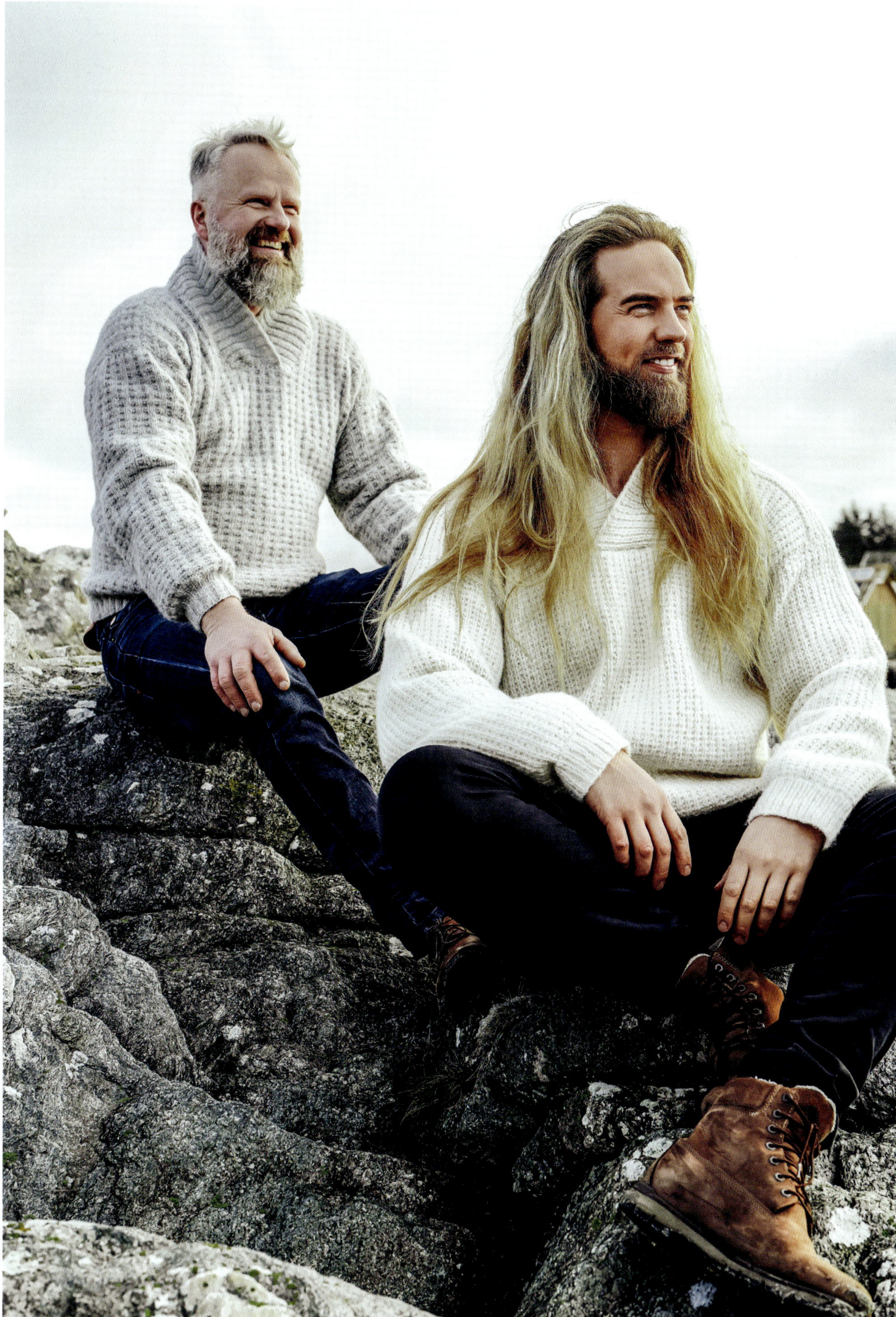

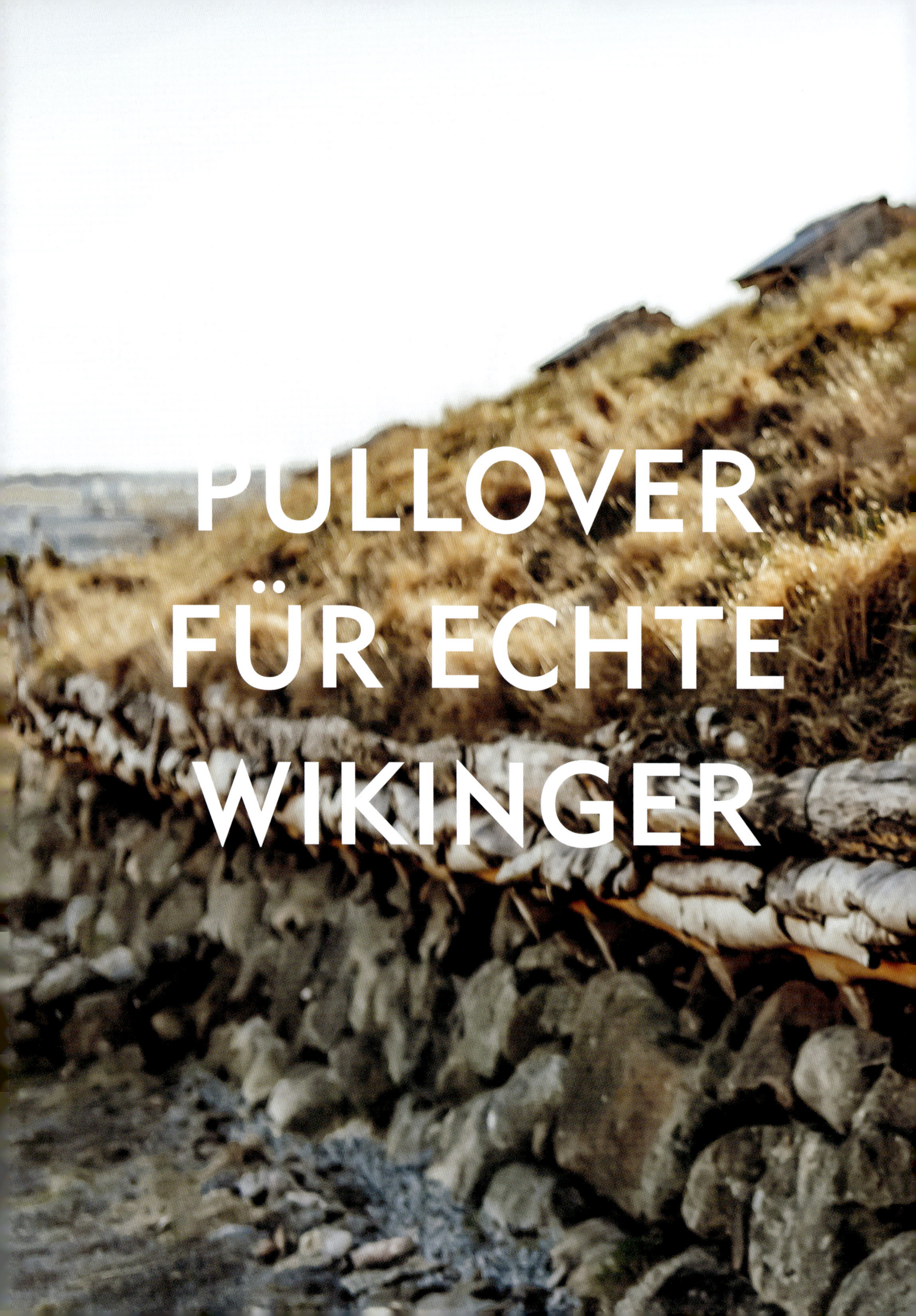

PULLOVER FÜR ECHTE WIKINGER

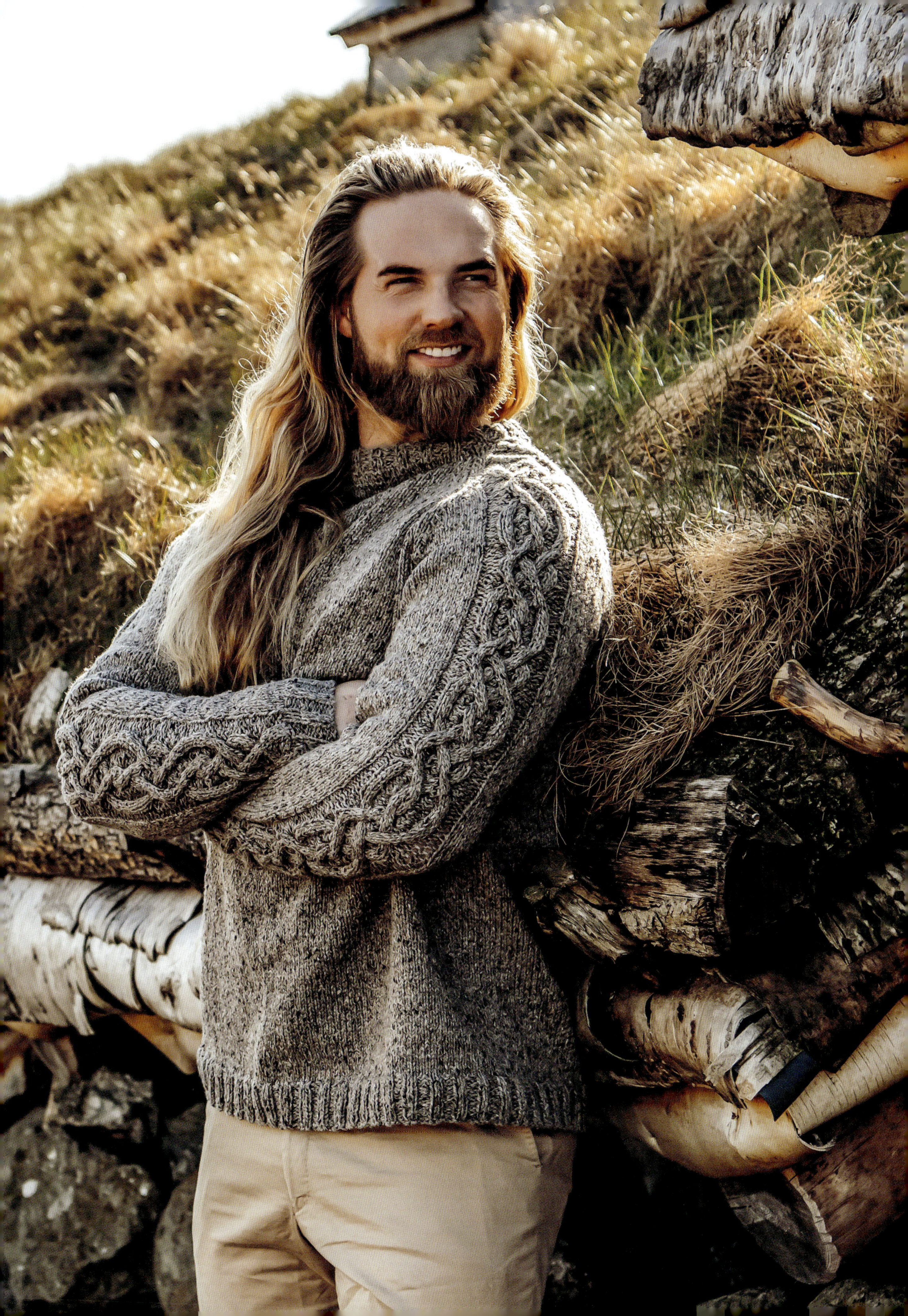

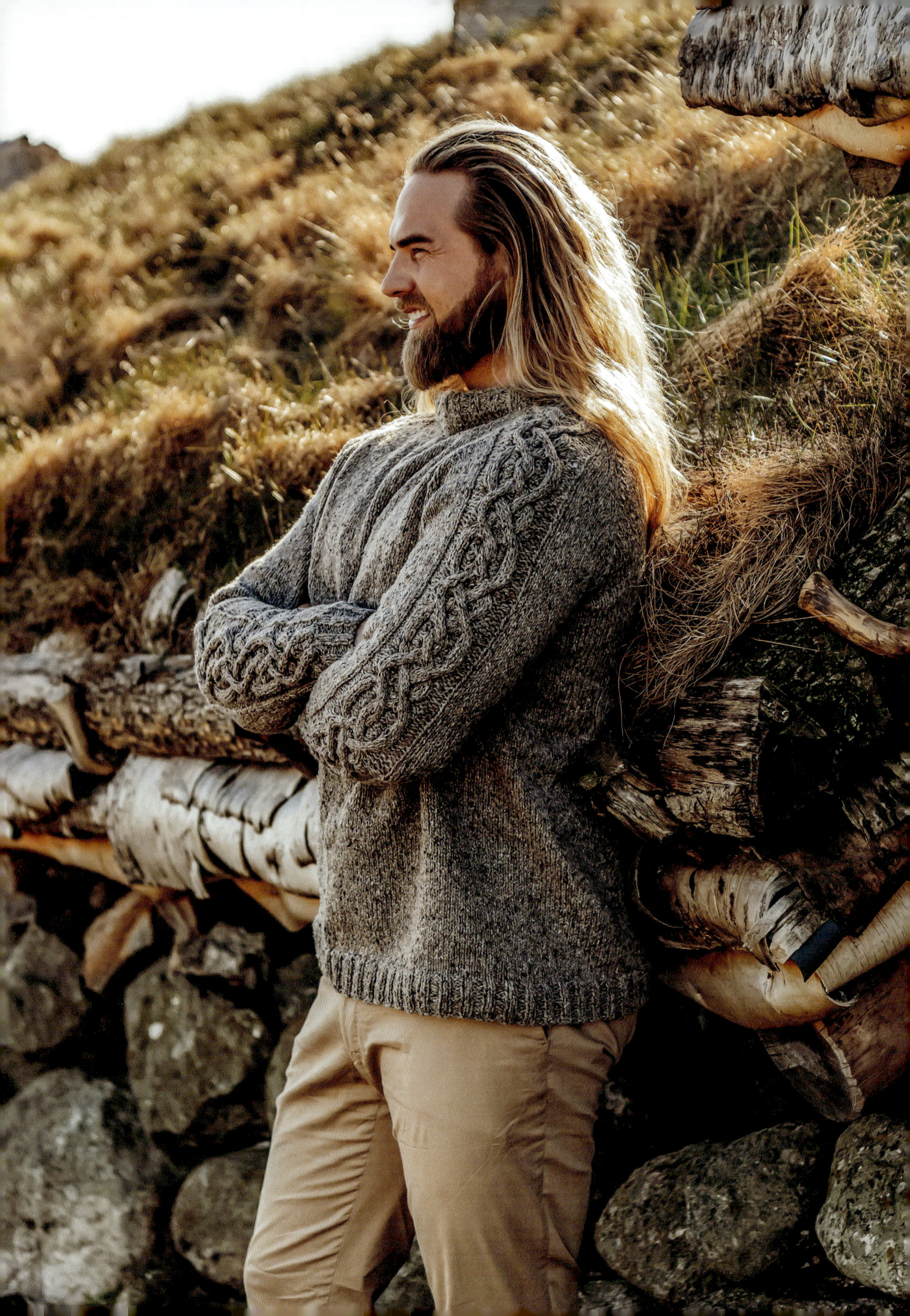

WIKINGER

Als echter Wikinger suchst Du Dir diesen Pullover mit dem markanten Zopf über den Ärmeln aus. Damit bist Du perfekt gekleidet zum Wikingerschmaus mit einem Glas voll Met, Gesang und wildem Tanz!

SCHWIERIGKEITSGRAD 2

GRÖSSEN
S – M – L – XL – XXL – LASSE
Wähle die passende Größe nach den Maßangaben.

FERTIGMASSE
Oberweite ca. 95 – 102 – 109 – 116 – 124 – 124 cm
Gesamtlänge ca. 66 – 68 – 70 – 72 – 74 – 76 cm
Ärmellänge ca. 50 – 50 – 52 – 52 – 53 – 53 cm

MATERIAL
Gann Garn Tweed (80 % Wolle, 20 % Polyamid, ca. 112 m/50 g) in Graubraun (Fb 911), 550 g – 600 g – 600 g – 650 g – 700 g – 700 g
Lange und kurze Rundstricknadel und Nadelspiel 4,0 und 5,0 mm

MASCHENPROBE
Glatt rechts mit Nd 5,0 mm
17 M und 24 Rd = ca. 10 cm x 10 cm
Beachte, dass die Maschenprobe stimmen muss, damit Du mit dem Ergebnis zufrieden bist. Stricke zunächst ein Probestück und zähle die Zahl der Maschen auf 10 cm. Wenn Du mehr Maschen hast als angegeben, nimm eine größere Nadelstärke. Hast Du weniger Maschen, nimm dünnere Nadeln.

VORDER- UND RÜCKENTEIL
160 – 176 – 188 – 200 – 216 – 216 M mit Nd 4,0 mm anschl. Für alle Größen ca. 6 cm im Bündchenmuster (2 M rechts, 2 M links) in Rd str. Zu Nd 5,0 mm wechseln. Nach jeweils 80 – 88 – 94 – 100 – 108 – 108 M einen M-Markierer für das Vorder- bzw. Rückenteil setzen. Dann in Rd glatt rechts str, bis die Arbeit ca. 48 – 49 – 50 – 51 – 52 – 54 cm misst. Nun auf beiden Seiten 12 M für den Armausschnitt abketten, jeweils 6 M auf jeder Seite des M-Markierers. Die Arbeit zur Seite legen und die Ärmel str.

ÄRMEL

36 – 36 – 40 – 40 – 44 – 44 M mit Nd 4,0 mm anschl. 6 cm im Bündchenmuster (2 M rechts, 2 M links) in Rd str. Zu Nd 5,0 mm wechseln. 1 Rd glatt rechts str und dabei wie folgt zunehmen: 9 – 9 – 11 – 11 – 13 – 13 M glatt rechts, dann 10 M gleichmäßig verteilt über die nächsten 18 M zunehmen (= 28 Muster-M), wieder 9 – 9 – 11 – 11 – 13 – 13 M glatt rechts str. Jetzt sind es insgesamt 48 – 48 – 50 – 50 – 54 – 54 M in der Rd. An den Anfang der Rd einen M-Markierer setzen (= Unterarm-Mitte). Nun an den Seiten glatt rechts und über die mittleren 28 M das Zopfmuster nach der Strickschrift str. Gleichzeitig an jeder Seite des M-Markierers 1 M zunehmen. Diese Zunahmen ca. alle 3,5 – 3 – 3 – 2,5 – 2,5 – 2,5 cm wiederholen, bis es insgesamt 72 – 76 – 80 – 84 – 86 – 86 M sind.
Den Ärmel weiter bis zur angegebenen oder der gewünschten Länge str. In der letzten Rd 12 M an der Unterarm-Mitte abketten, jeweils 6 M auf jeder Seite des M-Markierers. Die Arbeit zur Seite legen und den zweiten Ärmel ebenso str.

RAGLAN

Alle Teile auf eine Rundstricknd 4,0 mm setzen, dabei jeweils einen Ärmel mit der Abkettkante zwischen Vorder- und Rückenteil (= 256 – 280 – 300 – 320 – 340 – 340 M). Vorder- und Rückenteil weiter glatt rechts, die Ärmel im Muster weiterstr. Dort, wo sich die Teile treffen, 4 M-Markierer setzen.
Gleichzeitig für den Raglan wie folgt abnehmen:
Bis 3 M vor dem M-Markierer str, 1 M locker abheben, 1 M rechts, die abgehobene M überziehen, 2 M rechts str, dann 2 M rechts zusammenstr. Auf diese Weise an allen vier Raglanstellen abnehmen (= 8 M Abnahme). Im weiteren Verlauf in jeder 2. Rd insgesamt 17 – 19 – 22 – 24 – 26 – 26 Raglanabnahmen arbeiten. Beachte, dass die Abnahmen zum Schluss hin auch in das Zopfmuster des Ärmels übergehen. Dann die mittleren 10 – 14 – 14 – 16 – 20 – 20 M am Halsausschnitt abketten. Die Rd beenden. Den Faden abschneiden und vorn am Halsausschnitt neu ansetzen. Weiter glatt rechts und im Zopfmuster str, jetzt aber in Hin- und Rückr. Dabei gleichzeitig auf beiden Seiten für den Halsausschnitt in jeder 2. R 1x 4 M, 1x 2 M und 1x 1 M abnehmen. Weiterstr, bis es insgesamt 21 – 23 – 26 – 28 – 30 – 30 Raglanabnahmen am Rückenteil sind (= 64 – 68 – 64 – 66 – 66 – 66 M). Den Halsausschnitt str.

HALSAUSSCHNITT

Mit Nd 4,0 mm 24 – 28 – 32 – 34 – 34 – 34 M am vorderen Halsausschnitt zusätzlich zu den restlichen M aufnehmen (= insgesamt 88 – 96 – 96 – 100 – 100 – 100 M). 3 cm im Bündchenmuster (2 M rechts, 2 M links) in Rd str. Dann 1 Rd linke M (= Umschlagkante) und weitere 3 cm im Bündchenmuster str. Dann locker im Muster abketten. Das Bündchen nach innen einschlagen und mit lockeren Stichen annähen.

FERTIGSTELLEN

Ärmelöffnungen schließen. Alle Fäden auf der Innenseite vernähen.

STRICKSCHRIFT

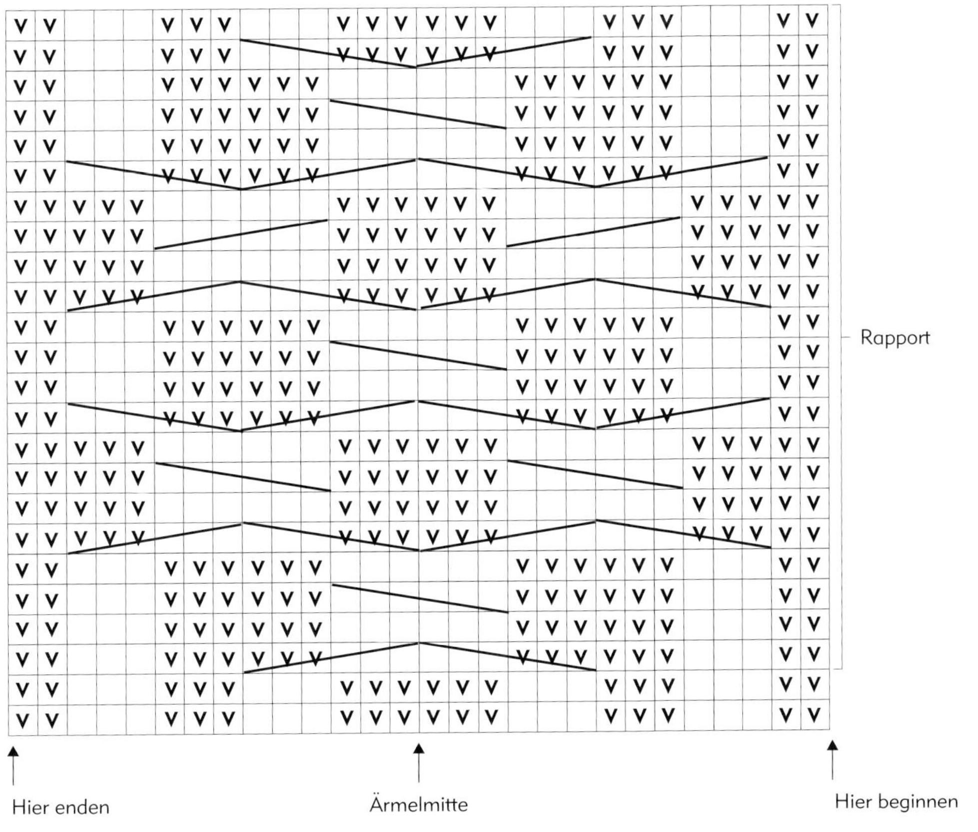

In Hinr rechts, in Rückr links str

V In Hinr links, in Rückr rechts str

3 M auf einer Hilfsnd vor die Arbeit legen, 3 M rechts, die M der Hilfsnd rechts str.

3 M auf einer Hilfsnd hinter die Arbeit legen, 3 M rechts, die M der Hilfsnd rechts str.

3 M auf einer Hilfsnd vor die Arbeit legen, 3 M links, die M der Hilfsnd rechts str.

3 M auf einer Hilfsnd hinter die Arbeit legen, 3 M rechts, die M der Hilfsnd links str.

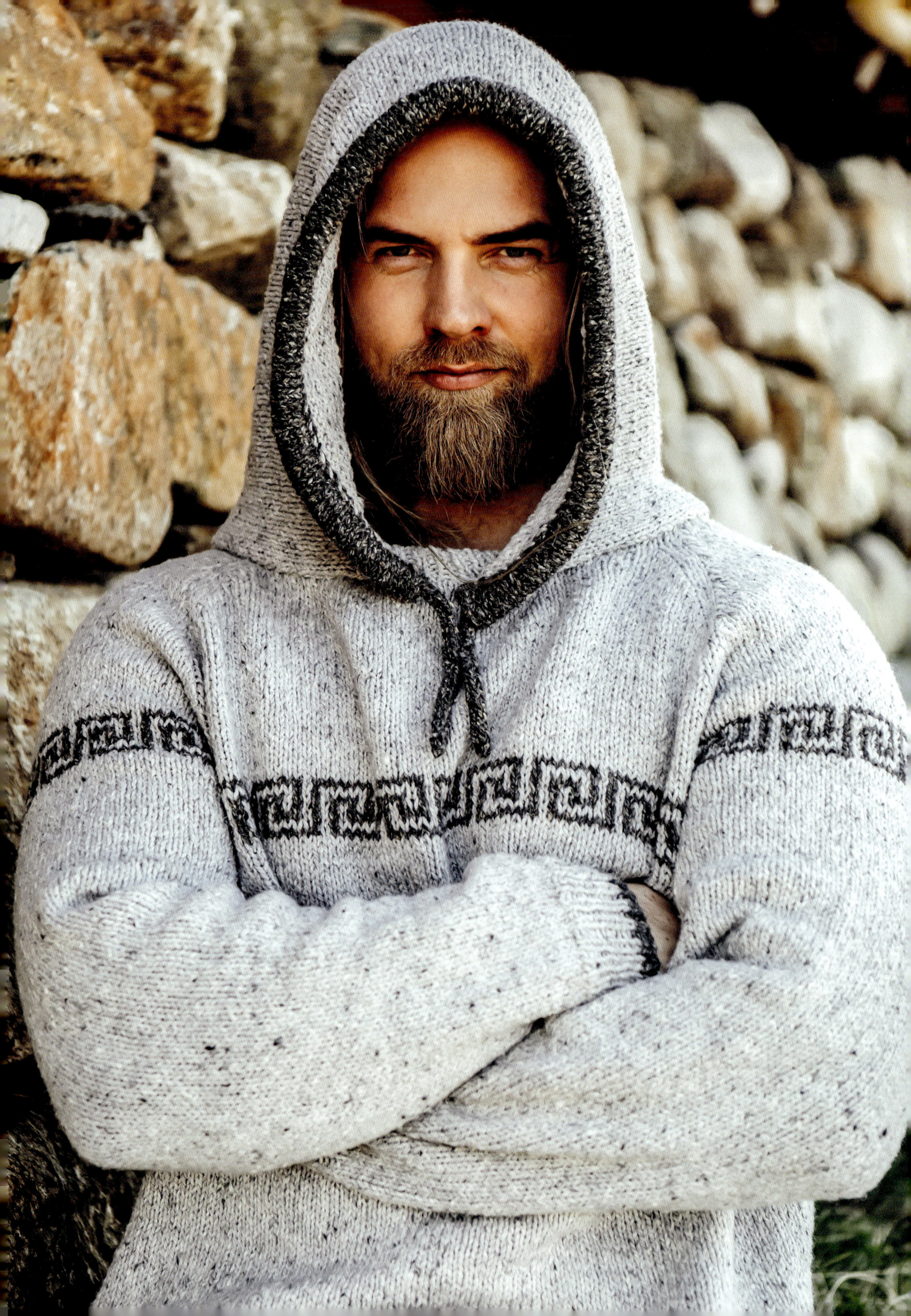

STURMHAUBE

Dieser Pullover ist ein Biwak aus Wolle, in dem man Zuflucht suchen kann, wenn es stürmt. Oder man zieht die Kapuze über, wenn man bei einer harten Wandertour eine wohlverdiente Pause einlegt.

SCHWIERIGKEITSGRAD 2

GRÖSSEN

S – M – L – XL – XXL – LASSE
Wähle die passende Größe nach den Maßangaben.

FERTIGMASSE

Oberweite ca. 105 – 114 – 121 – 130 – 140 – 130 cm
Gesamtlänge ca. 77 – 79 – 81 – 83 – 85 – 88 cm
Ärmellänge ca. 50 – 51 – 52 – 52 – 53 – 55 cm

MATERIAL

Gann Garn Tweed (80 % Wolle, 20 % Polyamid, ca. 112 m/50 g) in Hellgrau (Fb 910) (Fb 1), 650 g – 700 g – 750 g – 800 g – 850 g – 900 g, und in Dunkelgrau (Fb 908), 50 g für alle Größen
Lange und kurze Rundstricknadel und Nadelspiel 4,5 und 5,0 mm

MASCHENPROBE

Glatt rechts mit Nd 5,0 mm
17 M und 22 R = ca. 10 cm x 10 cm
Beachte, dass die Maschenprobe stimmen muss, damit Du mit dem Ergebnis zufrieden bist. Stricke zunächst ein Probestück und zähle die Zahl der Maschen auf 10 cm. Wenn Du mehr Maschen hast als angegeben, nimm eine größere Nadelstärke. Hast Du weniger Maschen, nimm dünnere Nadeln.

VORDER- UND RÜCKENTEIL

178 – 194 – 206 – 222 – 238 – 222 M mit Rundstrick-nd 4,5 mm in Fb 1 anschl und in Rd 7 cm glatt rechts str. Dann 1 Rd linke M str (= Bruchkante). Zu Nd 5,0 mm wechseln und weiter glatt rechts str. Für Vorder- und Rückenteil auf beiden Seiten nach 89 – 97 – 103 – 111 – 119 – 111 M einen M-Markierer setzen. Bei einer Gesamthöhe von ca. 55 – 56 – 57 – 58 – 59 – 61 cm für die Ärmelöffnungen auf beiden Seiten 12 – 12 – 12 – 14 – 14 – 14 M abketten, jeweils 6 – 6 – 6 – 7 – 7 – 7 M auf jeder Seite des M-Markierers. Die Arbeit zur Seite legen und die Ärmel str.

ÄRMEL

40 – 42 – 42 – 44 – 46 – 46 M mit Nd 4,5 mm in Fb 2 anschl und 6 cm im Bündchenmuster (1 M rechts, 1 M links) in Rd str. Gleichzeitig in der 4. Rd zu Fb 1 wechseln.
Zu Nd 5,0 mm wechseln. Eine Rd rechte M str und gleichzeitig gleichmäßig verteilt 8 M zunehmen (= 48 – 50 – 50 – 52 – 54 – 54 M). Am Anfang der Rd einen M-Markierer setzen (= Unterarm-Mitte). Nun weiter glatt rechts str und gleichzeitig ab der 3. Rd je 1 M auf beiden Seiten des M-Markierers jeweils nach ca. 5,5 – 5 – 4 – 4 – 4 – 4 cm zunehmen, bis es 64 – 68 – 72 – 74 – 76 – 78 M auf der Nd sind.
Wenn der Ärmel eine Gesamtlänge von 50 – 51 – 52 – 52 – 53 – 55 cm oder die gewünschte Länge hat, 12 –

12 – 12 – 14 – 14 – 14 M an der Unterarm-Mitte abketten, jeweils 6 – 6 – 6 – 7 – 7 – 7 M auf jeder Seite des M-Markierers. Es verbleiben noch 52 – 56 – 60 – 60 – 62 – 64 M. Die Arbeit zur Seite legen und den zweiten Ärmel ebenso str.

RAGLAN

Alle Teile auf eine Rundstricknd 5,0 mm setzen, dabei jeweils einen Ärmel mit der Abkettkante zwischen Vorder- und Rückenteil (= 258 – 282 – 302 – 314 – 334 – 322 M). Nun weiter im Muster arbeiten. Dort, wo sich die Teile treffen, 4 M-Markierer setzen. Nun hinten an der rechten Schulter mit Fb 1 beginnen.
1 Rd rechte M str und dabei gleichmäßig verteilt 2 – 2 – 6 – 2 – 6 – 2 M abnehmen (= 256 – 280 – 296 – 312 – 328 – 320 M). Nun im Muster nach der Strickschrift str.
Dann glatt rechts in Fb 1 weiterstr und gleichzeitig in der 1. Rd für den Raglan wie folgt abnehmen: 1 M rechts, 2 M rechts zusammenstr, * bis 3 M vor dem nächsten M-Markierer rechts str, 1 M locker abheben, 1 M rechts, die abgehobene M locker überziehen, 2 M rechts, 2 M rechts zusammenstr * – von * bis * an den zwei nächsten M-Markierern wiederholen, dann bis 3 M vor dem letzten M-Markierer rechts str, 1 M locker abheben, 1 M rechts, die abgehobene M locker überziehen, 1 M rechts (= 8 M Abnahme) pro Rd.
Die Raglanabnahmen in jeder Rd insgesamt 3 – 4 – 7 – 8 – 9 – 5x str, danach nur in jeder 2. Rd 16 – 17 – 16 – 16 – 17 – 20x, insgesamt sind es 20 – 22 – 24 – 25 – 27 – 26 Raglanabnahmen. Bei der 15. – 17. – 19. – 20. – 22. – 21. Abnahme gleichzeitig die mittleren 17 – 21 – 23 – 27 – 31 – 25 M für den Halsausschnitt abketten und die Rd beenden. Den Faden abschneiden. Am linken Halsausschnitt neu ansetzen und weiter in Hin- und Rückr arbeiten, die Raglanabnahmen weiter fortsetzen. Gleichzeitig für den Halsausschnitt am Anfang jeder 2. R 1x 3 M, 1x 2 M und 3x 1 M auf beiden Seiten abnehmen, bis insgesamt noch 63 – 67 – 65 – 69 – 65 – 71 M auf der Nd sind.

HALSAUSSCHNITT

Mit Nd 4,5 und Fb 1 hinten an der rechten Schulter beginnen. Die M am Nacken und der linken Schulter str, dann ca. 8-9 M pro 5 cm entlang des Halsausschnitts aufnehmen und an der rechten Schulter weiterstr. Die M-Zahl muss durch 2 teilbar sein. Nun in Rd 6 cm im Bündchenmuster (1 M rechts, 1 M links) str. Locker im Muster abketten. Das Bündchen nach innen umschlagen und mit lockeren Stichen annähen.

KAPUZE

119 – 121 – 123 – 125 – 127 – 125 M mit Fb 2 und Nd 5,0 mm anschl. 6 cm glatt rechts in Hin- und Rückr str. Zu Fb 1 wechseln. Weiter glatt rechts str und gleichzeitig auf beiden Seiten 4x 1 M am Anfang der R abnehmen (= 111 – 113 – 115 – 117 – 119 – 117 M).
Die Kapuze bis zu einer Länge von 34 – 36 – 38 – 40 – 40 – 40 cm weiterstr. Dann die mittleren 21 M abketten (= 45 – 46 – 47 – 48 – 49 – 48 auf jeder Seite).
6 cm glatt rechts in Hin- und Rückr auf beiden Seiten der abgeketteten M str. Dann die M der beiden Kapuzenteile zusammen abketten (= hintere Mitte der Kapuze). Die Kante der Seitenteile an die abgeketteten M nähen und so die Öffnung schließen. Das Kapuzen-Bündchen nach innen einschlagen und als Tunnelzug annähen. Die Kapuze in den Halsausschnitt nähen. Die Rückseite der Kapuze bei Bedarf leicht einschlagen.

KORDEL

4 M in Fb 2 mit Nd 4,5 mm anschl und wie folgt in Rd str: 4 M rechts, * die M auf die linke Nd schieben, den Faden auf der Rückseite stramm anziehen und wieder die 4 M rechts str * . Von * bis * wiederholen, bis die Kordel 110 cm lang ist. Abketten.
Alternativ eine Strickliesel verwenden.

FERTIGSTELLEN

Die fertige Kordel durch den Tunnelzug an der Kapuze ziehen. Ärmelöffnungen schließen. Die Bruchkante (= linke R) am Vorder- und Rückenteil nach innen umschlagen und mit lockeren Stichen annähen.

STRICKSCHRIFT

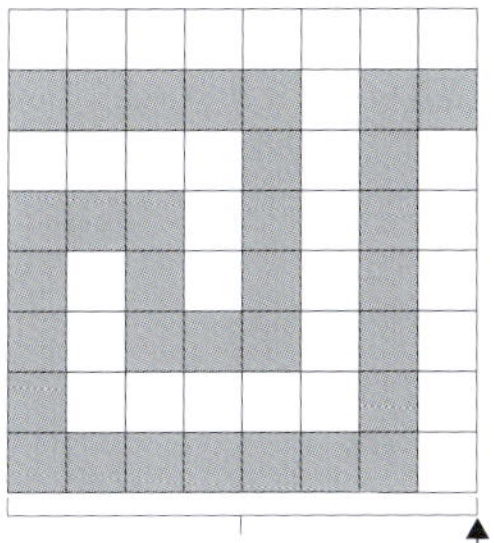

Rapport

Hier in allen Größen beginnen

Hellgrau

Dunkelgrau

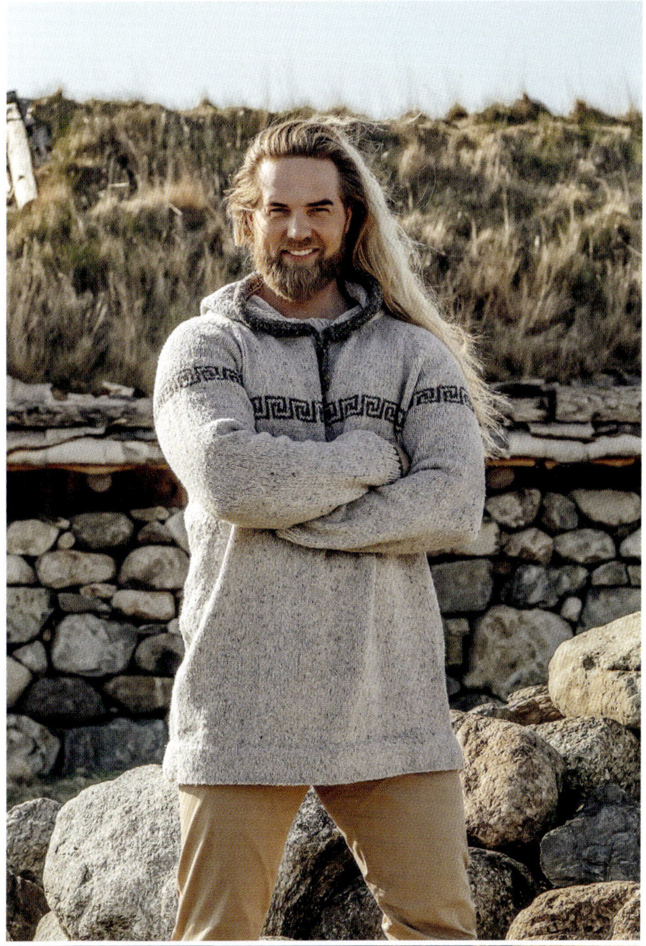

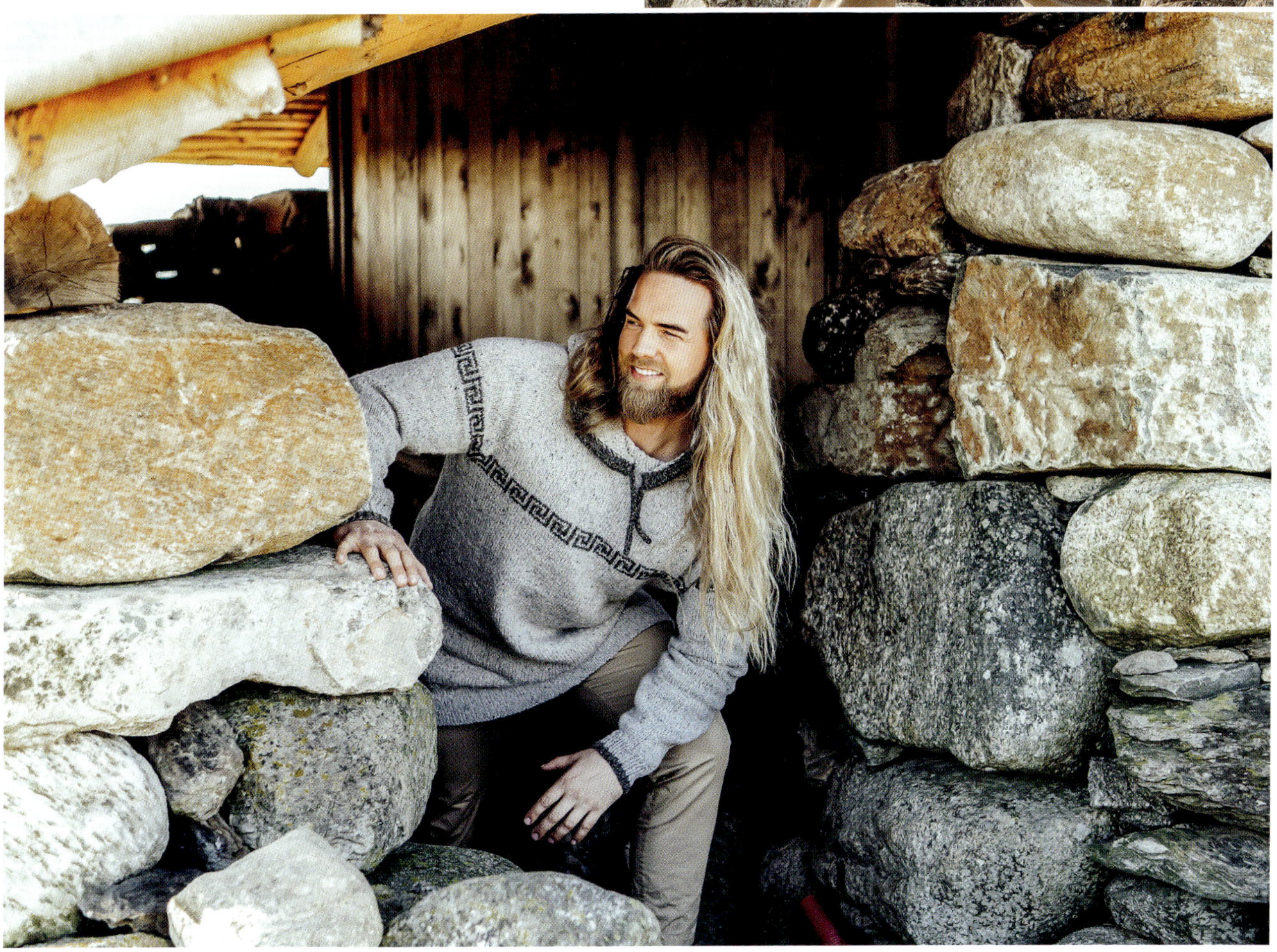

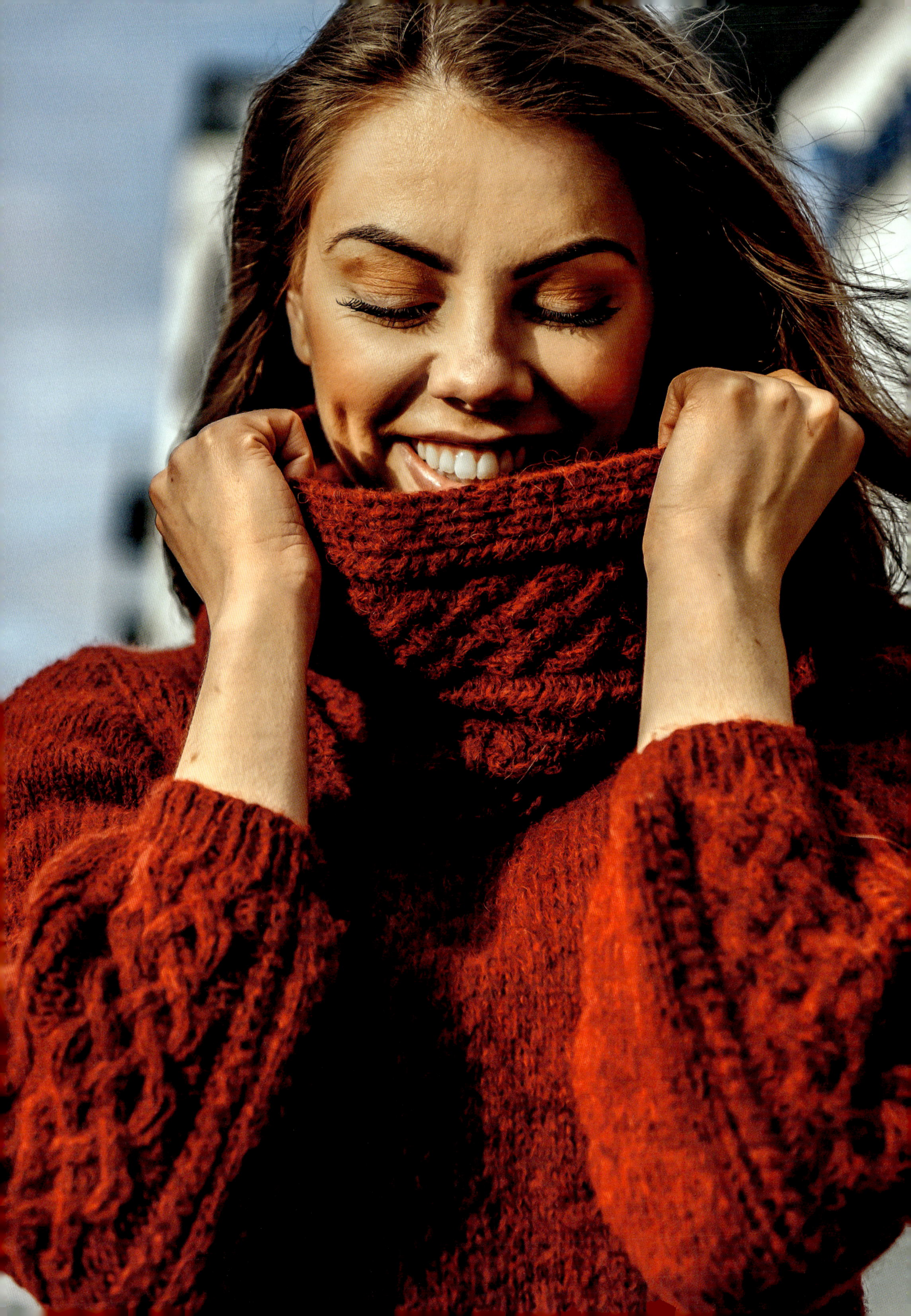

FRYD

DAMENPULLOVER

Es ist die wahre Wonne, den Pullover *Fryd* zu tragen – mit oder ohne Kragen. Er hat effektvolle Zöpfe und einen langen Schnitt, den Du sogar zur Tunika verlängern kannst, indem Du ihn noch ein paar Reihen länger strickst.

SCHWIERIGKEITSGRAD 3

GRÖSSEN

XS - S – M – L – XL – XXL
Wähle die passende Größe nach den Maßangaben.

FERTIGMASSE

Oberweite ca. 90 – 100 – 110 – 120 – 130 – 140 cm
Gesamtlänge ca. 66 – 68 – 70 – 72 – 74 – 76 cm
Ärmellänge ca. 49 – 49 – 50 – 50 – 50 cm

MATERIAL

Gann Garn Sky (62 % Babyalpaka, 16 % Acryl, 22 % Nylon, ca. 150 m/50 g) in Weinrot (Fb 608), 400 g – 450 g – 500 g – 500 g – 550 g für den Pullover und 150 g für den Kragen
Alternative Farbe: Hellgrau meliert (Fb 606), s. S. 146
Lange und kurze Rundstricknadel und Nadelspiel 5,0 und 6,0 mm

MASCHENPROBE

Glatt rechts mit Nd 6,0 mm
17 M und 22 R = ca. 10 cm x 10 cm
Beachte, dass die Maschenprobe stimmen muss, damit Du mit dem Ergebnis zufrieden bist. Stricke zunächst ein Probestück und zähle die Zahl der Maschen auf 10 cm. Wenn Du mehr Maschen hast als angegeben, nimm eine größere Nadelstärke. Hast Du weniger Maschen, nimm dünnere Nadeln.

UNTERES RÜCKENTEIL

78 – 86 – 96 – 102 – 112 – 120 M mit Nd 5,0 mm anschl. In Hin- und Rückr wie folgt str:
1. R (Hinr): Alle M rechts str.
2.R (Rückr): 1 M rechts, 1 M links str.
Die beiden R wiederholen, bis es 10 cm sind.

UNTERES VORDERTEIL

Wie das Rückenteil anschl und 10 cm str.

VORDER- UND RÜCKENTEIL

Beide Teile auf eine Rundstricknd 6,0 mm setzen (= 156 – 172 – 192 – 204 – 224 – 240 M). Auf jede Seite einen M-Markierer setzen. Dann in Rd glatt rechts str, bis die Arbeit ca. 46 – 47 – 48 – 49 – 50 – 51 cm misst. Dann 10 M an jeder Seite abketten, jeweils 5 M an jeder Seite des Markierers. Nun jedes Teil getrennt weiterarbeiten.

OBERES RÜCKENTEIL

In Hin- und Rückr weiter glatt rechts str und gleichzeitig für die Armausschnitte an jeder Seite 2x 2 M und 2x 1 M abnehmen (= 56 – 64 – 74 – 80 – 90 – 98 M). Dann weiterstr, bis die Armausschnitte ca. 20 – 21 – 22 – 23 – 24 – 25 cm lang sind. Wenn die gesamte Arbeit ca. 66 – 68 – 70 – 72 – 74 – 76 cm misst, die restlichen M abketten.

OBERES VORDERTEIL

Wie beim Rückenteil für die Armausschnitte abnehmen und die entsprechende Länge str. Wenn die Arbeit ca. 7 cm vor der Gesamtlänge erreicht hat, die mittleren 18 – 18 – 20 – 20 – 22 – 22 M abketten. Dann jede Seite getrennt weiterstr und für den Halsausschnitt in jeder 2. R 1x 3 M, 1x 2 M und 1x 1 M abnehmen (= 13 – 17 – 21 – 24 – 28 – 32 Schulter-M).

Das Vorderteil gleich lang wie das Rückenteil str und abketten. Die zweite Seite ebenso str.

ÄRMEL

34 – 34 – 36 – 36 – 40 – 40 M mit Nd 5,0 mm anschl. 5 cm im Bündchenmuster (1 M rechts, 1 M links) in Rd str. Zu Nd 6,0 mm wechseln. 1 Rd glatt rechts str und dabei gleichmäßig verteilt 30 – 32 – 34 – 36 – 34 – 38 M zunehmen (= 64 – 66 – 70 – 72 – 74 – 78 M). Nun wie folgt weiterstr: 16 – 17 – 19 – 20 – 21 – 23 M glatt rechts, dann das Zopfmuster über 32 M und noch einmal 16 – 17 – 19 – 20 – 21 – 23 M glatt rechts. An den Anfang der Rd einen M-Markierer setzen (= Unterarm-Mitte). Mit dieser Einteilung in Rd weiterstr.

Gleichzeitig an jeder Seite des M-Markierers 1 M zunehmen. Diese Zunahmen ca. alle 4 – 4 – 4 – 4 – 4 – 4 cm wiederholen, bis es insgesamt 80 – 82 – 86 – 90 – 92 – 96 M sind.

Den Ärmel weiter bis zur angegebenen oder der gewünschten Länge str. Dann 10 M an der Unterarm-Mitte abketten, jeweils 5 M auf jeder Seite des M-Markierers. Weiter in Hin- und Rückr den oberen Ärmel str und dabei gleichzeitig das Zopfmuster mittig weiter fortsetzen: In jeder 2. R. auf beiden Seiten 2x 2 M in allen Größen abnehmen, dann in jeder 2. R auf beiden Seiten 1 M abnehmen, bis der Armausschnitt ca. 12 – 13 – 14 – 15 – 16 – 17 cm lang ist. Dann nochmals in jeder 2. R auf beiden Seiten insgesamt 3x 2 M abnehmen. Zum Schluss am Beginn und Ende jeder Hin- und Rückr auf beiden Seiten je 6x 1 M abnehmen. Die restlichen M abketten. Den zweiten Ärmel ebenso str.

FERTIGSTELLEN

Die Schulternähte schließen.

Halsausschnitt: Mit Nd 5,0 cm ca. 84 – 84 – 88 – 88 – 92 – 92 M aufnehmen und ca. 6 cm im Bündchenmuster (1 M rechts, 1 M links) in Rd str. Locker abketten. Das Bündchen nach innen einschlagen und mit lockeren Stichen annähen.

Ärmel einnähen: Die Mitte der Ärmelspitze auf die Schulternaht stecken. Dann von der Unterarm-Mitte aus die abgenommenen Ärmel-M mit den M des Vorder- und Rückenteils zusammennähen. Beide Seiten von unten nach oben annähen. Am oberen Ärmel dann das überstehende Gestrick in Falten legen und annähen.

LOSER ROLLKRAGEN

Mit Nd 6,0 mm 74 M anschl und wie folgt aufteilen: 5 M im Bündchenmuster (1 M rechts, 1 M links), dann 2x das Muster laut Strickschrift (= 64 M) und nochmals 5 M im Bündchenmuster (1 M rechts, 1 M links). Mit dieser Aufteilung in Hin- und Rückr str, bis der Kragen ca. 65 cm misst. Abketten. Doppelt legen und den M-Anschlag mit der Abkettkante zusammennähen.

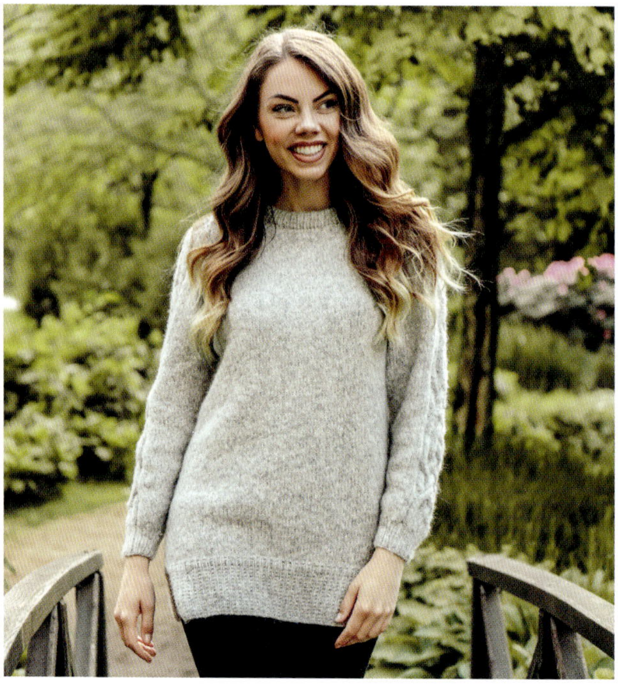

STRICKSCHRIFT

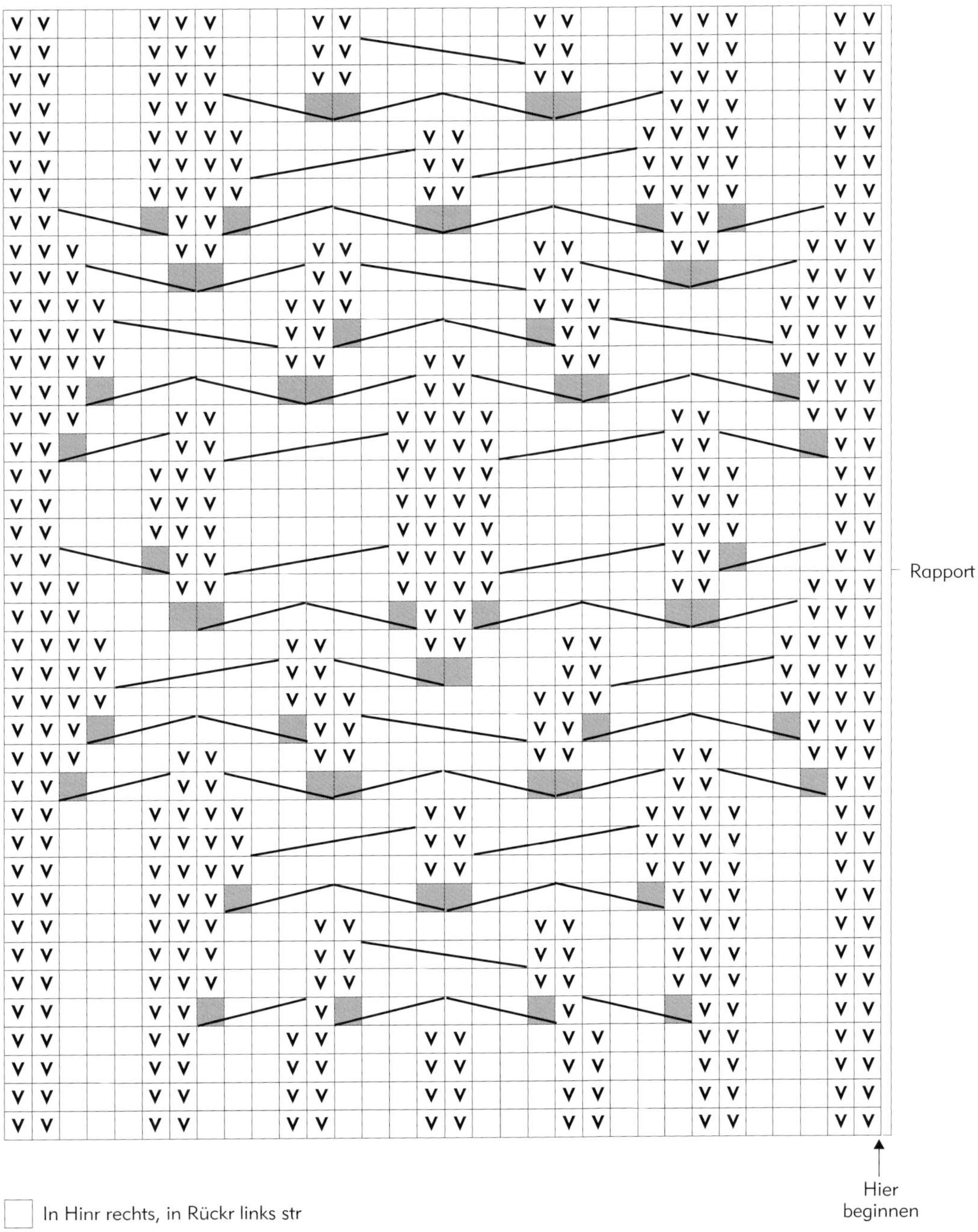

- In Hinr rechts, in Rückr links str
- V In Hinr links, in Rückr rechts str
- 3 M auf einer Hilfsnd vor die Arbeit legen, 1 M rechts, die M der Hilfsnd rechts str.
- 1 M auf einer Hilfsnd hinter die Arbeit legen, 3 M rechts, die M der Hilfsnd links str.
- 3 M auf einer Hilfsnd vor die Arbeit legen, 3 M rechts, die M der Hilfsnd rechts str.
- 3 M auf einer Hilfsnd hinter die Arbeit legen, 3 M rechts, die M der Hilfsnd rechts str.

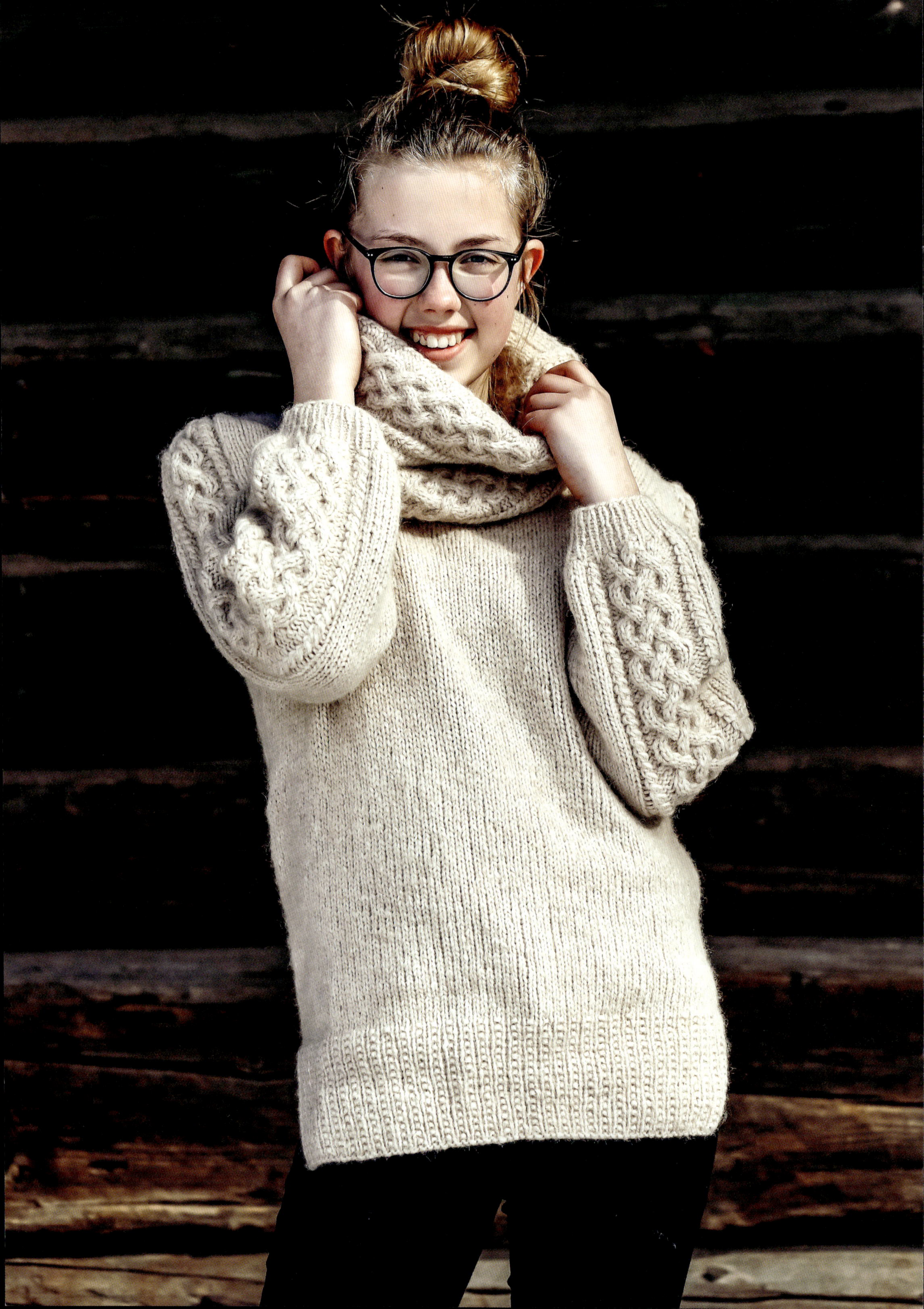

FRYD

KINDERPULLOVER

Ein schöner und bequemer Pullover, den auch Kinder gern tragen.

SCHWIERIGKEITSGRAD 3

GRÖSSEN
4 – 6 – 8 – 10 – 12 Jahre
Wähle die passende Größe nach den Maßangaben.

FERTIGMASSE
Oberweite ca. 65 – 70 – 75 – 80 – 85 cm
Gesamtlänge ca. 50 – 54 – 58 – 62 – 68 cm
Ärmellänge ca. 27 – 33 – 36 – 38 – 40 cm

MATERIAL
Gann Garn Sky (62 % Babyalpaka, 16 % Acryl, 22 % Nylon, ca. 150 m/50 g) in Hellbeige (Fb 605), 200 g – 250 g – 300 g – 350 g – 350 g für die Tunika, 100 g für den Kragen
Lange und kurze Rundstricknadel und Nadelspiel 5,0 und 6,0 mm

MASCHENPROBE
Glatt rechts mit Nd 6,0 mm
17 M und 22 Rd = ca. 10 cm x 10 cm
Beachte, dass die Maschenprobe stimmen muss, damit Du mit dem Ergebnis zufrieden bist. Stricke zunächst ein Probestück und zähle die Zahl der Maschen auf 10 cm. Wenn Du mehr Maschen hast als angegeben, nimm eine größere Nadelstärke. Hast Du weniger Maschen, nimm dünnere Nadeln.

UNTERES RÜCKENTEIL
56 – 60 – 64 – 68 – 72 M mit Nd 5,0 mm anschl. In Hin- und Rückr wie folgt str:
1. R (Hinr): Alle M rechts str.
2. R (Rückr): 1 M rechts, 1 M links str.
Die beiden R wiederholen, bis es 8 – 8 – 8 – 8 – 10 cm sind.

UNTERES VORDERTEIL
Wie das Rückenteil anschl und str.

VORDER- UND RÜCKENTEIL
Beide Teile auf eine Rundstricknd 6,0 mm setzen (= 112 – 120 – 128 – 136 – 144 M). Auf jede Seite einen M-Markierer setzen. Dann in Rd glatt rechts str, bis die Arbeit ca. 36 – 39 – 42 – 45 – 50 cm ab der Anschlagkante misst. Für eine kürzere oder auch längere Tunika kann die Länge entsprechend geändert werden. Dann 6 M an jeder Seite abketten, jeweils 3 M an jeder Seite des Markierers. Nun jedes Teil getrennt weiterarbeiten.

OBERES RÜCKENTEIL

In Hin- und Rückr weiter glatt rechts str und gleichzeitig für die Armausschnitte an jeder Seite 2x 2 M und 1x 1 M abnehmen (= 40 – 44 – 48 – 52 – 56 M). Für die Armausschnitte ca. 14 – 15 – 16 – 17 – 18 cm str. Wenn die gesamte Arbeit ca. 50 – 54 – 58 – 62 – 68 cm lang ist, die restlichen M abketten oder auf eine Hilfsnd setzen.

OBERES VORDERTEIL

Wie beim Rückenteil für die Armausschnitte abnehmen und die entsprechende Höhe str. Wenn die Arbeit ca. 5 – 5 – 6 – 6 – 6 cm vor der Gesamtlänge erreicht hat, die mittleren 10 – 10 – 12 – 14 – 16 M abketten. Dann jede Seite getrennt weiterstr und für den Halsausschnitt in jeder 2. R 1x 3 M, 1x 2 M und 1x 1 M abnehmen (= 9 – 11 – 12 – 13 – 14 Schulter-M). Das Vorderteil gleich lang wie das Rückenteil str. Die M abketten oder auf eine Hilfsnd setzen. Die zweite Seite ebenso str.

ÄRMEL

26 – 28 – 30 – 32 – 34 M mit Nd 5,0 mm anschl. 4 cm im Bündchenmuster (1 M rechts, 1 M links) in Rd str. Zu Nd 6,0 mm wechseln. 1 Rd glatt rechts str und dabei gleichmäßig verteilt 24 – 24 – 24 – 26 – 26 M zunehmen (= 50 – 52 – 54 – 58 – 60 M). Nun wie folgt weiterstr: 13 – 14 – 15 – 17 – 18 M glatt rechts, dann das Zopfmuster über 24 M und noch einmal 13 – 14 – 15 – 17 – 18 M glatt rechts. An den Anfang der Rd einen M-Markierer setzen (= Unterarm-Mitte). Mit dieser Einteilung in Rd weiterstr.
Gleichzeitig an jeder Seite des M-Markierers 1 M zunehmen. Diese Zunahmen ca. alle 3,5 – 4 – 4 – 4,5 – 4,5 cm wiederholen, bis es insgesamt 62 – 66 – 70 – 72 – 76 M sind.
Den Ärmel weiter bis zur angegebenen oder der gewünschten Länge str. Dann 6 M an der Unterarm-Mitte abketten, jeweils 3 M auf beiden Seiten des M-Markierers. Weiter in Hin- und Rückr den oberen Ärmel str und dabei gleichzeitig das Zopfmuster mittig weiter fortsetzen: In allen Größen auf beiden Seiten in jeder 2. R 1 M abnehmen, bis der Armausschnitt ca. 7 – 8 – 9 – 10 – 11 cm hoch ist. Dann nochmals in jeder 2. R auf beiden Seiten insgesamt 2x 2 M abnehmen. Zum Schluss am Beginn und Ende jeder Hin- und Rückr auf beiden Seiten je 4x 1 M abnehmen. Die restlichen M abketten. Den zweiten Ärmel ebenso str.

FERTIGSTELLEN

Die Schulternähte schließen.
Halsausschnitt: Mit Nd 5,0 mm ca. 54 – 58 – 62 – 66 – 72 M aufnehmen und ca. 6 cm im Bündchenmuster (1 M rechts, 1 M links) in Rd str. Locker abketten. Das Bündchen nach innen einschlagen und mit lockeren Stichen annähen.
Ärmel einnähen: Die Mitte der Ärmelspitze auf die Mitte der Schulternaht stecken. Dann von der Unterarm-Mitte aus die abgenommenen Ärmel-M mit denen von Vorder- und Rückenteil zusammennähen. Beide Seiten von unten nach oben annähen. Am oberen Ärmel dann das überstehende Gestrick in Falten legen und annähen.

LOSER ROLLKRAGEN

Mit Nd 6,0 mm 58 M anschl und wie folgt aufteilen: 5 M im Bündchenmuster (1 M rechts, 1 M links), dann 2x das Muster nach der Strickschrift (= 48 M) und nochmals 5 M im Bündchenmuster (1 M rechts, 1 M links). Mit dieser Aufteilung in Hin- und Rückr str, bis der Kragen ca. 50 – 55 – 55 – 60 – 60 cm misst. Abketten. Doppelt legen und den M-Anschlag mit der Abkettkante zusammennähen.

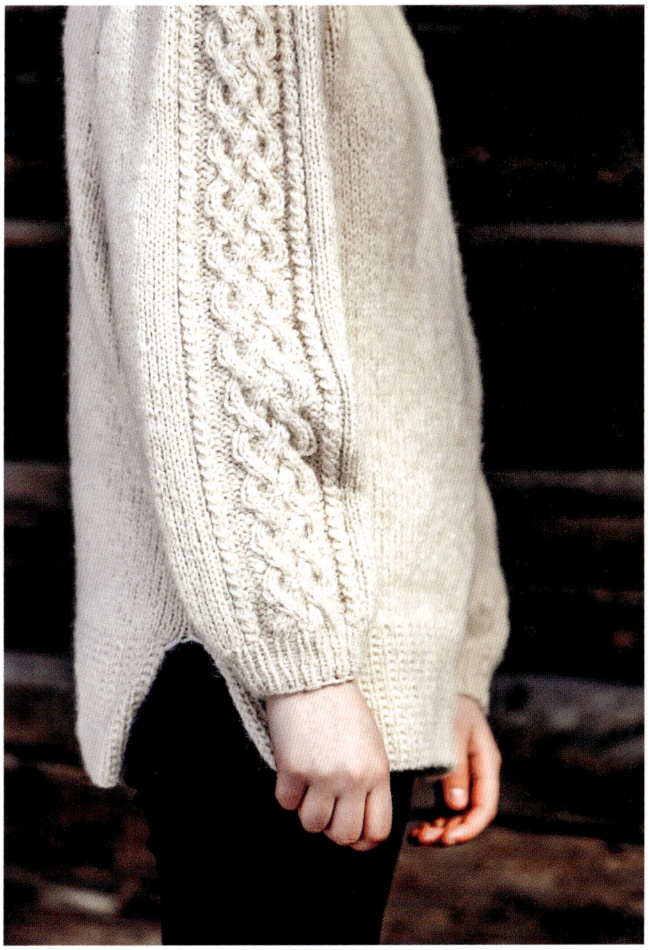

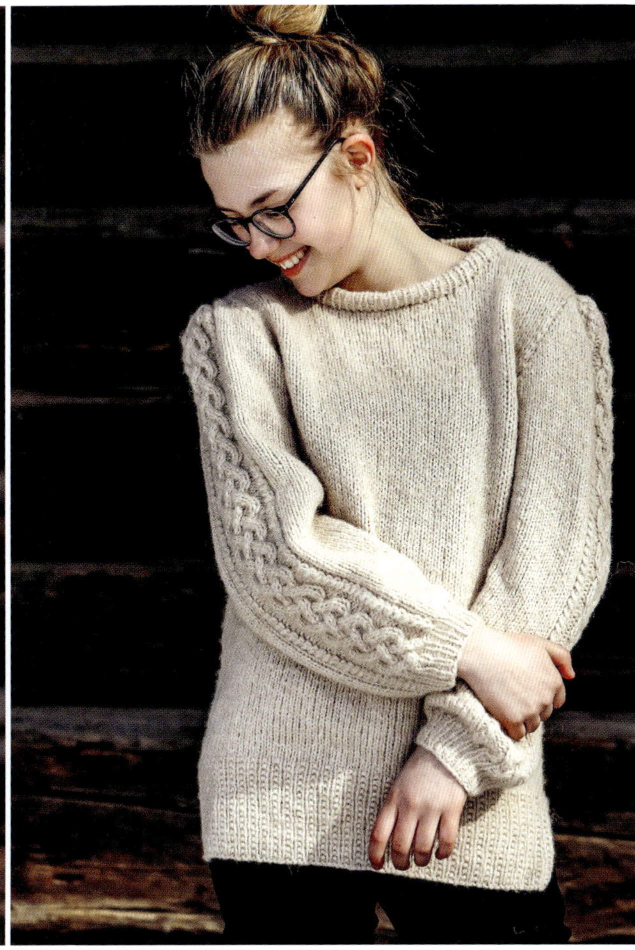

STRICKSCHRIFT

ZOPFMUSTER FÜR DEN ÄRMEL = 24 M

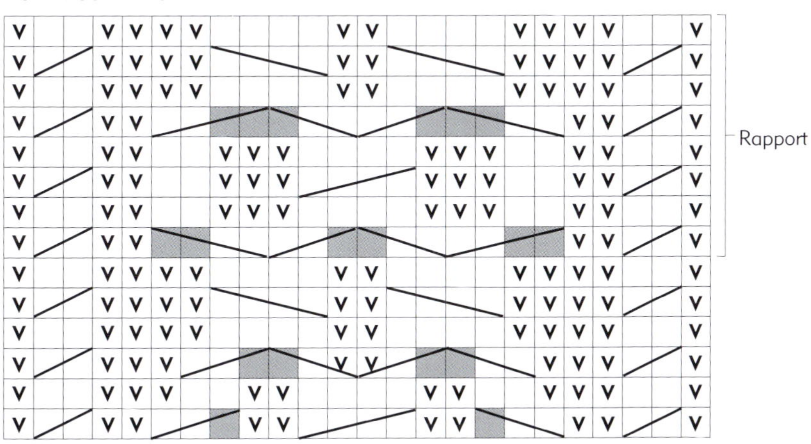

- In Hinr rechts, in Rückr links str
- V In Hinr links, in Rückr rechts str
- 2 M auf einer Hilfsnd vor die Arbeit legen, 1 M links, die M der Hilfsnd rechts str.
- 1 M auf einer Hilfsnd hinter die Arbeit legen, 2 M rechts, die M der Hilfsnd links str.
- 2 M auf einer Hilfsnd vor die Arbeit legen, 2 M rechts, die M der Hilfsnd rechts str.
- 2 M auf einer Hilfsnd hinter die Arbeit legen, 3 M rechts, die M der Hilfsnd rechts str.
- 2 M auf einer Hilfsnd vor die Arbeit legen, 2 M links, die M der Hilfsnd rechts str.
- 2 M auf einer Hilfsnd hinter die Arbeit legen, 2 M rechts, die M der Hilfsnd links str.
- Die rechte Nd hinter der 1. M auf der linken Nd vorbei in die 2. M einstechen. Die 2. M rechts str, ohne sie von den Nd zu nehmen, danach die 1. M rechts str und beide M von der linken Nd gleiten lassen.

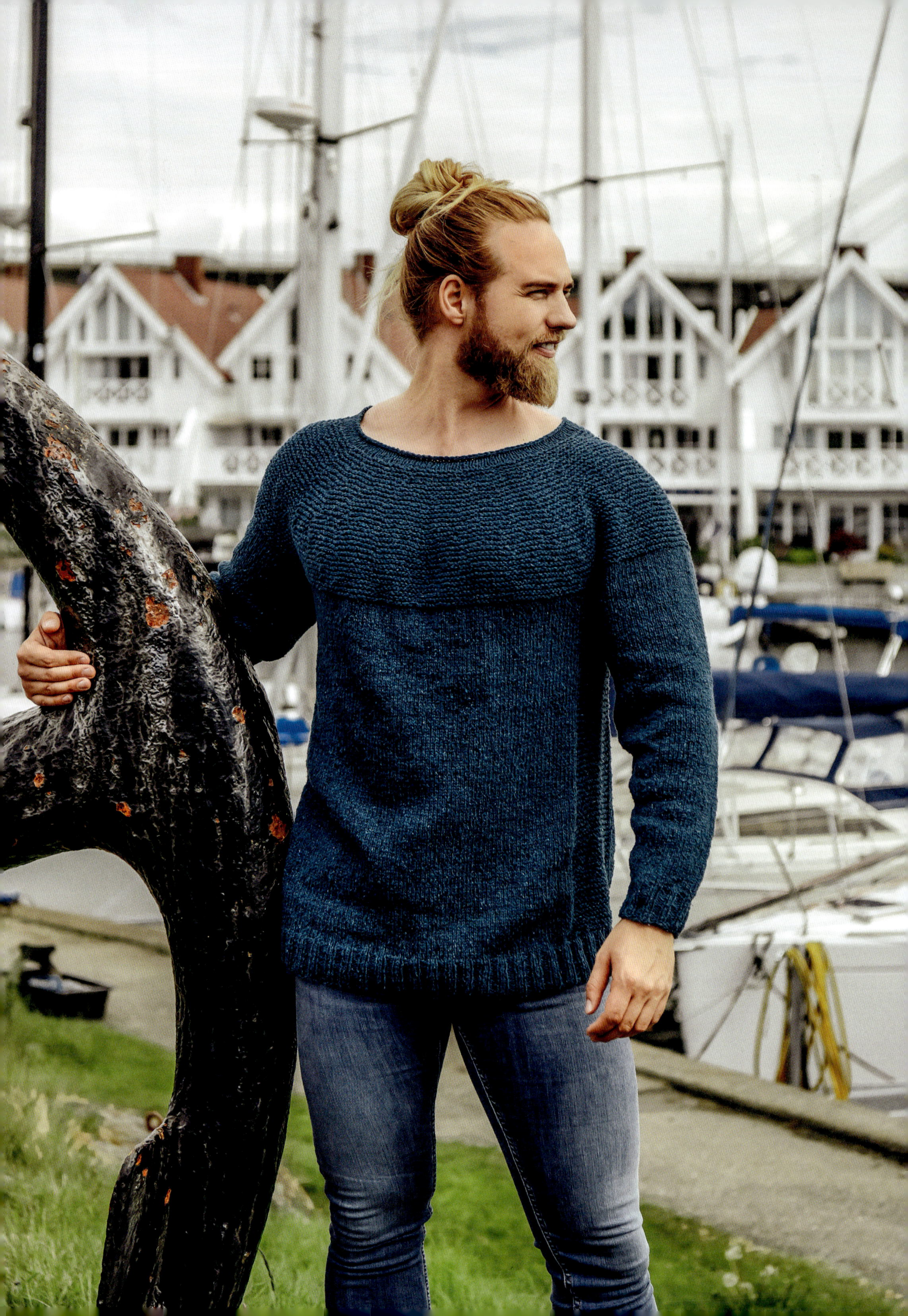

MEERESRAUSCHEN

Das Strukturmuster auf diesem Pullover ist gleichzeitig tough und elegant, und der U-Boot-Ausschnitt macht ihn luftig. Ein lässiger Pullover für Landratten und Seebären.

SCHWIERIGKEITSGRAD 1

GRÖSSEN
S – M – L – XL – XXL – LASSE
Wähle die passende Größe nach den Maßangaben.

FERTIGMASSE
Oberweite ca. 95 – 102 – 109 – 116 – 124 – 124 cm
Gesamtlänge ca. 66 – 68 – 70 – 72 – 74 – 76 cm
Ärmellänge ca. 50 – 50 – 52 – 52 – 53 – 53 cm

MATERIAL
Gann Garn Tweed (80 % Wolle, 20 % Polyamid, ca. 112 m/50 g) in Petrol (Fb 907), 450 g – 500 g – 550 g – 600 g – 650 g – 650 g
Lange und kurze Rundstricknadel und Nadelspiel 4,0 und 5,0 mm

MASCHENPROBE
Glatt rechts mit Nd 5,0 mm
17 M und 24 Rd = ca. 10 cm x 10 cm
Beachte, dass die Maschenprobe stimmen muss, damit Du mit dem Ergebnis zufrieden bist. Stricke zunächst ein Probestück und zähle die Zahl der Maschen auf 10 cm. Wenn Du mehr Maschen hast als angegeben, nimm eine größere Nadelstärke. Hast Du weniger Maschen, nimm dünnere Nadeln.

KRAUS RECHTS IN RUNDEN
1 Rippe = 1 Rd rechts, 1 Rd links str.

> **TIPP:** Kraus-rechts-Rippen dehnen sich mehr als ein normales Glatt-Rechts-Gestrick, deshalb für die Passe eventuell besser Nd 4,0 mm verwenden.

VORDER- UND RÜCKENTEIL
Unten am Vorder- und Rückenteil beginnen. Mit Nd 4,0 mm 160 – 176 – 188 – 200 – 216 – 216 M anschl. In allen Größen 6 cm im Bündchenmuster (2 M rechts, 2 M links) in Rd str. Zu Nd 5,0 mm wechseln. Für Vorder- und Rückenteil auf beiden Seiten nach 80 – 88 – 94 – 100 – 108 – 108 M einen M-Markierer setzen. Dann in Rd über 20 M an jeder Seite – jeweils 10 M auf jeder Seite des M-Markierers – kraus rechts und über die restlichen M glatt rechts str, bis die Arbeit ca. 48 – 49 – 50 – 51 – 52 – 54 cm misst. Dann 12 M an jeder Seite abketten, jeweils 6 M auf jeder Seite des M-Markierers. Die Arbeit zur Seite legen und die Ärmel str.

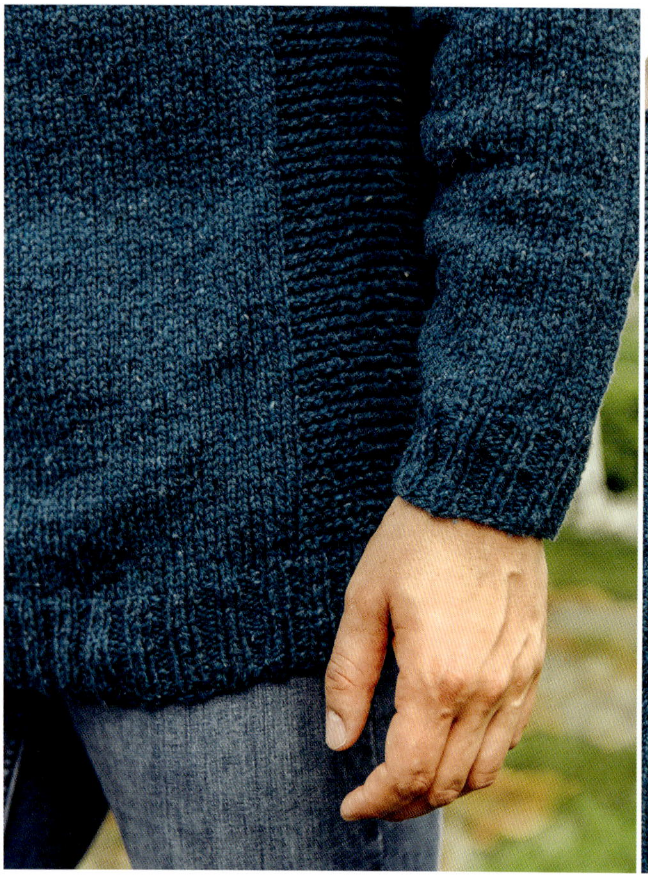

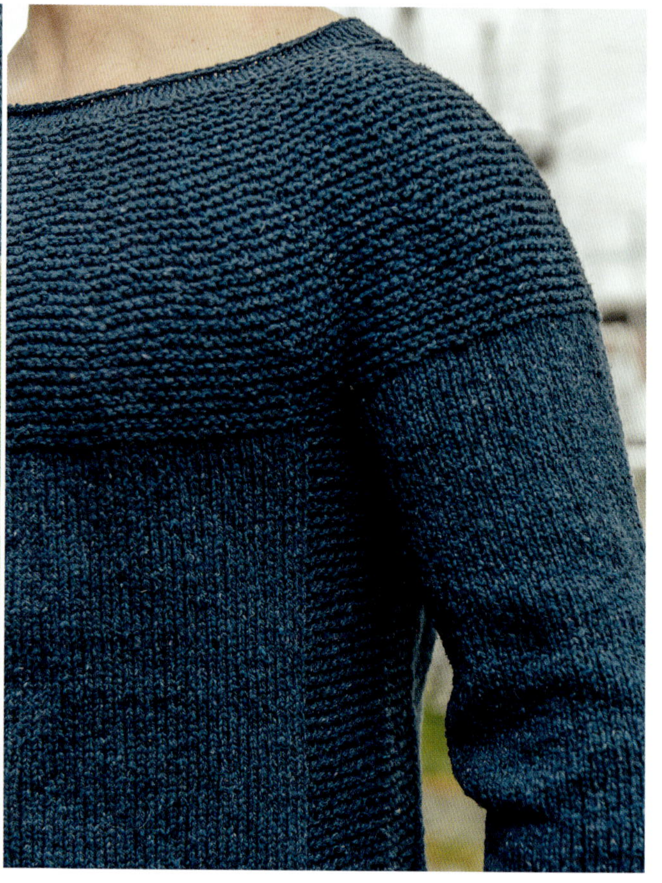

ÄRMEL

36 – 36 – 40 – 40 – 44 – 44 M mit Nd 4,0 mm anschl und 6 cm im Bündchenmuster (2 M rechts, 2 M links) in Rd str. Zu Nd 5,0 mm wechseln. Eine Rd rechte M str und gleichzeitig gleichmäßig verteilt 12 – 12 – 10 – 10 – 10 – 10 M zunehmen (= 48 – 48 – 50 – 50 – 54 – 54 M). Am Anfang der Rd einen M-Markierer setzen (= Unterarm-Mitte). Nun weiter glatt rechts str und gleichzeitig je 1 M auf beiden Seiten des M-Markierers nach je 3,5 – 3 – 3 – 2,5 – 2,5 – 2,5 cm zunehmen, bis es insgesamt 62 – 64 – 68 – 72 – 74 – 74 M sind. Wenn der Ärmel die angegebene oder die gewünschte Länge hat, 12 M an der Unterarm-Mitte abketten, jeweils 6 M auf jeder Seite des M-Markierers. Die Arbeit zur Seite legen und den zweiten Ärmel ebenso str.

PASSE

Alle Teile auf eine Rundstricknd 5,0 mm setzen, dabei jeweils einen Ärmel mit der Abkettkante zwischen Vorder- und Rückenteil (= 236 – 256 – 276 – 296 – 316 – 316 M). 1 Rd glatt rechts über alle M str und gleichmäßig verteilt 8 – 4 – 0 – 8 – 16 – 16 M abnehmen (= 228 – 252 – 276 – 288 – 300 – 300 M). Nun nach der Strickschrift das Muster weiterstr und wie angegeben abnehmen, bis es 76 – 84 – 92 – 96 – 100 – 100 M in der Rd sind. Mit 0 – 2 – 4 – 4 – 6 – 6 Rd glatt rechts enden. Dann den Halsausschnitt str.

HALSAUSSCHNITT

Zu Nd 4,0 mm wechseln und 6 Rd glatt rechts str. Abketten. Der Rand soll sich leicht einrollen.

FERTIGSTELLEN

Die Ärmelöffnungen schließen. Alle Fäden nach links ziehen und vernähen.

STRICKSCHRIFT

- ☐ 1 M rechts
- V 1 M links
- ⟋ 2 M rechts zusammenstr

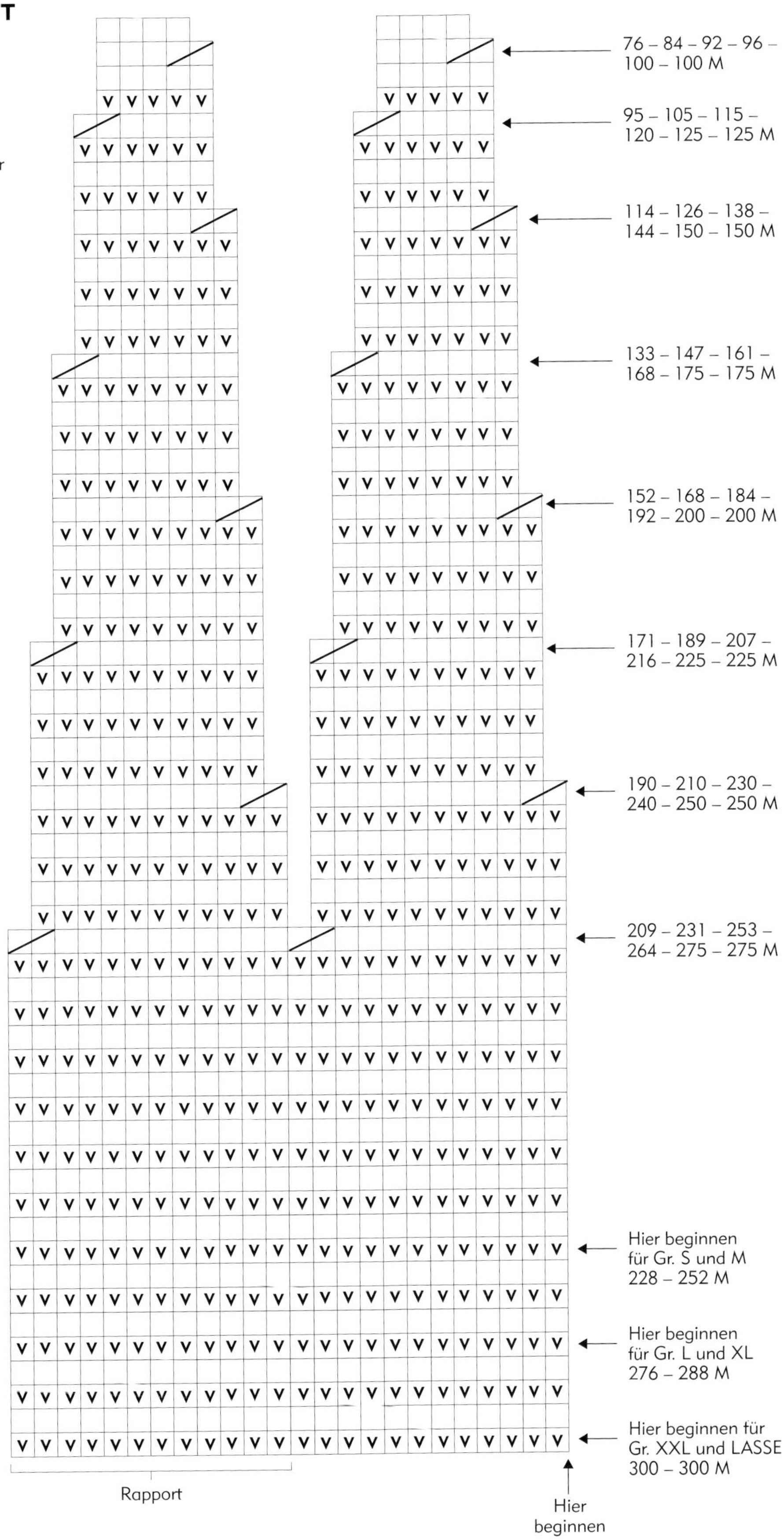

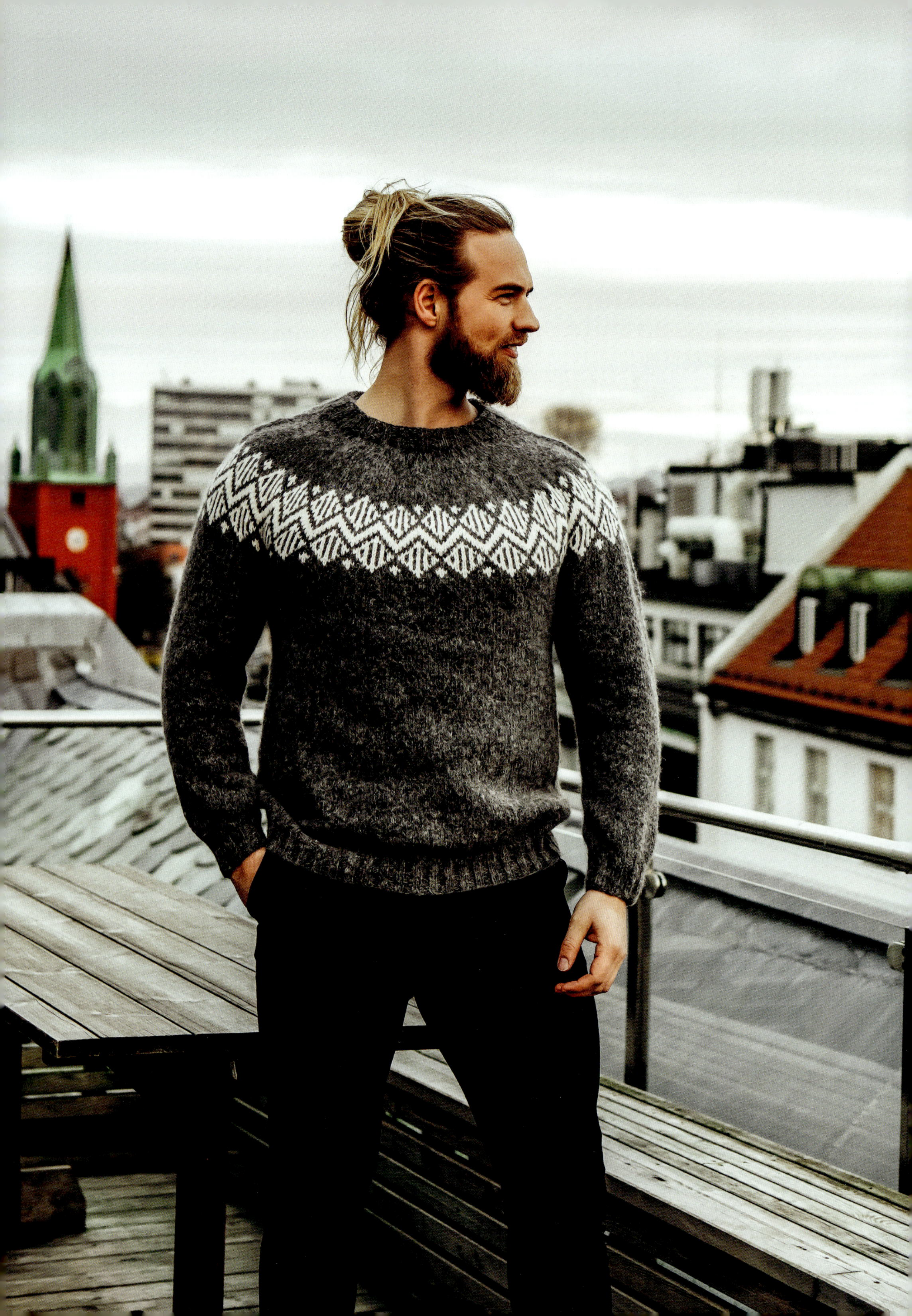

DREI SCHWERTER

Ein klassisch-eleganter Pullover. Sein Muster wurde vom majestätischen Wikingermonument *Sverd i fjell* (Schwerter im Fjell) inspiriert. Wer mag, kann den Pullover auch lässig weit stricken.

SCHWIERIGKEITSGRAD 2

GRÖSSEN

S – M – L – XL – XXL – LASSE
Wähle die passende Größe nach den Maßangaben.

FERTIGMASSE

Oberweite ca. 99 – 106 – 120 – 127 – 134 – 127 cm
Gesamtlänge ca. 66 – 68 – 70 – 72 – 74 – 76 cm
Ärmellänge ca. 50 – 50 – 52 – 52 – 53 – 53 cm

MATERIAL

Gann Garn Sky (62 % Babyalpaka, 16 % Acryl, 22 % Nylon, ca. 150 m/50 g) in Grau meliert (Fb 607) (Fb 1), 350 g – 400 g – 400 g – 450 g – 500 g – 450 g, und in Natur (Fb 601) (Fb 2), 50 g für alle Größen
Lange und kurze Rundstricknadel und Nadelspiel 5,0 und 6,0 mm

TIPP: Für ein schönes Erscheinungsbild des Musters mit zwei oder mehreren Farben hält man die Fäden immer in derselben Position hinter der Arbeit. Lege beispielsweise die Grundfarbe ganz innen an den Finger und die Musterfarbe ganz außen.

TIPP: Beim Musterstricken mit mehreren Farben zieht sich das Gestrick oft zusammen. Man sollte daher besonders gut auf eine korrekte Maschenprobe achten und bei Bedarf ½ bis 1 Nadelstärke größer wählen.

MASCHENPROBE

Glatt rechts mit Nd 6,0 mm
17 M und 21 Rd = ca. 10 cm x 10 cm
Beachte, dass die Maschenprobe stimmen muss, damit Du mit dem Ergebnis zufrieden bist. Stricke zunächst ein Probestück und zähle die Zahl der Maschen auf 10 cm. Wenn Du mehr Maschen hast als angegeben, nimm eine größere Nadelstärke. Hast Du weniger Maschen, nimm dünnere Nadeln.

VORDER- UND RÜCKENTEIL

168 – 180 – 204 – 216 – 228 – 216 M mit Nd 5,0 mm in Fb 1 anschl. Für alle Größen 6 cm im Bündchenmuster (2 M rechts, 2 M links) in Rd str. Zu Nd 6,0 mm wechseln. Auf beiden Seiten nach 85 – 91 – 103 – 109 – 115 – 109 M für das Vorderteil und nach 83 – 89 – 101 – 107 – 113 – 107 M für das Rückenteil M-Markierer setzen. Dann glatt rechts in Rd str, bis die Arbeit ca. 46 – 47 – 48 – 49 – 50 – 51 cm misst. Nun auf beiden Seiten 12 M abketten, jeweils 6 M auf jeder Seite des M-Markierers. Die Arbeit zur Scite legen und die Ärmel str.

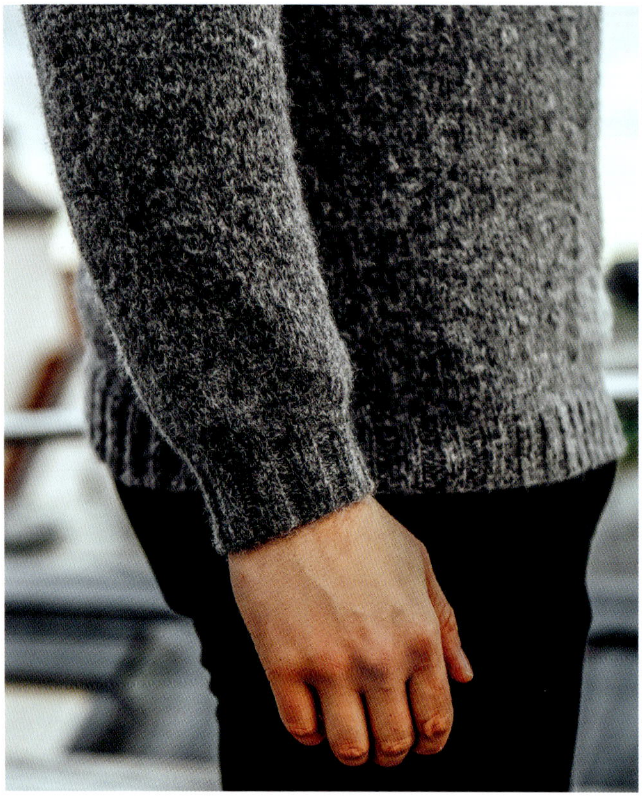

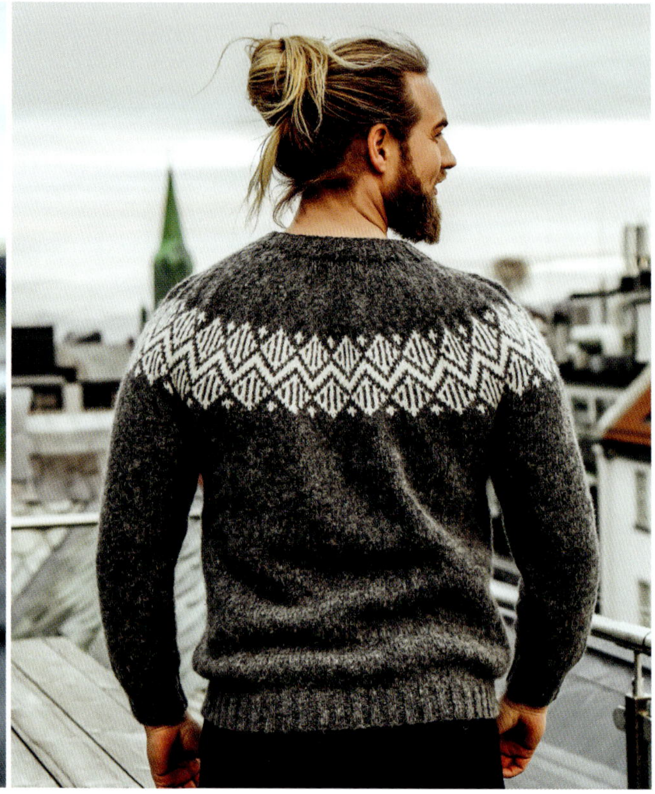

ÄRMEL

36 – 36 – 36 – 40 – 40 – 40 M mit Nd 5,0 mm in Fb 1 anschl. Für alle Größen ca. 6 cm im Bündchenmuster wie beim Vorder- und Rückenteil str. Zu Nd 6,0 mm wechseln, 1 Rd glatt rechts str und dabei gleichzeitig gleichmäßig verteilt 11 – 13 – 13 – 15 – 17 – 19 M zunehmen (= 47 – 49 – 53 – 55 – 57 – 59 M). An den Anfang der Rd einen M-Markierer setzen (= Unterarm-Mitte). Dann glatt rechts in Rd weiterstr. Gleichzeitig 1 M an jeder Seite des M-Markierers zunehmen. Diese Zunahmen ca. alle 4,5 – 4 – 4 – 3,5 – 3,5 – 3,5 cm wiederholen, bis man insgesamt 67 – 71 – 75 – 79 – 81 – 85 M erhält. Den Ärmel weiter bis zur angegebenen oder gewünschten Länge str. In der letzten Rd 12 M an der Unterarm-Mitte abketten, jeweils 6 M auf jeder Seite des M-Markierers. Die Arbeit zur Seite legen und den zweiten Ärmel ebenso str.

PASSE

Alle Teile auf eine Rundstricknd 6,0 mm setzen, dabei jeweils einen Ärmel mit der Abkettkante zwischen Vorder- und Rückenteil (= 254 – 274 – 306 – 326 – 342 – 338 M); dabei beginnt die Passen-Rd hinten an der rechten Schulter. 1 Rd glatt rechts str und gleichmäßig verteilt 2 – 10 – 6 – 2 – 6 – 2 M abnehmen (= 252 – 264 – 300 – 324 – 336 – 336 M). Nun weiter im Muster nach der Strickschrift str. Danach sind es noch 84 – 88 – 100 – 108 – 112 – 112 M pro Rd. Noch eine Rd glatt rechts str und dabei gleichmäßig verteilt 0 – 0 – 8 – 12 – 12 – 8 M abnehmen (= 84 – 88 – 92 – 96 – 100 – 104 M). Dann den Halsausschnitt str.

HALSAUSSCHNITT

Zu Nd 5,0 mm wechseln und in Fb 1 4 cm im Bündchenmuster (2 M rechts, 2 M links) in Rd str. Dann 1 Rd linke M str (= Bruchkante) und weitere 4 cm im Bündchenmuster str. Die M locker im Muster abketten. Das Bündchen nach innen umschlagen und mit lockeren Stichen annähen.

FERTIGSTELLEN

Die Ärmelöffnungen schließen. Alle Fäden auf der Innenseite vernähen.

STRICKSCHRIFT

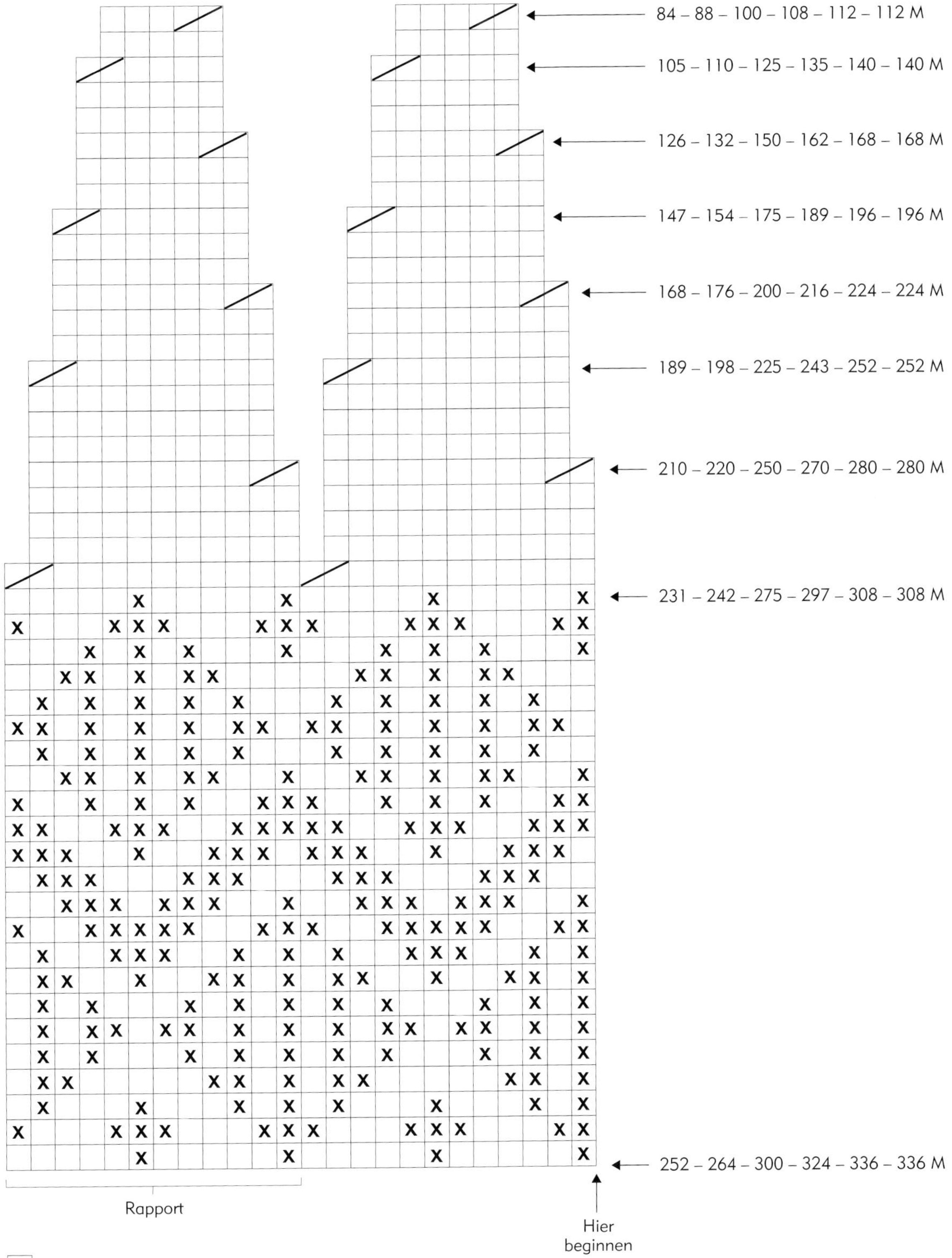

Farbe 1

X Farbe 2

2 M rechts zusammenstr

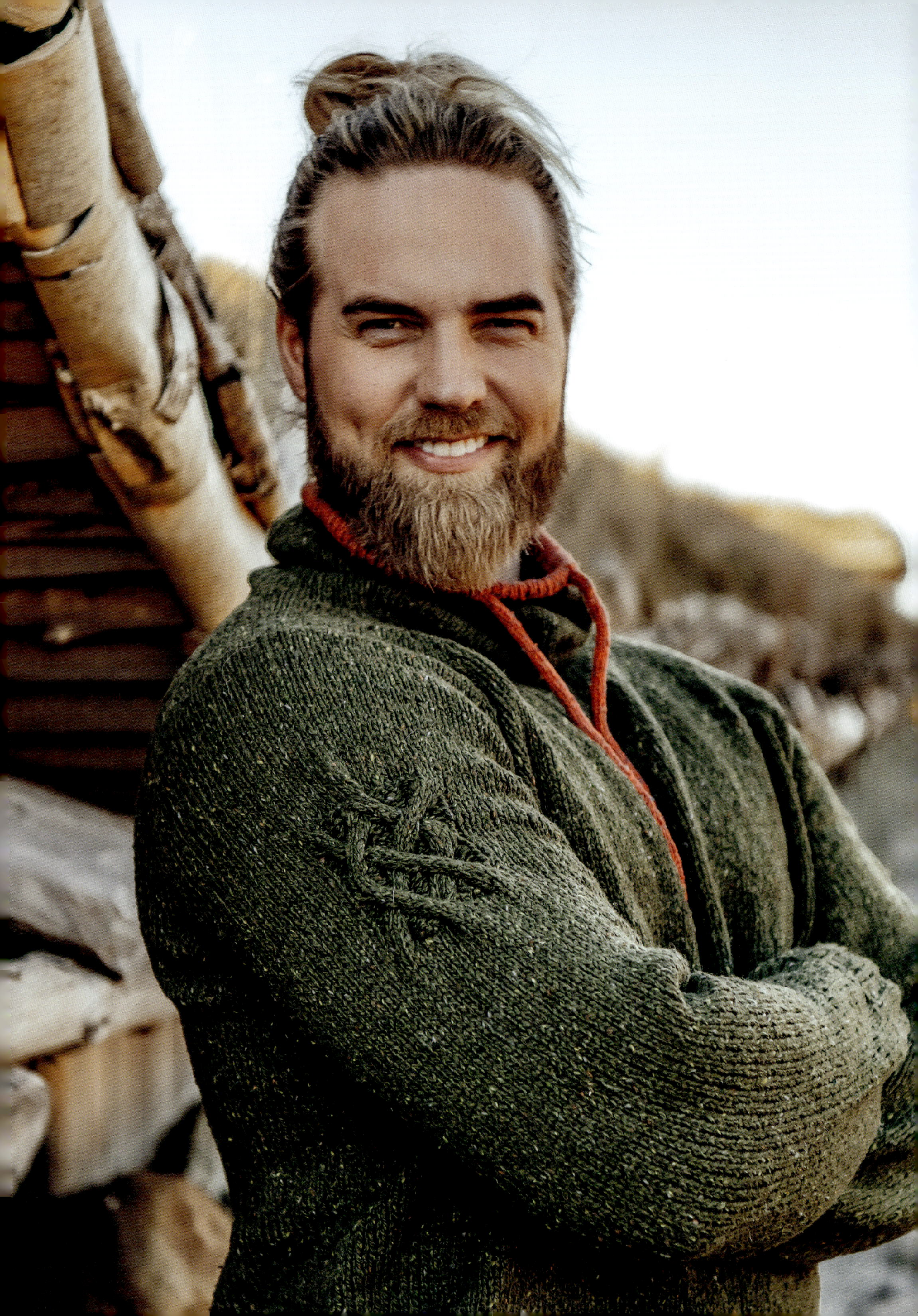

GLIMA

Glima nannten die Wikinger ihre uralte Tradition des Freistil-Ringens, bei dem sie in freundschaftlicher Absicht ihre Kräfte maßen. Dieser Pullover trägt sich auch gut beim Sport und bei körperlicher Arbeit.

SCHWIERIGKEITSGRAD 2

GRÖSSEN
S – M – L – XL – XXL – LASSE
Wähle die passende Größe nach den Maßangaben.

FERTIGMASSE
Oberweite ca. 95 – 102 – 109 – 116 – 124 – 124 cm
Gesamtlänge ca. 66 – 68 – 70 – 72 – 74 – 76 cm
Ärmellänge ca. 50 – 50 – 52 – 52 – 53 – 53 cm

MATERIAL
Gann Garn Tweed (80 % Wolle, 20 % Polyamid, ca. 112 m/50 g) in Army-Grün (Fb 904) (Fb 1), 500 g – 550 g – 600 g – 650 g – 700 g – 700 g,
und in Rost (Fb 903) (Fb 2), 50 g für alle Größen
Lange und kurze Rundstricknadel und Nadelspiel 4,0 und 5,0 mm

MASCHENPROBE
Glatt rechts mit Nd 5,0 mm
17 M und 22 Rd = ca. 10 cm x 10 cm
Beachte, dass die Maschenprobe stimmen muss, damit Du mit dem Ergebnis zufrieden bist. Stricke zunächst ein Probestück und zähle die Zahl der Maschen auf 10 cm. Wenn Du mehr Maschen hast als angegeben, nimm eine größere Nadelstärke. Hast Du weniger Maschen, nimm dünnere Nadeln.

VORDER- UND RÜCKENTEIL
160 – 176 – 188 – 200 – 216 – 216 M mit Nd 4,0 mm anschl. Für alle Größen 6 cm im Bündchenmuster (2 M rechts, 2 M links) in Rd str. Zu Nd 5,0 mm wechseln. Auf beiden Seiten nach je 80 – 88 – 94 – 100 – 108 – 108 M für das Vorder- und das Rückenteil M-Markierer setzen. Dann glatt rechts in Rd str, bis die Arbeit ca. 48 – 49 – 50 – 51 – 52 – 54 cm misst. Nun auf beiden Seiten 12 M abketten, jeweils 6 M auf beiden Seiten des M-Markierers. Die Arbeit zur Seite legen und die Ärmel str.

ÄRMEL

36 – 36 – 40 – 40 – 44 – 44 M mit Nd 4,0 mm anschl. Für alle Größen 6 cm im Bündchenmuster (2 M rechts, 2 M links) in Rd str. Zu Nd 5,0 mm wechseln, 1 Rd glatt rechts str und dabei gleichzeitig gleichmäßig verteilt 12 – 12 – 10 – 10 – 10 – 10 M zunehmen (= 48 – 48 – 50 – 50 – 54 – 54 M). An den Anfang der Rd einen M-Markierer setzen (= Unterarm-Mitte). Dann glatt rechts in Rd weiterstr. Gleichzeitig 1 M an jeder Seite des M-Markierers zunehmen. Diese Zunahmen ca. alle 6 – 5,5 – 5 – 4 – 4,5 – 4,5 cm wiederholen. Wenn die Arbeit ca. 41 – 41 – 43 – 43 – 44 – 44 cm misst, das Muster wie folgt str: Bis zu den mittleren 16 M der Rd str, diese M glatt rechts str und dabei gleichzeitig 8 M gleichmäßig verteilt zunehmen (= 24 M), dann die Rd glatt rechts bis zum Ende str. Weiter nun das Muster über die 24 M nach der Strickschrift str, die beiden Seiten weiter glatt rechts str. Die Zunahmen an der Unterarm-Mitte insgesamt 7 – 8 – 9 – 11 – 10 – 10x str. Wenn das Muster beendet ist, die 8 M über den Mustermaschen wieder abnehmen, indem an den entsprechenden Stellen jeweils 2 M rechts zusammengestrickt werden (= 16 M). Den Ärmel weiter bis zur angegebenen oder gewünschten Länge str. Insgesamt sind es nun 62 – 64 – 68 – 72 – 74 – 74 M. In der letzten Rd 12 M an der Unterarm-Mitte abketten, jeweils 6 M auf jeder Seite des M-Markierers. Die Arbeit zur Seite legen und den zweiten Ärmel ebenso str.

RAGLAN

Alle Teile auf eine Rundstricknd 5,0 mm setzen, dabei jeweils einen Ärmel mit der Abkettkante zwischen Vorder- und Rückenteil (= 236 – 256 – 276 – 296 – 316 – 316 M). 1 Rd glatt rechts über alle M str. Die Rd beginnt hinten an der rechten Schulter. Dort, wo sich die Teile treffen, 4 M-Markierer setzen. Nun bis 3 M vor dem Markierer str, 1 M locker abheben, 1 M rechts str, die abgehobene M locker überziehen, 2 M rechts str, 2 M rechts zusammenstr. Auf diese Art an allen vier Markierern abnehmen (= 8 M Abnahme). In jeder 2. Rd abnehmen, bis es insgesamt 17 – 19 – 22 – 24 – 26 – 26 Raglanabnahmen sind. Dann die mittleren 10 – 14 – 14 – 16 – 20 – 20 M des Vorderteils für den Halsausschnitt abnehmen. Die Rd beenden. Den Faden abschneiden und vorn am Halsausschnitt neu ansetzen. Nun in Hin- und Rückr glatt rechts weiterstr. Gleichzeitig für den Halsausschnitt in jeder 2. R auf beiden Seiten 1x 4 M, 1x 2 M und 1x 1 M in allen Größen abnehmen. Weiterstr, bis es insgesamt 21 – 23 – 26 – 28 – 30 – 30 Raglanabnahmen am Rückenteil sind (= 64 – 68 – 64 – 66 – 66 – 66 M). Dann den Halsausschnitt str.

HALSAUSSCHNITT

Mit Nd 5,0 mm ca. 28 – 32 – 36 – 36 – 38 – 38 M vorn am Halsausschnitt aufnehmen (= insgesamt ca. 92 – 100 – 100 – 102 – 104 – 104 M). Dann 20 cm in Rd glatt rechts str. Zu Nd 4,0 mm und Fb 2 wechseln. 2 Rd glatt rechts str. Die Löcher für den Durchzug der Kordel str: Einen M-Markierer in der vorderen Mitte setzen und davon ca. 3 cm entfernt auf jeder Seite jeweils einen weiteren M-Markierer setzen. An diesen beiden Markierern jeweils ein Loch str, indem 2 M rechts zusammengestrickt werden, dann 1 Umschlag. Weiter 2,5 cm glatt rechts str.
Locker im Muster abketten. Zum Schluss den Halsausschnitt nach innen umschlagen und locker annähen, die Löcher zeigen dabei zur Außenseite.

KORDEL

4 M mit Fb 2 mit Nd 4,0 mm anschl und wie folgt rund str: * 4 M rechts str, die M auf die linke Nd schieben, den Faden auf der Rückseite stramm anziehen und 4 M rechts str. * Von * bis * wiederholen, bis die Kordel ca. 90 cm lang ist. Abketten. Eine Sicherheitsnadel an einem Ende der Schnur befestigen und die Schnur vom einen Durchzugsloch am Halsausschnitt zum anderen durchziehen.

FERTIGSTELLEN

Ärmelöffnungen schließen und alle Fäden auf der Innenseite vernähen.

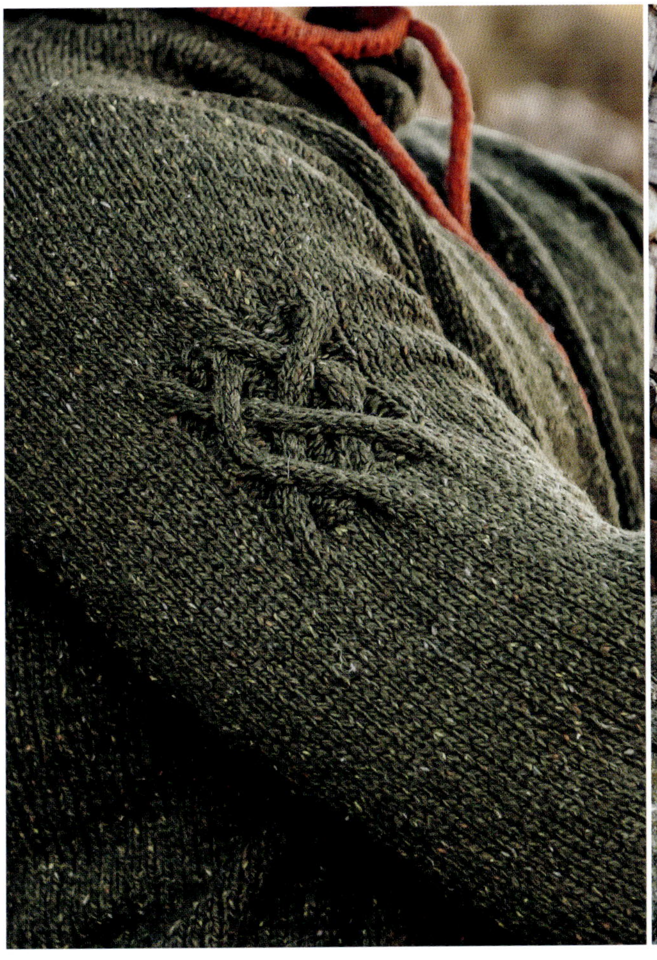

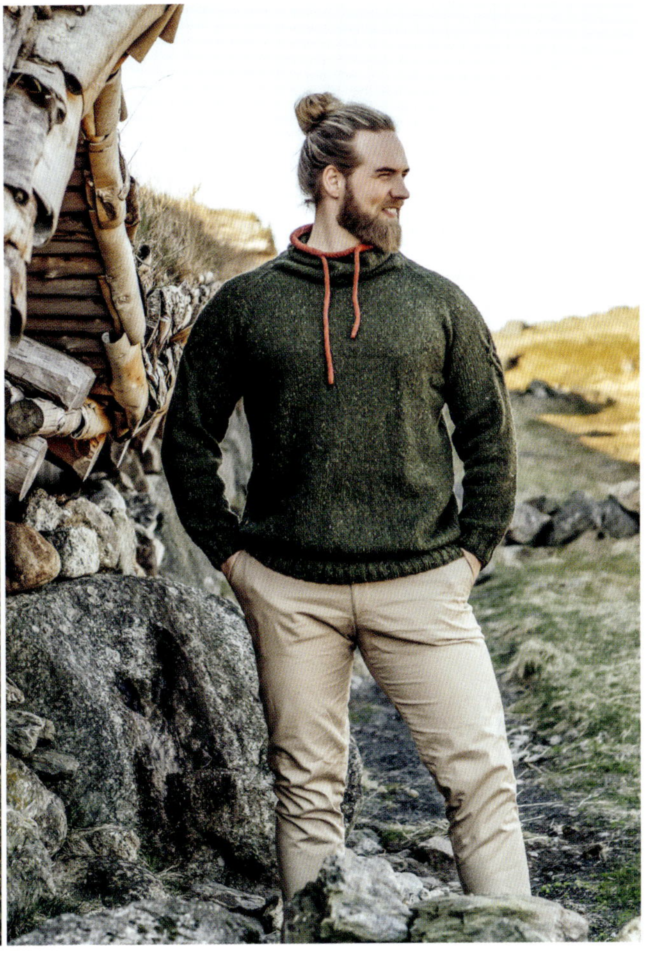

STRICKSCHRIFT

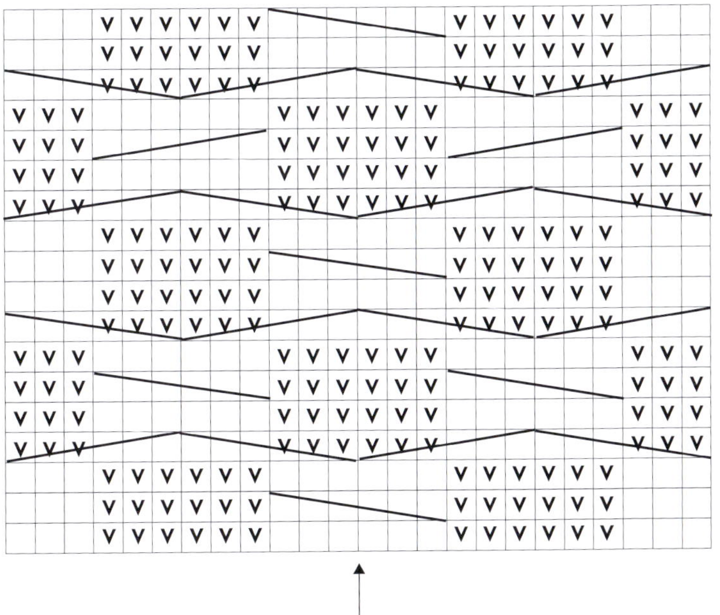

Ärmelmitte

- In Hinr rechts, in Rückr links str
- V In Hinr links, in Rückr rechts str
- 3 M auf einer Hilfsnd vor die Arbeit legen, 3 M rechts, die M der Hilfsnd rechts str.
- 3 M auf einer Hilfsnd hinter die Arbeit legen, 3 M rechts, die M der Hilfsnd rechts str.
- 3 M auf einer Hilfsnd vor die Arbeit legen, 3 M links, die M der Hilfsnd rechts str.
- 3 M auf einer Hilfsnd hinter die Arbeit legen, 3 M rechts, die M der Hilfsnd links str.

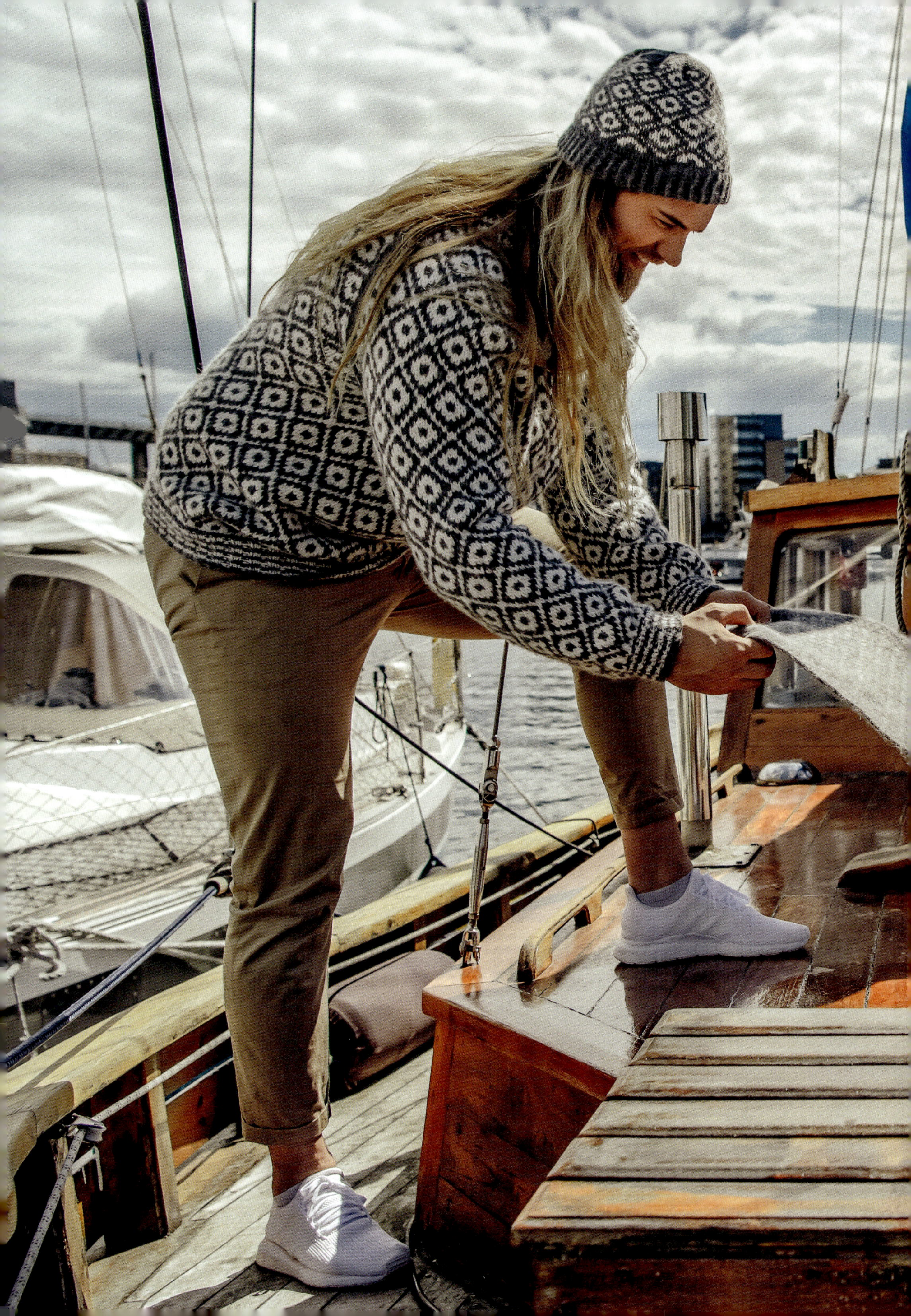

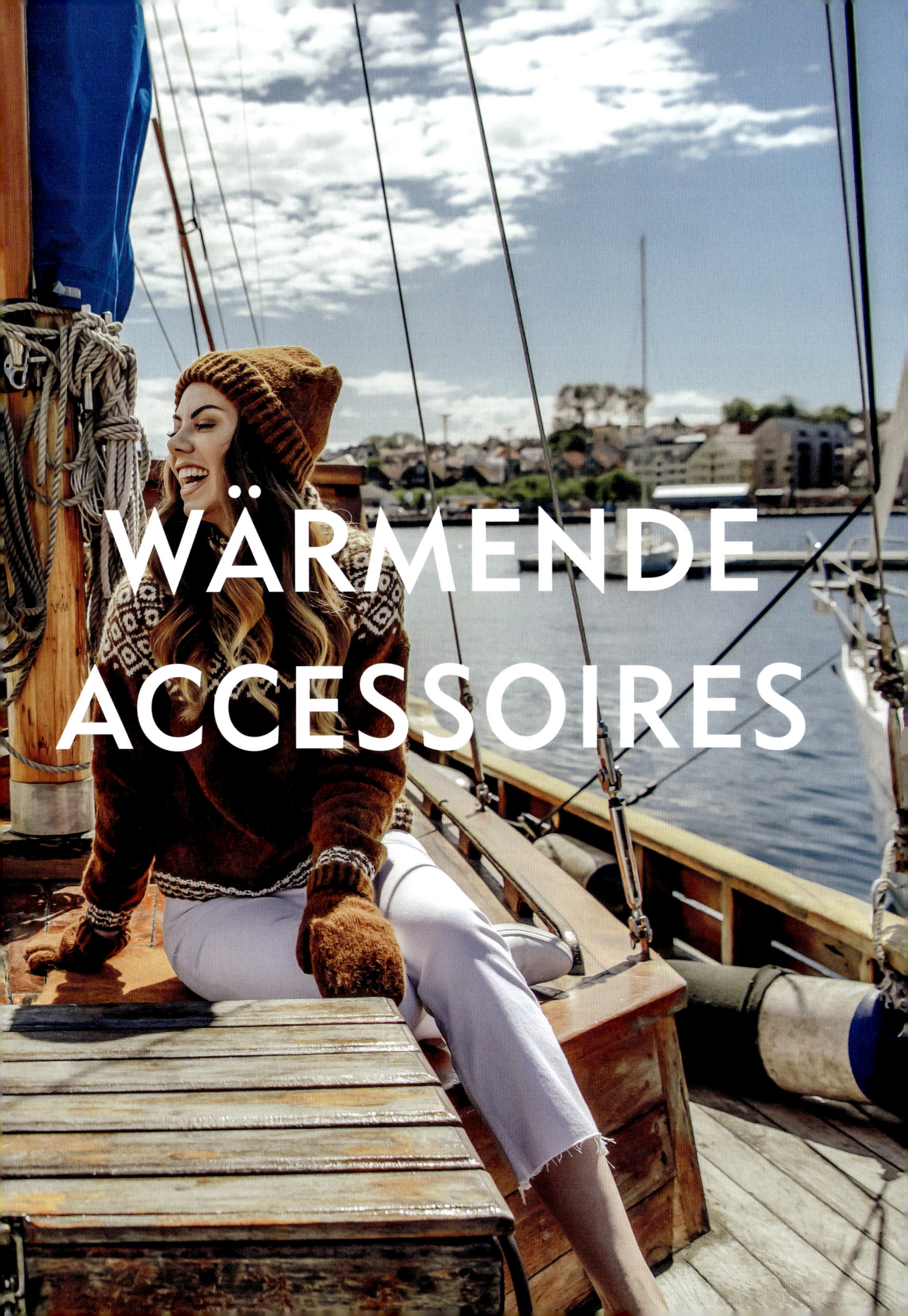

WÄRMENDE ACCESSOIRES

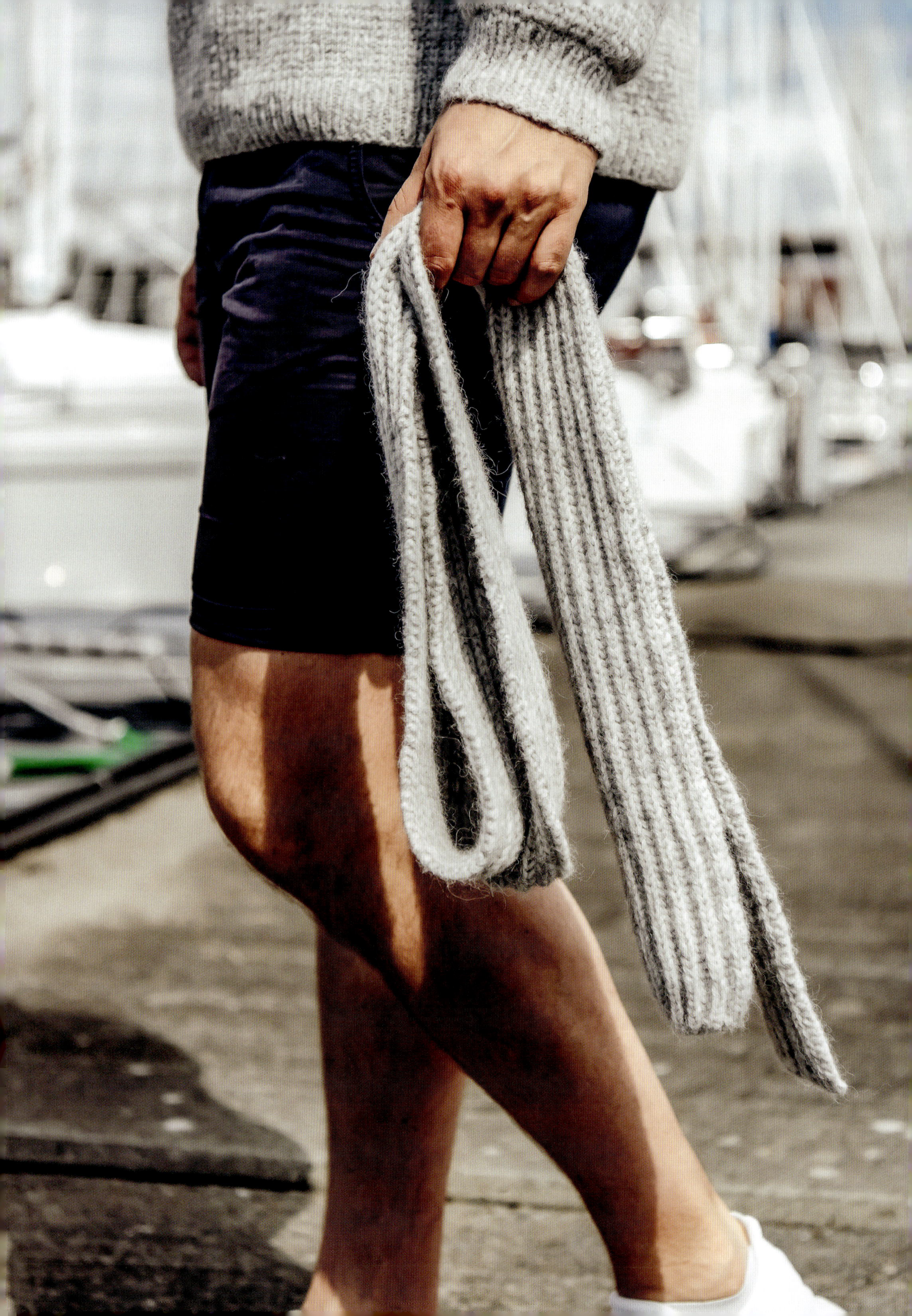

STREIFENSCHAL

Ein Schal, der wohlig wärmt und ein superleichtes Strickprojekt für Anfänger ist. Wenn Du dich gern in einen langen Schal einwickelst, dann strick ihn einfach doppelt so lang und breit.

SCHWIERIGKEITSGRAD 1

GRÖSSE
Ca. 18 cm x 180 cm

MATERIAL
Gann Garn Sky (62 % Babyalpaka, 16 % Acryl, 22 % Nylon, ca. 150 m/50 g) in Grau meliert (Fb 607), 150 g
Rundstricknadel 6,0 mm

MASCHENPROBE
Im Patentmuster mit Nd 6,0 mm
13 M = ca. 10 cm
Beachte, dass die Maschenprobe stimmen muss, damit Du mit dem Ergebnis zufrieden bist. Stricke zunächst ein Probestück und zähle die Zahl der Maschen auf 10 cm. Wenn Du mehr Maschen hast als angegeben, nimm eine größere Nadelstärke. Hast Du weniger Maschen, nimm dünnere Nadeln.

Patentmuster in Hin- und Rückr
1. R (Hinr): 1 M rechts (= Rand-M), * 1 M mit 1 Umschlag wie zum Linksstr abheben, die Patent-M rechts str *, von * bis * wiederholen, bis noch 2 M auf der Nd sind, 1 M mit 1 Umschlag wie zum Linksstr abheben, 1 M rechts (= Rand-M).
2. R (Rückr): 1 M rechts (= Rand-M), * die Patent-M rechts str, 1 M mit 1 Umschlag wie zum Linksstr abheben *, von * bis * wiederholen bis noch 2 M auf der Nd sind, die Patent-M rechts str, 1 M rechts (= Rand-M).

ANLEITUNG
Mit elastischem Anschlag 23 M mit Nd 6,0 mm anschl. (Anleitungen für einen elastischen Anschlag findet man im Internet.)
Grund-R: 1 M rechts (= Rand-M), * 1 M re, 1 M mit 1 Umschlag wie zum Linksstr abheben (= Patent-M) *, von * bis * wiederholen, bis noch 2 M auf der Nd sind, 1 M rechts, 1 M rechts (= Rand-M)
Dann weiter im Patentmuster in Hin- und Rückr str, bis die Arbeit ca. 180 cm lang ist oder die gewünschte Länge hat.
Dann noch 1 R als Hinr str: 1 Rand-M, * 1 M links, 1 M rechts *, von * bis * wiederholen, bis noch 2 M auf der Nd sind, 1 M rechts, 1 Rand-M.
Zum Schluss elastisch abketten.

Elastisches Abketten
Rechte M: 1 Umschlag von vorne nach hinten, 1 M rechts, den Umschlag mit der vorherigen M über die rechte M ziehen.
Linke M: 1 Umschlag von hinten nach vorne, 1 M links, den Umschlag mit der vorherigen M über die linke M ziehen.
Im Internet findet man auch Tutorials zum elastischen Abketten.

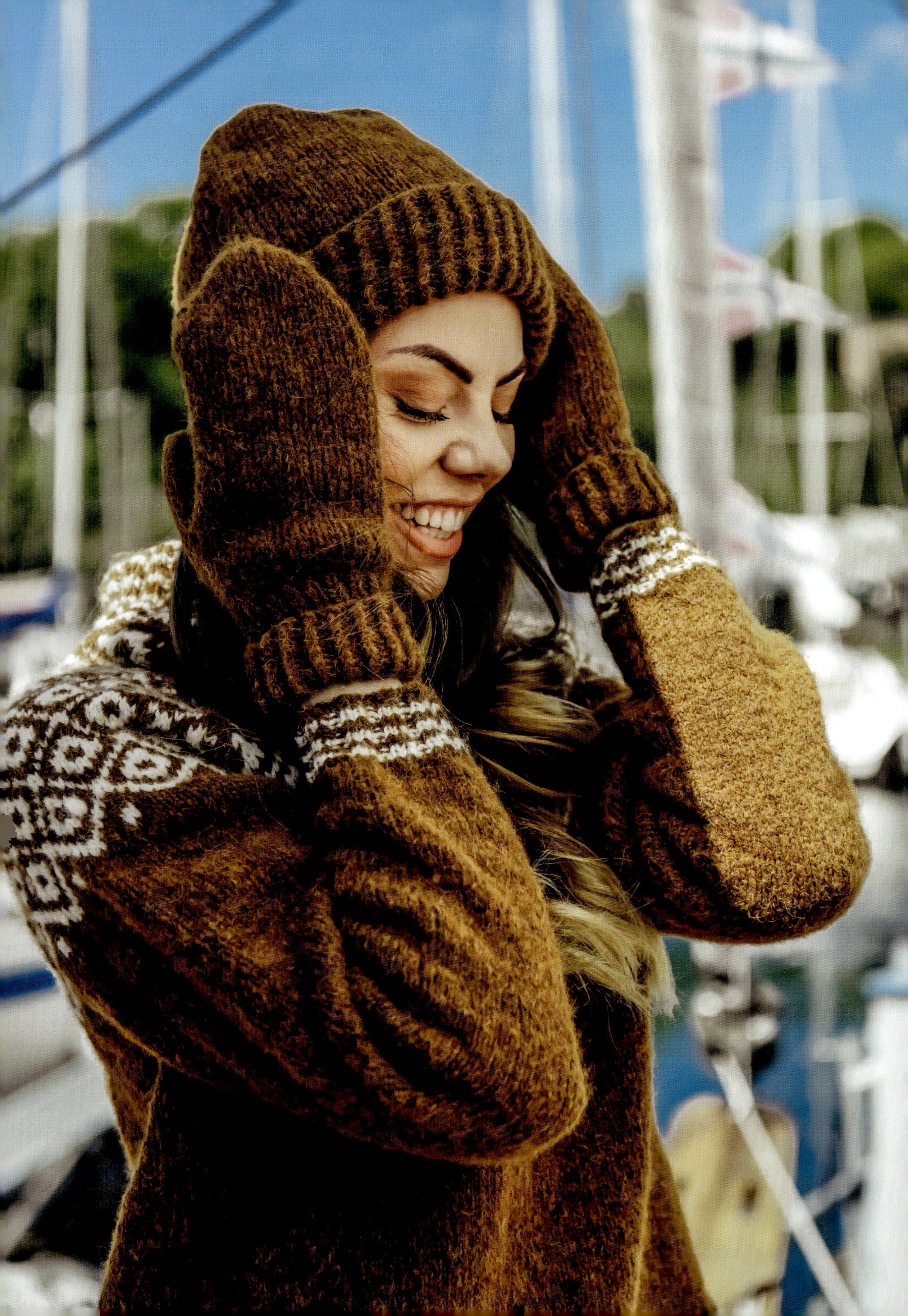

MÜTZE UND HANDSCHUHE

MIT UMSCHLAG

Eine herrlich warme Mütze mit passenden Handschuhen, die Du in allen Farben stricken kannst. Für uns im hohen Norden ist es ein echtes *must have*! Für Strick-Anfänger ideal geeignet.

SCHWIERIGKEITSGRAD 1

GRÖSSEN
2/4 – 6/8 – 10/12 Jahre – Damen – Herren
Wähle die passende Größe nach den Maßangaben.

FERTIGMASSE
Umfang der Mütze ca. 43 – 46 – 48 – 50 – 52 cm

MATERIAL
Gann Garn Sky (62 % Babyalpaka, 16 % Acryl, 22 % Nylon, ca. 150 m/50 g) in Cognac (Fb 604) (Damenmütze), 100 g – 100 g – 100 g – 150 g – 150 g
Gann Garn Tweed (80 % Wolle, 20 % Polyamid, ca. 112 m/50 g) in Graubraun (Fb 911) (Herrenmütze), 100 g – 100 g – 100 g – 150 g – 150 g
Lange und kurze Rundstricknadel und Nadelspiel 5,0 und 6,0 mm

MASCHENPROBE
Glatt rechts mit Nd 6,0 mm
17 M = ca. 10 cm
Beachte, dass die Maschenprobe stimmen muss, damit Du mit dem Ergebnis zufrieden bist. Stricke zunächst ein Probestück und zähle die Zahl der Maschen auf 10 cm. Wenn Du mehr Maschen hast als angegeben, nimm eine größere Nadelstärke. Hast Du weniger Maschen, nimm dünnere Nadeln.

MÜTZE

72 – 78 – 84 – 84 – 90 M mit Nd 5,0 mm anschl.
10 – 10 – 12 – 12 – 12 cm im Bündchenmuster (1 M rechts, 1 M links) in Rd str. Später wird das Bündchen dann doppelt umgeschlagen. Deshalb rechnen wir die Länge der Arbeit nun von einer halben Bündchenlänge aus. Zu Nd 6,0 mm wechseln und in Rd weiter glatt rechts str, bis die Arbeit ca. 16 – 18 – 18 – 21 – 23 cm lang ist, gemessen von der Umschlagkante des Bündchens.
Dann in jeder 2. Rd abnehmen: 4 M rechts, 2 M rechts zusammenstr über die gesamte Rd. Danach eine Rd ohne Abnahmen str. In der nächsten Abnahme-Rd dann 3 M rechts, 2 M rechts zusammenstr über die gesamte Rd. So bei jeder weiteren Abnahme-Rd eine M weniger zwischen den Abnahmen str, bis es noch 12 – 13 – 14 – 14 – 15 M in der Rd sind.
Den Faden abschneiden und durch die restlichen M ziehen, gut anziehen und sorgfältig auf der Innenseite vernähen. Eventuell noch eine Bommel anfertigen und oben annähen.

LINKER HANDSCHUH

30 – 34 – 34 – 36 – 38 M mit Nd 5,0 mm anschl.
10 – 10 – 12 – 12 – 12 cm im Bündchenmuster (1 M rechts, 1 M links) in Rd. Später wird das Bündchen dann doppelt umgeschlagen. Deshalb rechnen wir die Länge der Arbeit nun von einer halben Bündchenlänge aus. Zu Nd 6,0 mm wechseln und ca. 3 – 4 – 4 – 5 – 5 cm in Rd glatt rechts str. Nach jeweils 15 – 17 – 17 – 18 – 19 M einen M-Markierer für Vorder-, bzw. Rückseite setzen. Dann eine Markierung für die Daumenöffnung wie folgt str: Am M-Markierer beginnen. 10 – 10 – 10 – 10 – 10 M glatt rechts str, dann 4 – 6 – 6 – 7 – 8 M für die Daumenöffnung mit einer Kontrastfarbe str, danach die restlichen 16 – 18 – 18 – 19 – 20 M in der Grundfarbe glatt rechts str.
Nun in Rd glatt rechts über alle M weiterstr, bis der Handschuh ca. 15 – 17 – 20 – 22 – 24 cm lang ist, gemessen von der Umschlagkante des Bündchens, oder bis noch ca. 3 cm zur vollständigen Länge fehlen – eventuell den Handschuh anprobieren und bis zur gewünschten Länge str.
An den M-Markierern auf jeder Seite abnehmen: Bis 2 M vor dem Markierer rechts str, 1 M locker abheben, 1 M rechts, die abgehobenen M locker überziehen, 2 M rechts zusammenstr. So in jeder 2. Rd insgesamt 4x abnehmen, dann weiter in jeder Rd abnehmen, bis noch 6 – 6 – 6 – 8 – 6 M übrig sind.
Den Faden abschneiden und durch die restlichen M ziehen, gut anziehen und sorgfältig auf der Innenseite vernähen.

DAUMEN

Den zur Markierung der Daumenöffnung eingestrickten Faden über die 4 – 6 – 6 – 7 – 8 M herausziehen und die M auf Nd 6,0 mm setzen. Zusätzlich noch 2 M auf beiden Seiten des Daumenschlitzes aufnehmen (= 10 – 14 – 14 – 16 – 18 M). Dann glatt rechts über alle M str, bis der Daumen ca. 3,5 – 4 – 5 – 5,5 – 6 cm lang ist, eventuell den Handschuh anprobieren und den Daumen bis zur gewünschten Länge str.
Nun immer zwei M rechts zusammenstr (= 5 – 7 – 7 – 8 – 9 M). Noch einmal über eine Rd immer 2 M rechts zusammenstr (= 3 – 4 – 4 – 4 – 5 M). Den Faden abschneiden, durch die verbliebenen M ziehen und auf der Innenseite sorgfältig vernähen.

RECHTER HANDSCHUH

Den rechten Handschuh ebenso wie den linken str, aber den Daumen auf der entgegengesetzten Seite arbeiten.

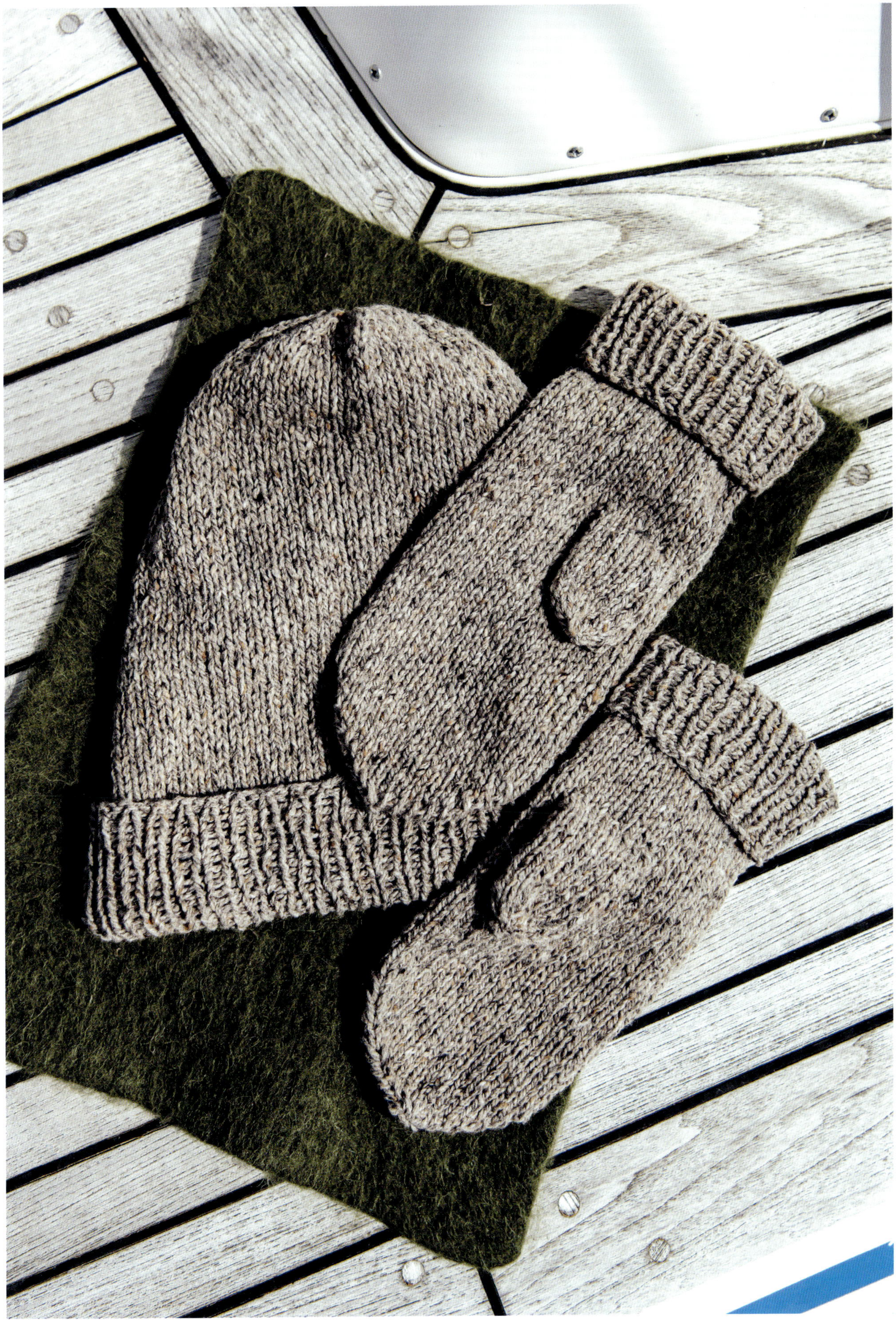

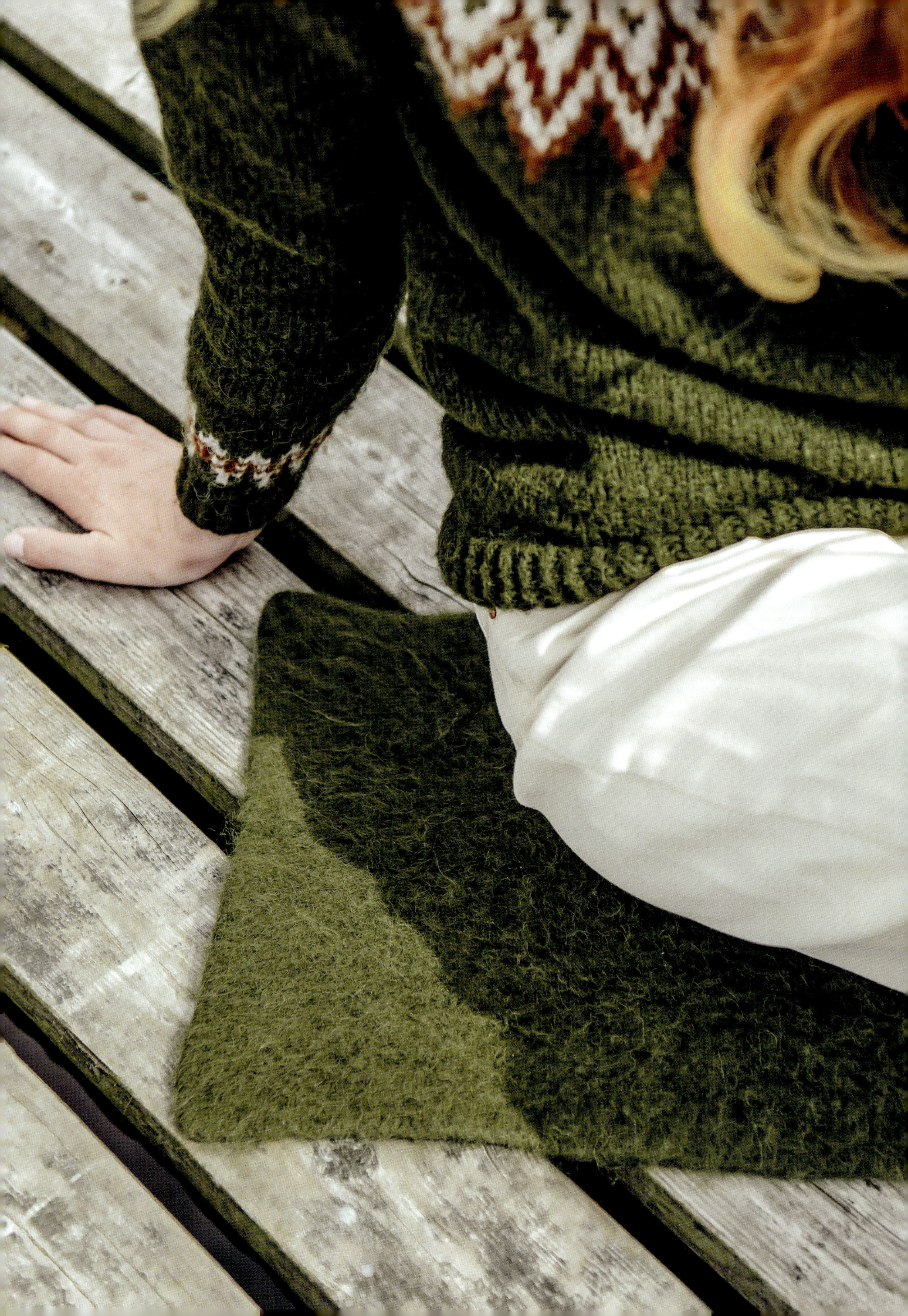

RAST

SITZUNTERLAGE

Unsere Sitzunterlage mit dem schönen Namen *Rast* sollte eigentlich in jedem Rucksack stecken. Sie wird erst gestrickt, dann in der Waschmaschine gefilzt und garantiert bei jeder Wanderung einen behaglichen Komfort für die Verschnaufpause.

SCHWIERIGKEITSGRAD 1

GRÖSSEN

Vor dem Filzen ca. 58 x 50 cm
Fertig gefilzt ca. 40 x 35 cm

MATERIAL

Gann Garn Sky (62 % Babyalpaka, 16 % Acryl, 22 % Nylon, ca. 150 m/50 g) in Dunkles Moosgrün (Fb 611), 150 g
Rundstricknadel 6,0 mm

MASCHENPROBE

Kraus rechts mit Nd 6,0 mm
17 M = ca. 10 cm
Beachte, dass die Maschenprobe stimmen muss, damit Du mit dem Ergebnis zufrieden bist. Stricke zunächst ein Probestück und zähle die Zahl der Maschen auf 10 cm. Wenn Du mehr Maschen hast als angegeben, nimm eine größere Nadelstärke. Hast Du weniger Maschen, nimm dünnere Nadeln.

ANLEITUNG

98 M mit Nd 6,0 mm anschl.
In Hin- und Rückr kraus rechts str, bis die Arbeit ca. 50 cm misst.
Dann wie folgt abketten: 2 M rechts, die erste M über die zweite ziehen. * 1 M rechts, die vorherige M überziehen (= 1 M abgekettet) *, von * bis * wiederholen bis zum Ende der R. Den Faden abschneiden und durch die letzte M ziehen.
Alle Fäden sorgfältig vernähen.

FILZEN

Die Arbeit in der Waschmaschine mit einem Kurzprogramm auf 40 Grad mit normalem Waschmittel waschen.
Danach die Sitzunterlage in Form ziehen und flach zum Trocknen auslegen.

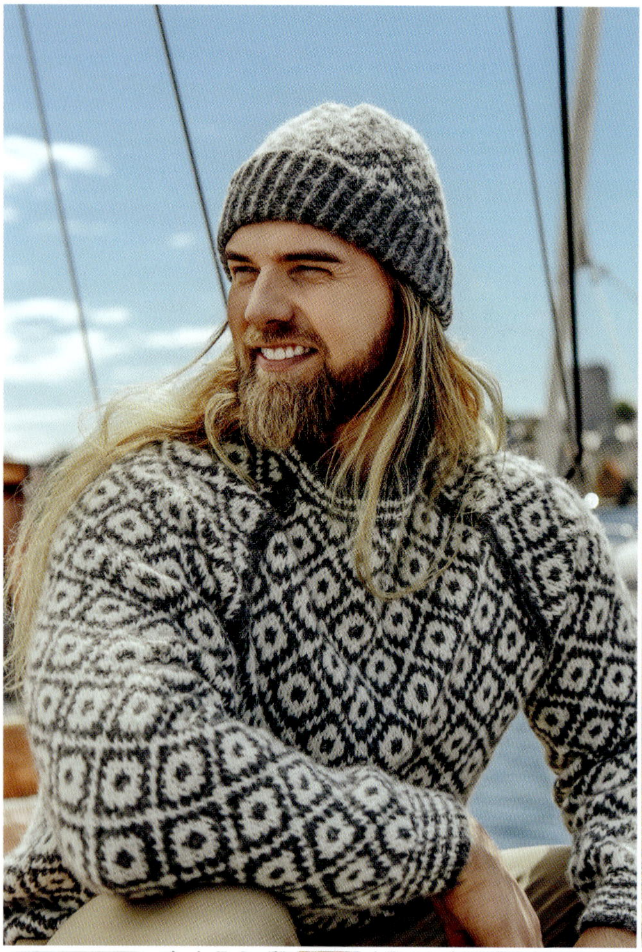

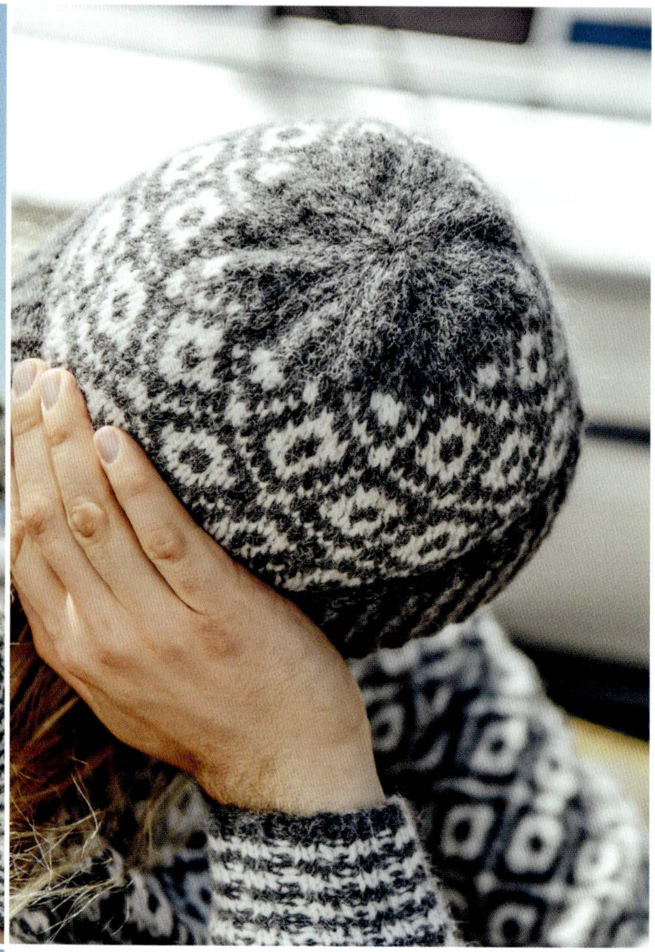

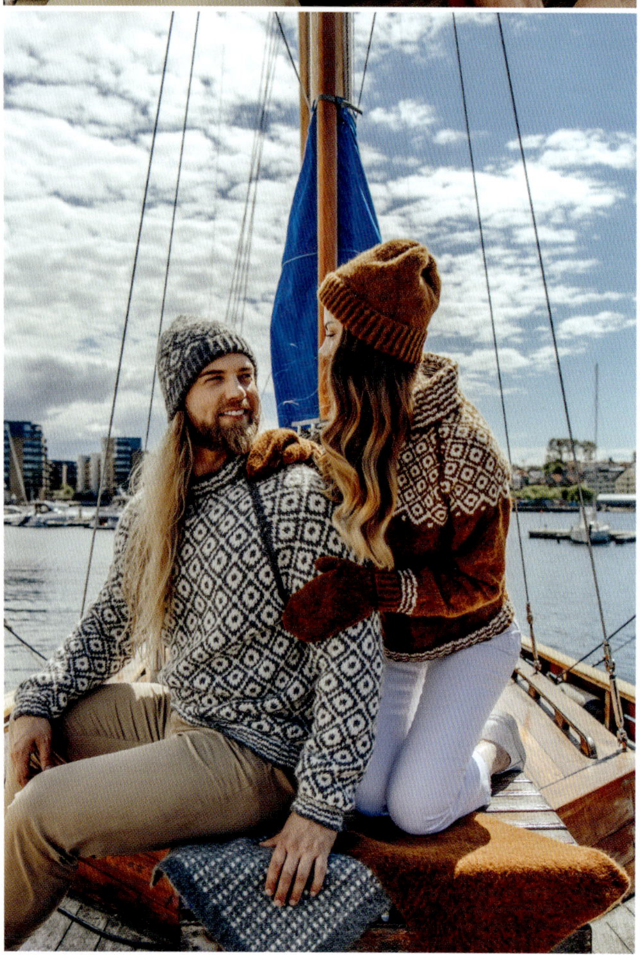

STRICKSCHRIFT

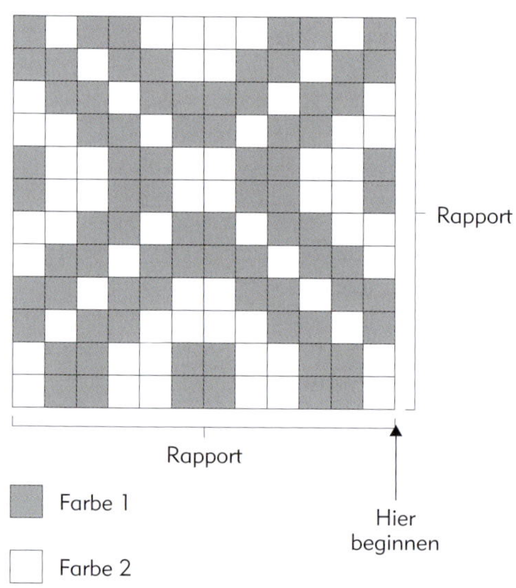

WINDBÖEN-MÜTZE

Wer es gern passend mag, trägt zum Pullover auf S. 75 auch die passende warme Kopfbedeckung.

SCHWIERIGKEITSGRAD 2

GRÖSSEN

2/4 – 6/8 – 10/12 Jahre – Damen – Herren

FERTIGMASSE

Umfang der Mütze ca. 41 – 44 – 46 – 51 – 55 cm

MATERIAL

Gann Garn Sky (62 % Babyalpaka, 16 % Acryl, 22 % Nylon, ca. 150 m/50 g) in Grau meliert (Fb 607) (Fb 1) und in Natur (Fb 601) (Fb 2), je 50 g
Lange und kurze Rundstricknadel und Nadelspiel 5,0 und 6,0 mm

MASCHENPROBE

Im Muster mit Nd 6,0 mm
19 M = ca. 10 cm
Beachte, dass die Maschenprobe stimmen muss, damit Du mit dem Ergebnis zufrieden bist. Stricke zunächst ein Probestück und zähle die Zahl der Maschen auf 10 cm. Wenn Du mehr Maschen hast als angegeben, nimm eine größere Nadelstärke. Hast Du weniger Maschen, nimm dünnere Nadeln.

TIPP: Für ein schönes Erscheinungsbild des Musters mit zwei oder mehreren Farben hält man die Fäden immer in derselben Position hinter der Arbeit. Lege beispielsweise die Grundfarbe ganz innen an den Finger und die Musterfarbe ganz außen.

ANLEITUNG

Mit Fb 1 78 – 84 – 88 – 96 – 104 M mit Nd 5,0 mm anschl. 10 – 10 – 12 – 12 – 12 cm im Bündchenmuster (1 M rechts, 1 M links) in Rd str. Zu Nd 6,0 mm wechseln. 1 Rd rechte M str und dabei gleichzeitig gleichmäßig verteilt 6 – 0 – 8 – 0 – 4 M zunehmen (= 84 – 84 – 96 – 96 – 108 M). Dann weiter in Rd glatt rechts nach der Strickschrift str, bis die Arbeit ca. 18 – 20 – 20 – 22 – 24 cm lang ist, gemessen am umgeschlagenen (= halben) Bündchen. Nun glatt rechts in Fb 1 ohne Muster weiterstr. In jeder 2. Rd abnehmen: * 4 M rechts, 2 M rechts zusammenstr *, von * bis * wiederholen. Dann 1 Rd ohne Abnahmen str. In der nächsten Rd dann * 3 M rechts, 2 M rechts zusammenstr *, von * bis * wiederholen. Auf diese Art in jeder 2. Rd jeweils 1 M weniger zwischen den Abnahmen str, bis es noch 14 – 14 – 16 – 16 – 18 M in der Rd sind. Den Faden abschneiden und durch die restlichen M ziehen. Gut anziehen und auf der Innenseite sorgfältig vernähen. Eventuell noch eine Bommel anfertigen und oben annähen.

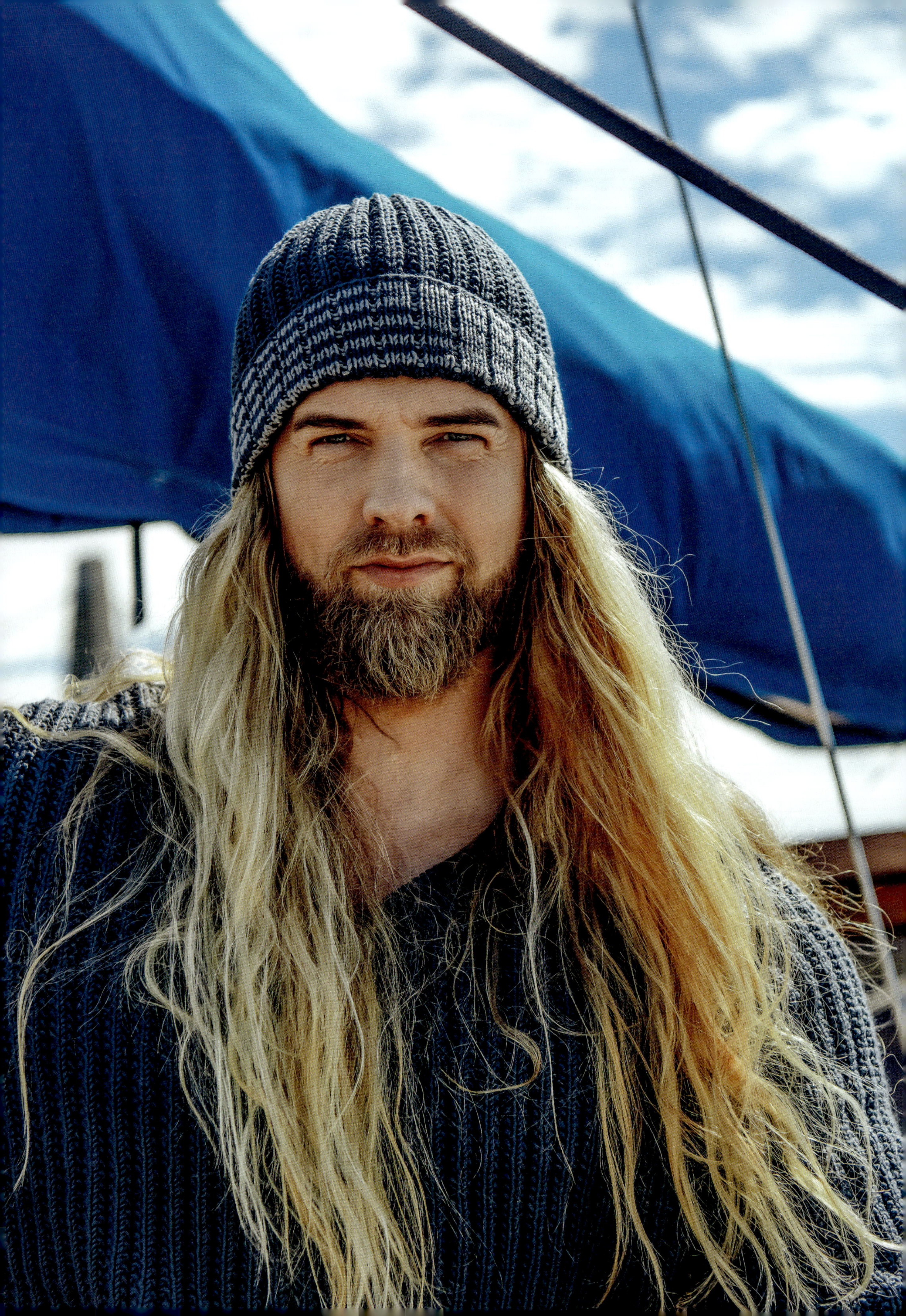

SEGELMÜTZE

Eine coole Mütze zum Segeln.

SCHWIERIGKEITSGRAD 2

GRÖSSE: ONE SIZE

MATERIAL

Gann Garn Myk Merino (100 % Merino, ca. 120 m/ 50 g) in Schiefer (Fb 707) (Fb 1), 100 g, und in Hellgrau (Fb 706) (Fb 2), 50 g
Rundstricknadel und Nadelspiel 3,5 und 4,0 mm

MASCHENPROBE

Im Rippenmuster mit Nd 4,0 mm
26 M = ca. 10 cm
Beachte, dass die Maschenprobe stimmen muss, damit Du mit dem Ergebnis zufrieden bist. Stricke zunächst ein Probestück und zähle die Zahl der Maschen auf 10 cm. Wenn Du mehr Maschen hast als angegeben, nimm eine größere Nadelstärke. Hast Du weniger Maschen, nimm dünnere Nadeln.

ANLEITUNG

120 M in Fb 1 auf der Rundnd 4,0 mm anschl.
Ca. 6 cm im Bündchenmuster (3 M rechts, 1 M links) in Rd mit Streifenmuster str (s. S. 175).
Die Arbeit auf links drehen. Nun ca. 21 cm mit Fb 1 nach der Strickschrift str und dabei auf die Zeichen für den Rd-Beginn in der Strickschrift achten.
An der Spitze wie folgt abnehmen: In der 1. oder 3. Rd der Strickschrift beginnen. * 1 M links, 2 M rechts zusammenstr, 1 M rechts *, von * bis * stets wiederholen (= 90 M). Zwei Rd mit 1 M links, 2 M rechts str. In der nächsten Rd wie folgt abnehmen: * 1 M links, 2 rechts zusammenstr *, von * bis * stets wiederholen (= 60 M). Zwei Rd mit 1 M links, 1 M rechts str. Dann in der gesamten Rd jeweils 2 M rechts zusammenstr (= 30 M). 1 Rd rechts, in der nächste Rd wieder jeweils 2 M rechts zusammenstr (= 15 M). Den Faden abschneiden, durch die restlichen M ziehen und gut vernähen.
Den gestreiften Rand des Bündchens nach außen umschlagen.

STRICKSCHRIFT

V	V	V		V	V	V	
	V				V		
V	V	V		V	V	V	
	V				V		

Rapport

Rapport

Hier beginnen, nachdem die Mütze gedreht wurde.

☐ In Hinr rechts, in Rückr links str

V In Hinr links, in Rückr rechts str

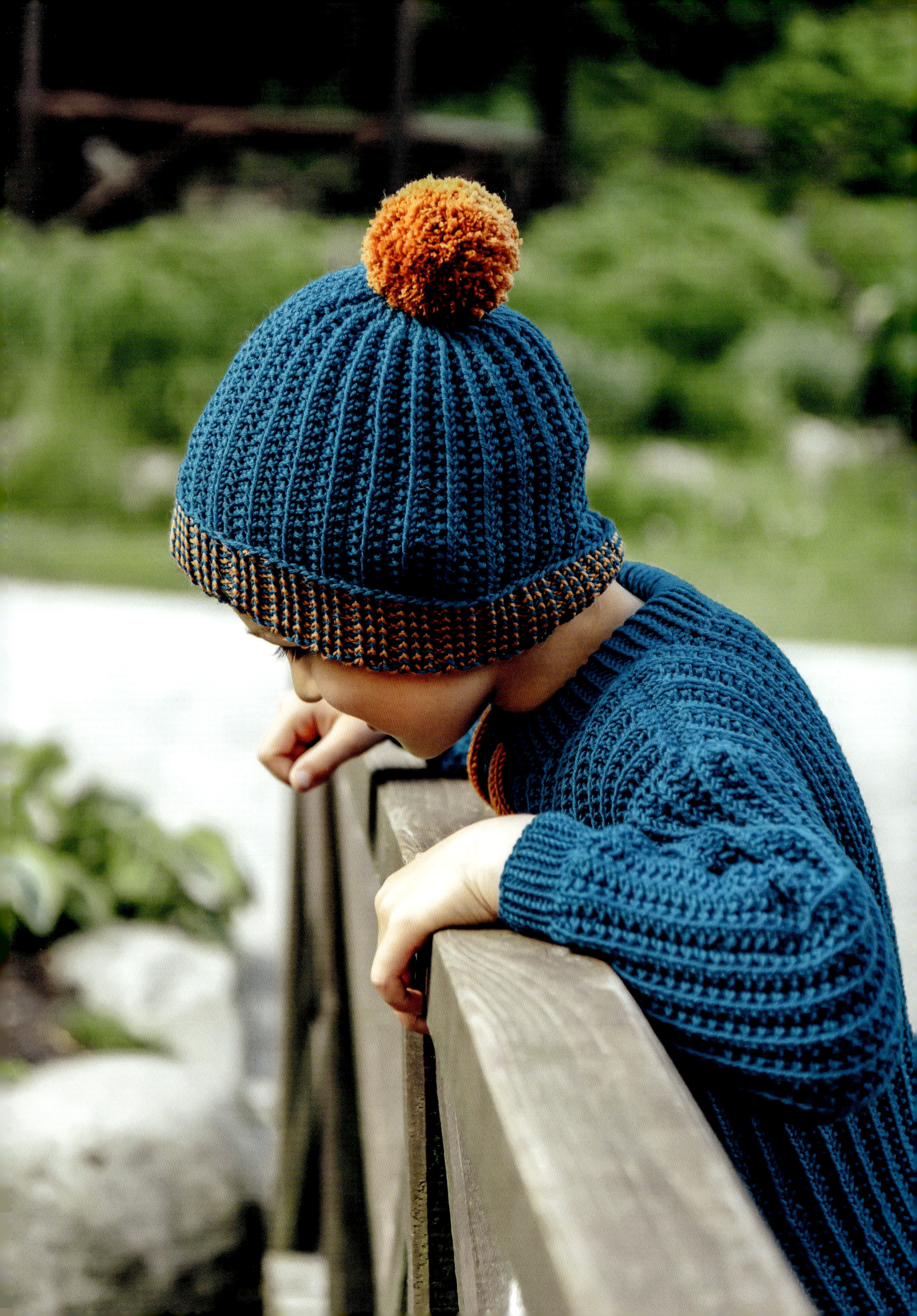

SEGELMÜTZE

FÜR KINDER

SCHWIERIGKEITSGRAD 2

GRÖSSEN
2/4 – 6/8 – 10/12 Jahre

MATERIAL
Gann Garn Myk Merino (100 % Merino, ca. 120 m/ 50 g) in Blau (Fb 714) (Fb 1), 50 g – 100 g – 100 g, und in Karamell (Fb 704) (Fb 2), 50 g für alle Größen
Rundstricknadel und Nadelspiel 4,0 und 4,5 mm
Optional: 1 Bommel (in Fb 2), Durchmesser ca. 6 – 7 – 8 cm

MASCHENPROBE
Im Muster mit Nd 4,5 mm
25 M = ca. 10 cm
Beachte, dass die Maschenprobe stimmen muss, damit Du mit dem Ergebnis zufrieden bist. Stricke zunächst ein Probestück und zähle die Zahl der Maschen auf 10 cm. Wenn Du mehr Maschen hast als angegeben, nimm eine größere Nadelstärke. Hast Du weniger Maschen, nimm dünnere Nadeln.

STREIFENMUSTER
* 1 Rd in Fb 1, 1 Rd in Fb 2 *, von * bis * wiederholen und mit 1 Rd in Fb 2 enden.
Der M-Anschlag zählt als 1. Rd.

ANLEITUNG
100 – 108 – 116 M in Fb 1 mit Nd 4,5 mm anschl. 4 – 5 – 5 cm im Bündchenmuster (3 M rechts, 1 M links) mit Streifenmuster in Rd str. Die Arbeit auf links drehen. Nun ca. 17 – 18 – 19 cm mit Fb 1 nach der Strickschrift str und dabei auf die Zeichen für den Rd-Beginn achten.

Für die Spitze wie folgt abnehmen: * 2 M rechts zusammenstr, 1 M links *, von * bis * stets wiederholen (= 75 – 81 – 87 M). Zwei Rd mit 2 M rechts, 1 M links str. In der nächsten Rd wie folgt abnehmen: * 2 rechts zusammenstr, 1 M links *, von * bis * stets wiederholen (= 50 – 54 – 58 M). Zwei Rd mit 1 M rechts, 1 M links str. In der nächsten Rd jeweils 2 M rechts zusammenstr (= 25 – 27 – 29 M). 1 Rd rechts, in der nächsten Rd wieder jeweils 2 M rechts zusammenstr (= 13 – 14 – 15 M). Den Faden abschneiden, durch die restlichen M ziehen und gut vernähen.
Den gestreiften Rand des Bündchens nach außen umschlagen.
Eine Bommel mit ca. 6 – 7 – 8 cm Durchmesser in Fb 2 anfertigen und an der Spitze der Mütze annähen. Alternativ kann man auch eine Fellbommel annähen.

STRICKSCHRIFT

V	V	V		V	V	V	
	V				V		
V	V	V		V	V	V	
	V				V		

Rapport (Reihen) – Rapport (Maschen)

Hier mit der Mütze beginnen

☐ In Hinr rechts, in Rückr links str

V In Hinr links, in Rückr rechts str

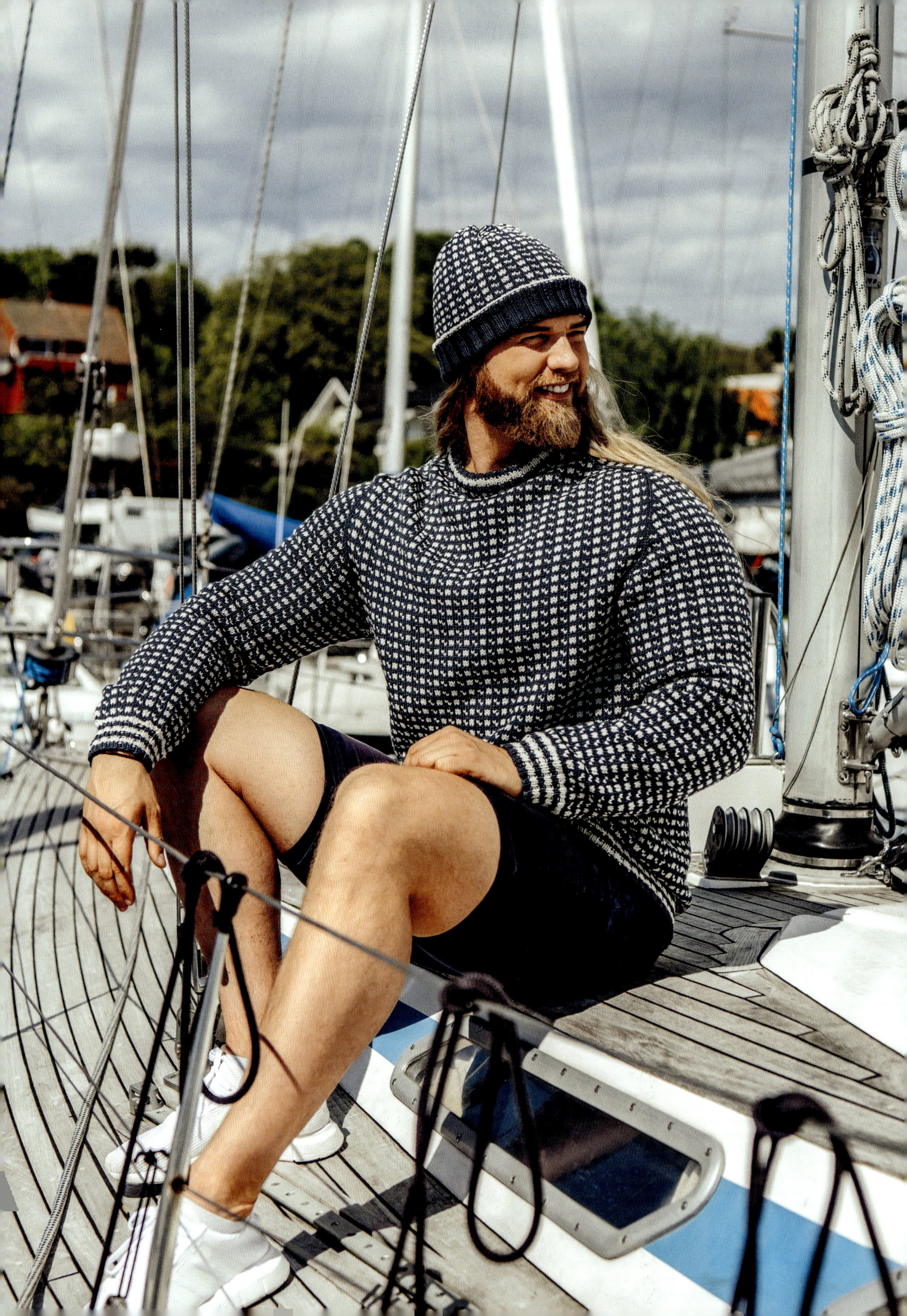

SAGA
MÜTZE

Eine warme Mütze passend zum Saga-Pullover.

SCHWIERIGKEITSGRAD 2

GRÖSSEN
2/4 – 6/8 – 10/12 Jahre – Damen – Herren

FERTIGMASSE
Umfang der Mütze ca. 43 – 46 – 48 – 50 – 52 cm

MATERIAL
Gann Garn Myk Merino (100 % Merino, ca. 120 m/50 g) in Schiefer (Fb 707), 50 g – 50 g – 50 g – 100 g – 100 g, und in Natur (Fb 701), 50 g für alle Größen
Rundstricknadel 3,5 und 4,0 mm
Nadelspiel 4,0 mm

TIPP: Beim Musterstricken mit mehreren Farben zieht sich das Gestrick oft zusammen. Man sollte daher besonders gut auf eine korrekte Maschenprobe achten und bei Bedarf ½ bis 1 Nadelstärke größer wählen.

MASCHENPROBE
Glatt rechts mit Nd 4,0 mm
24 M = ca. 10 cm
Beachte, dass die Maschenprobe stimmen muss, damit Du mit dem Ergebnis zufrieden bist. Stricke zunächst ein Probestück und zähle die Zahl der Maschen auf 10 cm. Wenn Du mehr Maschen hast als angegeben, nimm eine größere Nadelstärke. Hast Du weniger Maschen, nimm dünnere Nadeln.

ANLEITUNG

96 – 100 – 108 – 116 – 120 M in Fb 1 mit Nd 3,5 mm anschl.

Im Bündchenmuster (2 M rechts, 2 M links) mit Streifen in Rd wie folgt str: * 1 – 1 – 1 – 2 – 3 Rd in Fb 1, 1 – 1 – 1 – 2 – 3 Rd in Fb 2 * . Der M-Anschlag zählt als 1. Rd. Von * bis * wiederholen, bis die Arbeit ca. 4 – 4 – 5 – 5 – 6 cm misst. Mit Fb 2 enden. Dann zu Fb 1 wechseln und ca. 3 – 4 – 5 – 5 – 6 cm im Bündchenmuster (2 M rechts, 2 M links) str.

Zu Nd 4,0 mm wechseln.

Nun das Farbmuster weiter nach der Strickschrift str und gleichzeitig in der 2. Rd gleichmäßig verteilt 6 – 8 – 6 – 4 – 6 M zunehmen (= 102 – 108 – 114 – 120 – 126 M). Wenn der Farbmusterteil ca. 14 – 16 – 18 – 20 – 22 cm misst, mit den Abnahmen beginnen:

Zu Fb 1 wechseln, * 4 M rechts, 2 M rechts zusammenstr *, von * bis * wiederholen bis zum Ende der Rd. Eine Rd glatt rechts ohne Abnahmen str. * 3 M rechts, 2 M rechts zusammenstr *, von * bis * wiederholen bis zum Ende der Rd.

Die Abnahmen in jeder 2. Rd wiederholen, aber jeweils mit einer M weniger zwischen den Abnahmen, bis es 34 – 36 – 38 – 40 – 42 M sind. In der nächsten Rd fortlaufend je 2 M rechts zusammenstr (= 17 – 18 – 19 – 19 – 20 M). Den Faden abschneiden, durch die restlichen M ziehen und gut auf der Innenseite vernähen.

Für die Kinder- und die Damenmütze eine Bommel in Fb 2 mit 6 – 6 – 6 – 8 cm Durchmesser anfertigen und an der Spitze der Mütze annähen.

Das Bündchen doppelt nach außen umschlagen.

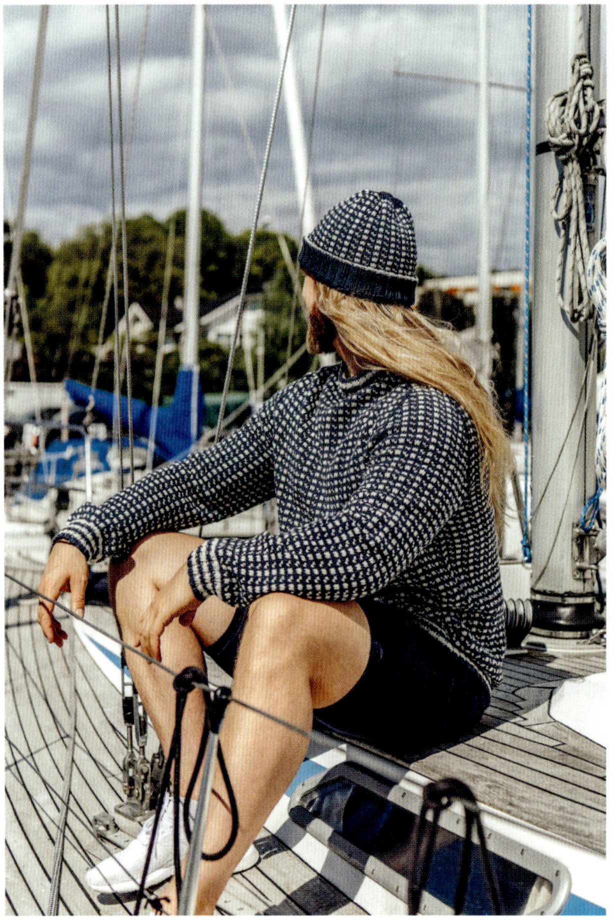

STRICKSCHRIFT

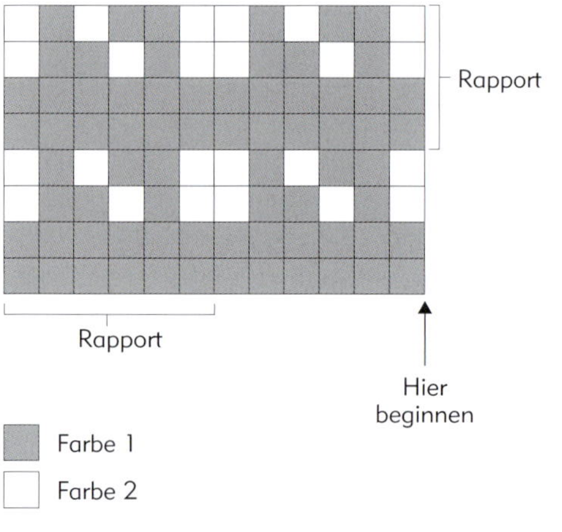

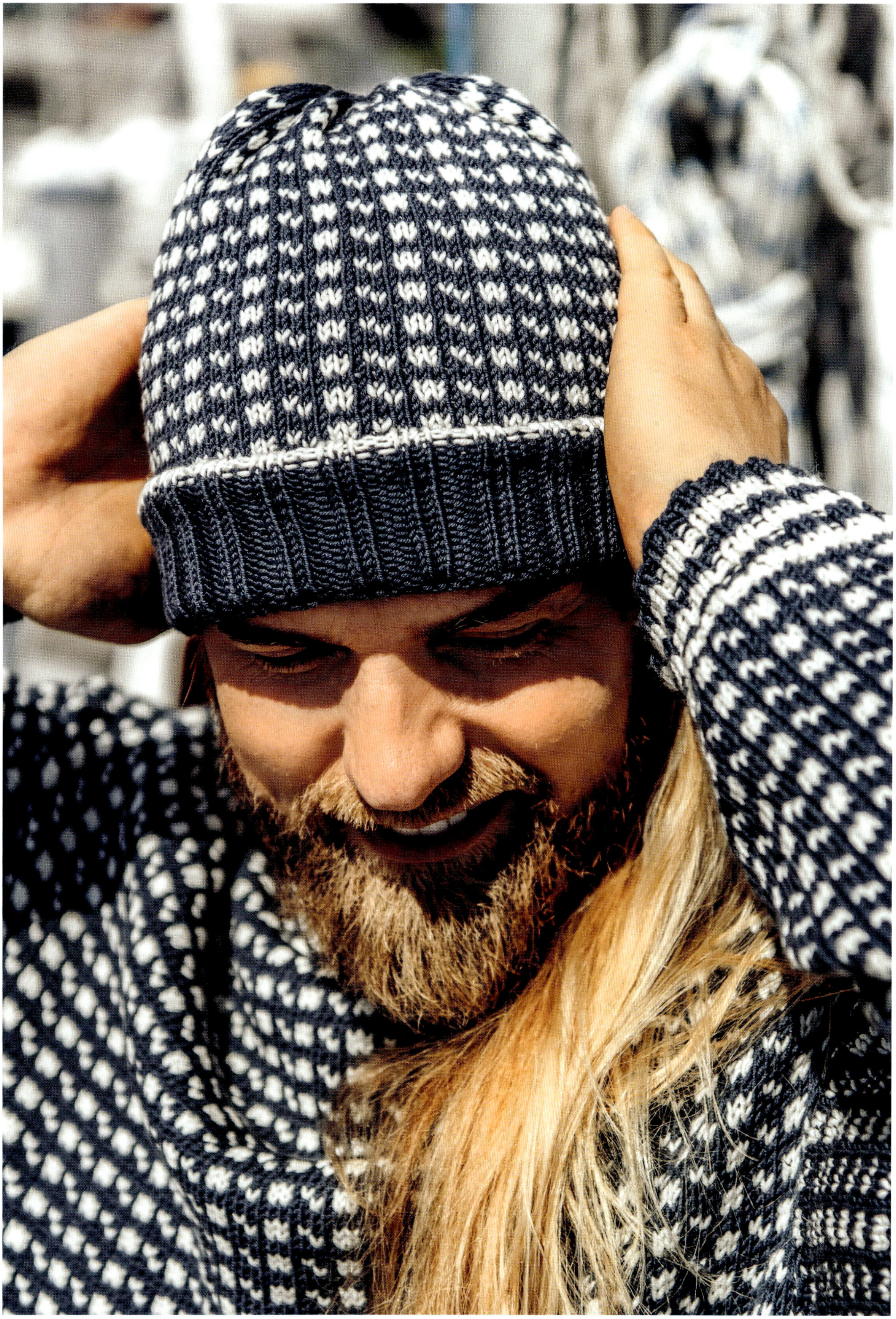

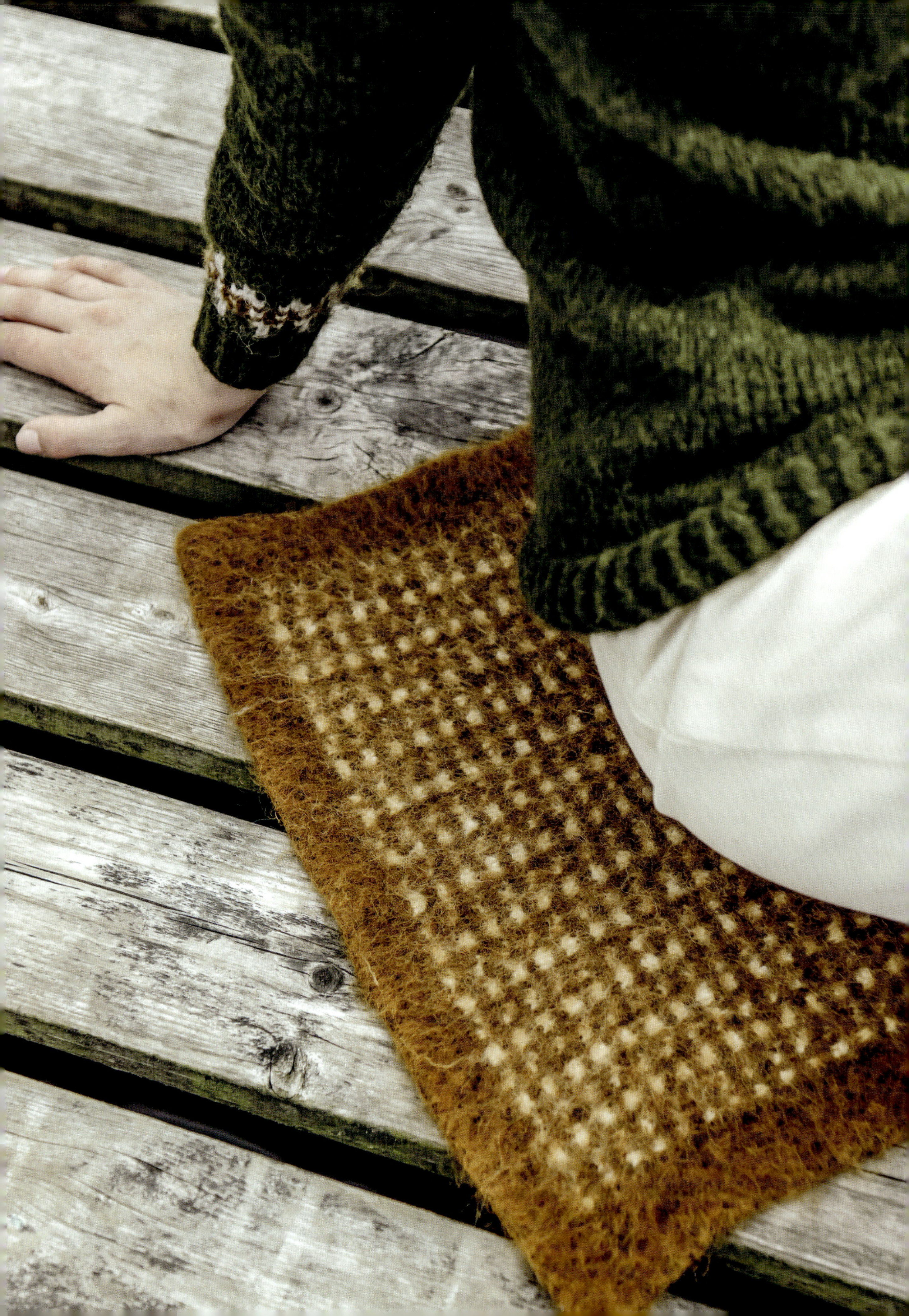

SAGA

SITZUNTERLAGE

Nicht nur Mützen und Handschuhe können alle gebrauchen, sondern auch diese warmen Sitzunterlagen. Man kann sie aus Resten für die ganze Familie stricken – eine schöne Geschenkidee.

SCHWIERIGKEITSGRAD 2

GRÖSSEN

Vor dem Filzen ca. 58 x 50 cm
Fertig gefilzt ca. 40 x 35 cm

MATERIAL

Gann Garn Sky (62 % Babyalpaka, 16 % Acryl, 22 % Nylon, ca. 150 m/50 g) in Cognac (Fb 604) (Fb 1), 100 g, und in Hellbeige (Fb 605) (Fb 2), 50 g
Alternative Farben: Grau (Fb 607) und Weiß (Fb 600), s. S. 182
Rundstricknadel 6,0 mm

MASCHENPROBE

Im Muster mit Nd 6,0 mm
17 M = ca. 10 cm
Beachte, dass die Maschenprobe stimmen muss, damit Du mit dem Ergebnis zufrieden bist. Stricke zunächst ein Probestück und zähle die Zahl der Maschen auf 10 cm. Wenn Du mehr Maschen hast als angegeben, nimm eine größere Nadelstärke. Hast Du weniger Maschen, nimm dünnere Nadeln.

> **TIPP:** Beim Musterstricken mit mehreren Farben zieht sich das Gestrick oft zusammen. Man sollte daher besonders gut auf eine korrekte Maschenprobe achten und bei Bedarf ½ bis 1 Nadelstärke größer wählen.

ANLEITUNG

98 M mit Nd 6,0 mm anschl.

In Hin- und Rückr im Rippenmuster str:

1. R (Hinr): Alle M rechts str.
2. R (Rückr): * 1 M rechts, 1 M links str *, von * bis * wiederholen bis zum Ende der R.

Diese zwei R wiederholen bis die Arbeit ca. 5 cm misst.

In der nächsten Hinr 10 M wie bisher im Rippenmuster str (= rechter Rand), dann 78 M im Farbmuster nach der Strickschrift und wieder 10 M im Rippenmuster str (= linker Rand). Mit dieser Einteilung weiterstr, bis die Arbeit ca. 45 cm misst, dabei mit 2 R in Fb 1 in der Strickschrift enden. Nochmals 5 cm im Rippenmuster über alle M str. Abketten.

Alle Fäden sorgfältig vernähen.

FILZEN

Die Arbeit in der Waschmaschine mit einem Kurzprogramm auf 40 Grad mit normalem Waschmittel waschen.

Danach die Sitzunterlage in Form ziehen und flach zum Trocknen auslegen.

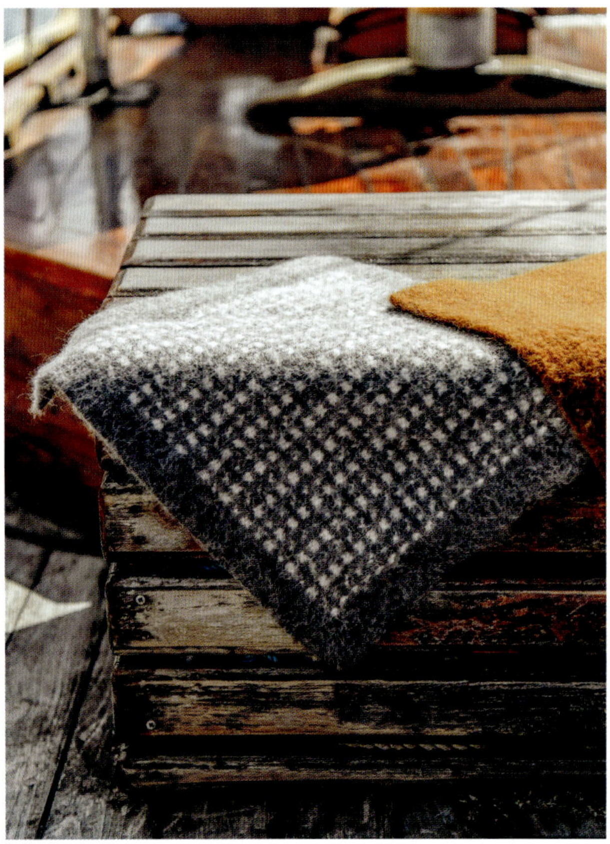

STRICKSCHRIFT

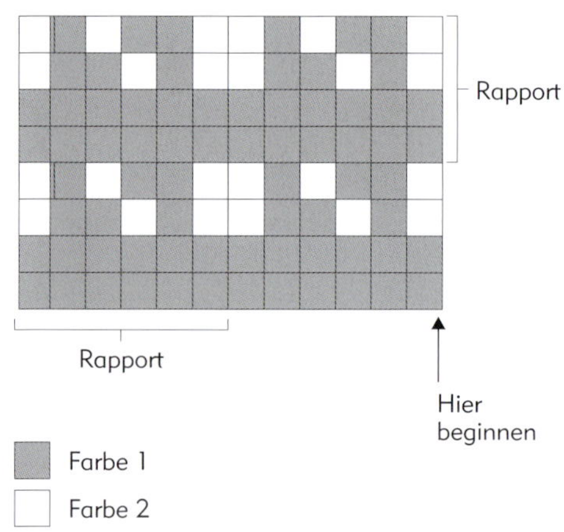

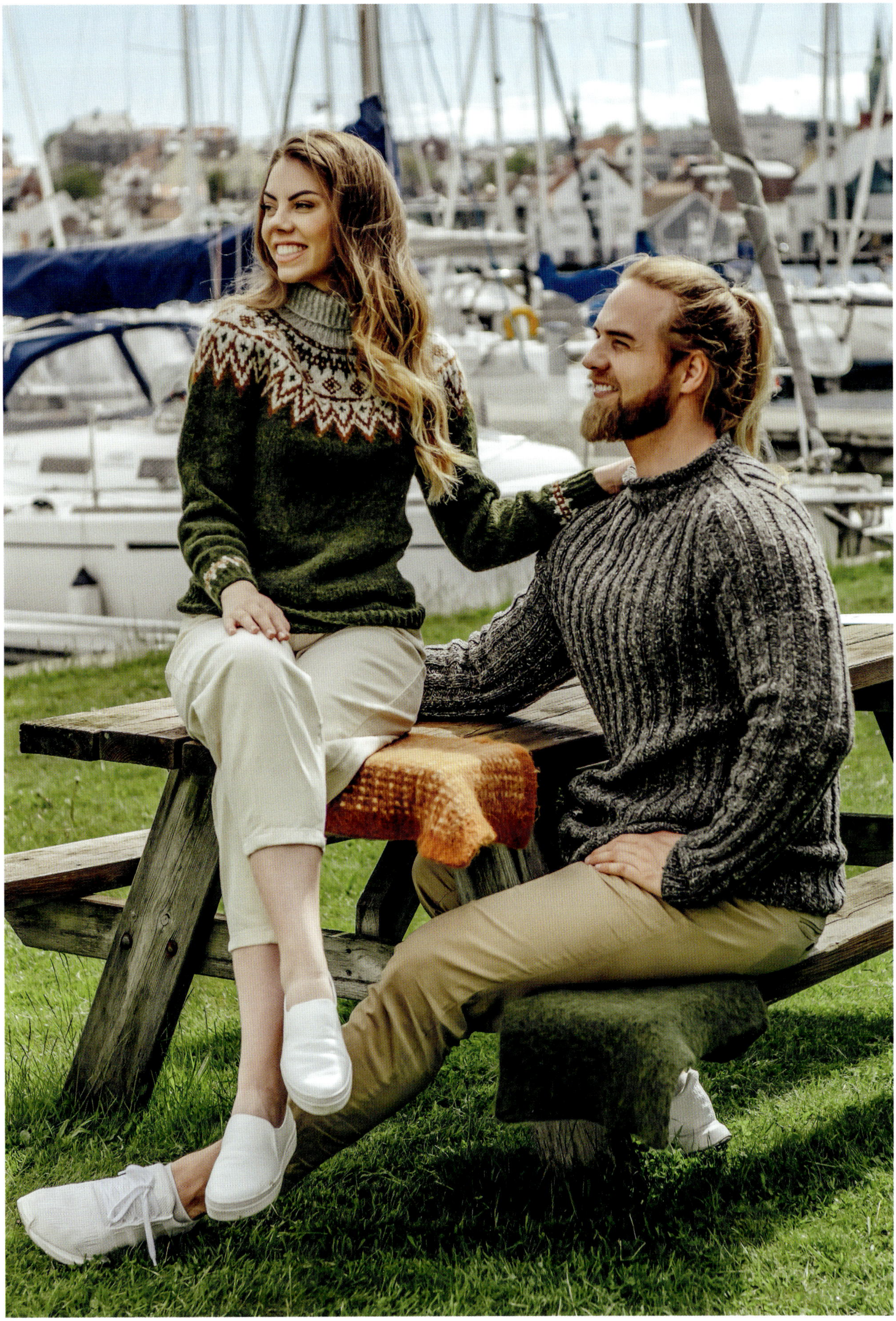

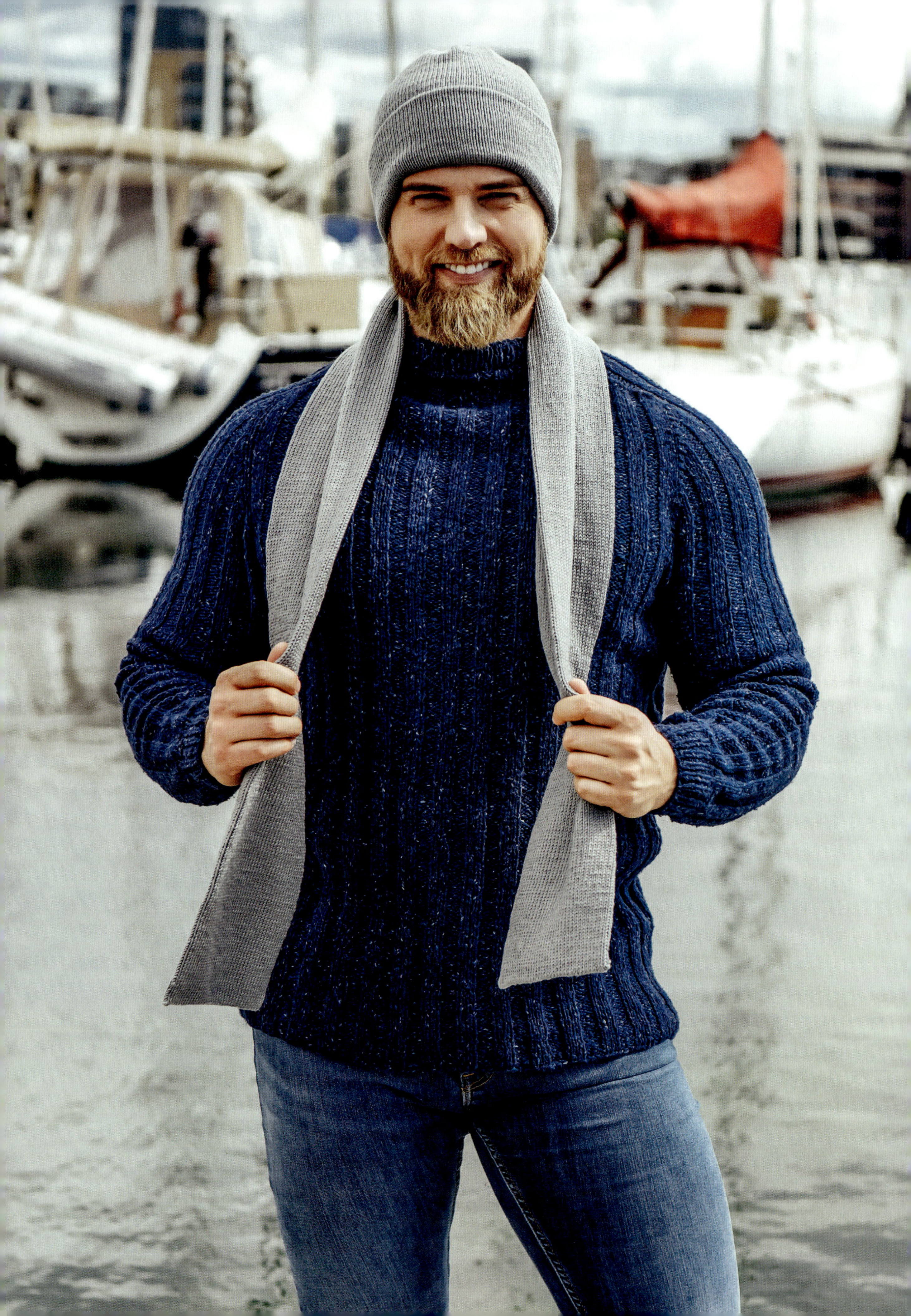

RUNDGESTRICKTER SCHAL

Ein stylischer Schal, den man auch noch größer stricken kann.

SCHWIERIGKEITSGRAD 1

GRÖSSEN
Kinder – Damen – Herren

MATERIAL
Gann Garn Myk Merino (100 % Merino, ca. 120 m/ 50 g) in Hellgrau (Fb 706), 250 g – 300 g – 350 g
Kurze Rundstricknadel 4,0 mm

MASCHENPROBE
Glatt rechts mit Nd 4,0 mm
24 M = ca. 10 cm
Beachte, dass die Maschenprobe stimmen muss, damit Du mit dem Ergebnis zufrieden bist. Stricke zunächst ein Probestück und zähle die Zahl der Maschen auf 10 cm. Wenn Du mehr Maschen hast als angegeben, nimm eine größere Nadelstärke. Hast Du weniger Maschen, nimm dünnere Nadeln.

ANLEITUNG
62 – 72 – 82 M mit Nd 4,0 mm anschl.
In Rd glatt rechts str, bis die Arbeit ca. 140 – 160 – 170 cm lang ist oder die gewünschte Länge hat.
Abketten.
Die Arbeit flach auslegen und an beiden Enden entweder zusammennähen oder -str.
Dann den Schal mit einem feuchten Tuch leicht dämpfen, damit die Kanten markanter werden.

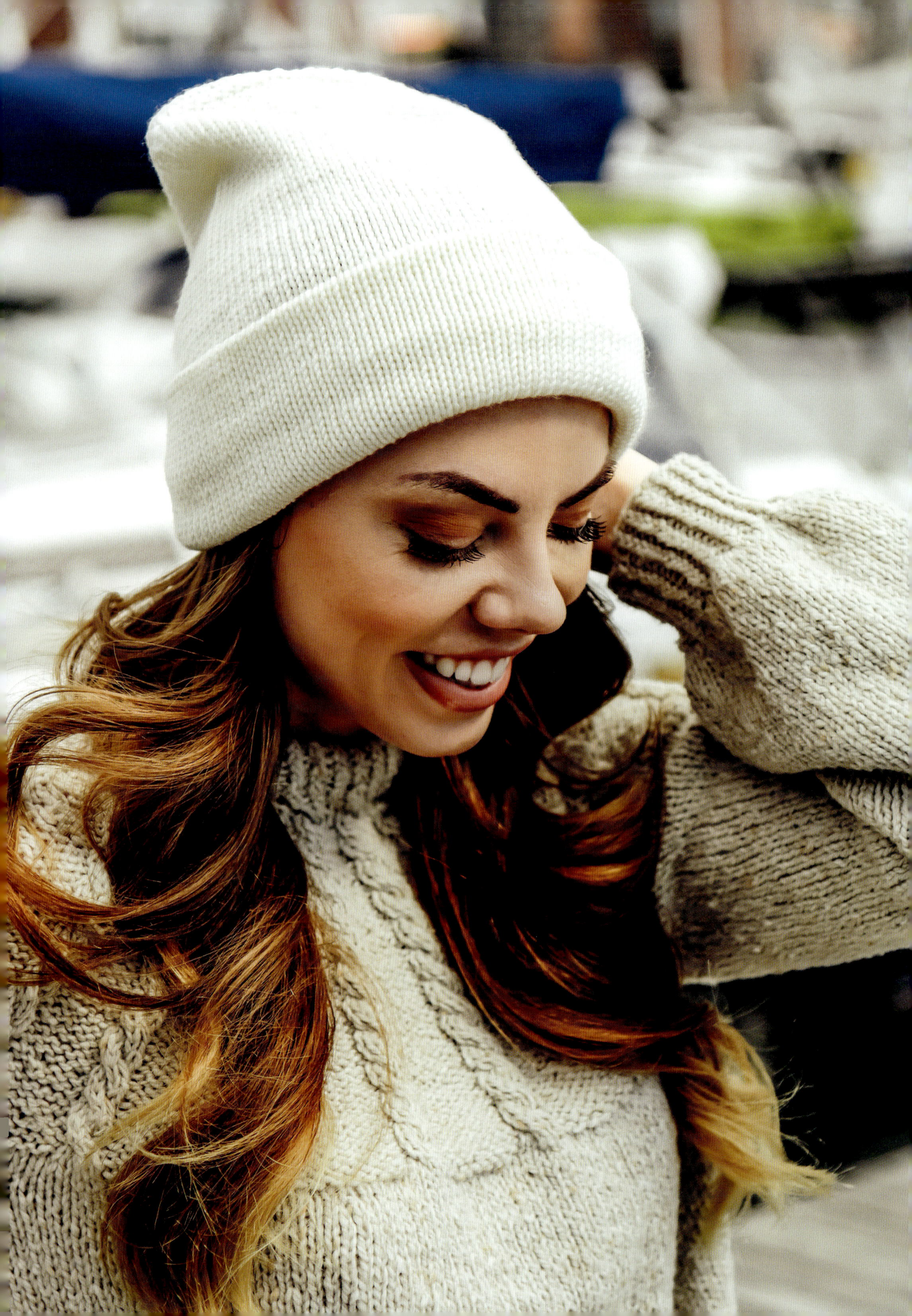

MÜTZE
MIT DOPPELTEM UMSCHLAG

Mit diesem feinen, weichen Strick ist man immer perfekt angezogen.

SCHWIERIGKEITSGRAD 1

GRÖSSEN
2/4 – 6/8 – 10/12 Jahre – Damen – Herren

MATERIAL
Gann Garn Myk Merino (100 % Merino, ca. 120 m/ 50 g) in Natur (Fb 701), 100 g – 100 g – 100 g – 150 g – 150 g
Alternative Farbe: Schiefer (Fb 707), s. S. 184
Rundstricknadel und Nadelspiel 4,0 mm

MASCHENPROBE
Glatt rechts mit Nd 4,0 mm
24 M = ca. 10 cm
Beachte, dass die Maschenprobe stimmen muss, damit Du mit dem Ergebnis zufrieden bist. Stricke zunächst ein Probestück und zähle die Zahl der Maschen auf 10 cm. Wenn Du mehr Maschen hast als angegeben, nimm eine größere Nadelstärke. Hast Du weniger Maschen, nimm dünnere Nadeln.

ANLEITUNG
92 – 96 – 100 – 108 – 120 M mit Nd 4,0 mm anschl. 9 – 13 – 17 – 21 – 23 cm in Rd glatt rechts str. In der letzten Rd 4 M gleichmäßig verteilt abnehmen (= 88 – 92 – 96 – 104 – 112 M). Dieser Teil der Mütze wird später nach außen umgeschlagen.
Nun die Arbeit auf links drehen und mit dem eigentlichen „Mützenteil" weiterarbeiten. Ab hier wird jetzt auch gemessen. 12 – 13 – 14 – 16 – 17 cm weiter glatt rechts str. Diese Seite liegt später außen.
Jetzt hast Du ein langes schlauchförmiges Teil, bei dem im unteren Teil (der später umgeschlagen wird) die Innenseite außen liegt.
Nach jeweils 22 – 23 – 24 – 26 – 28 M insgesamt vier M-Markierer setzen. Dann wie folgt abnehmen: Vor jedem der Markierer 2 M rechts verschränkt zusammenstr und nach jedem Markierer 2 M rechts zusammenstr. (= 8 M Abnahme). Diese Abnahmen in jeder 2. Rd insgesamt 6 – 9 – 10 – 11 – 12x arbeiten, danach in jeder Rd noch 4 – 1 – 1 – 1 – 1x (= 8 – 12 – 8 – 8 – 8 M). Den Faden abschneiden, durch die restlichen M ziehen und auf der Innenseite sorgfältig vernähen.

FERTIGSTELLEN
Die ersten 3,5 – 5,5 – 7,5 – 9,5 – 10,5 cm nach außen falten und mit lockeren Stichen ca. 2 cm unter dem Übergang zur „eigentlichen" Mütze annähen. Die Umschlagkante noch einmal nach außen umschlagen (= doppelter Umschlagrand). Nun wird nur noch der glatt rechts gestrickte Teil der Mütze sichtbar sein. Zum Schluss die Mütze leicht mit einem feuchten Tuch dämpfen, damit die Umschlagkanten markanter werden.

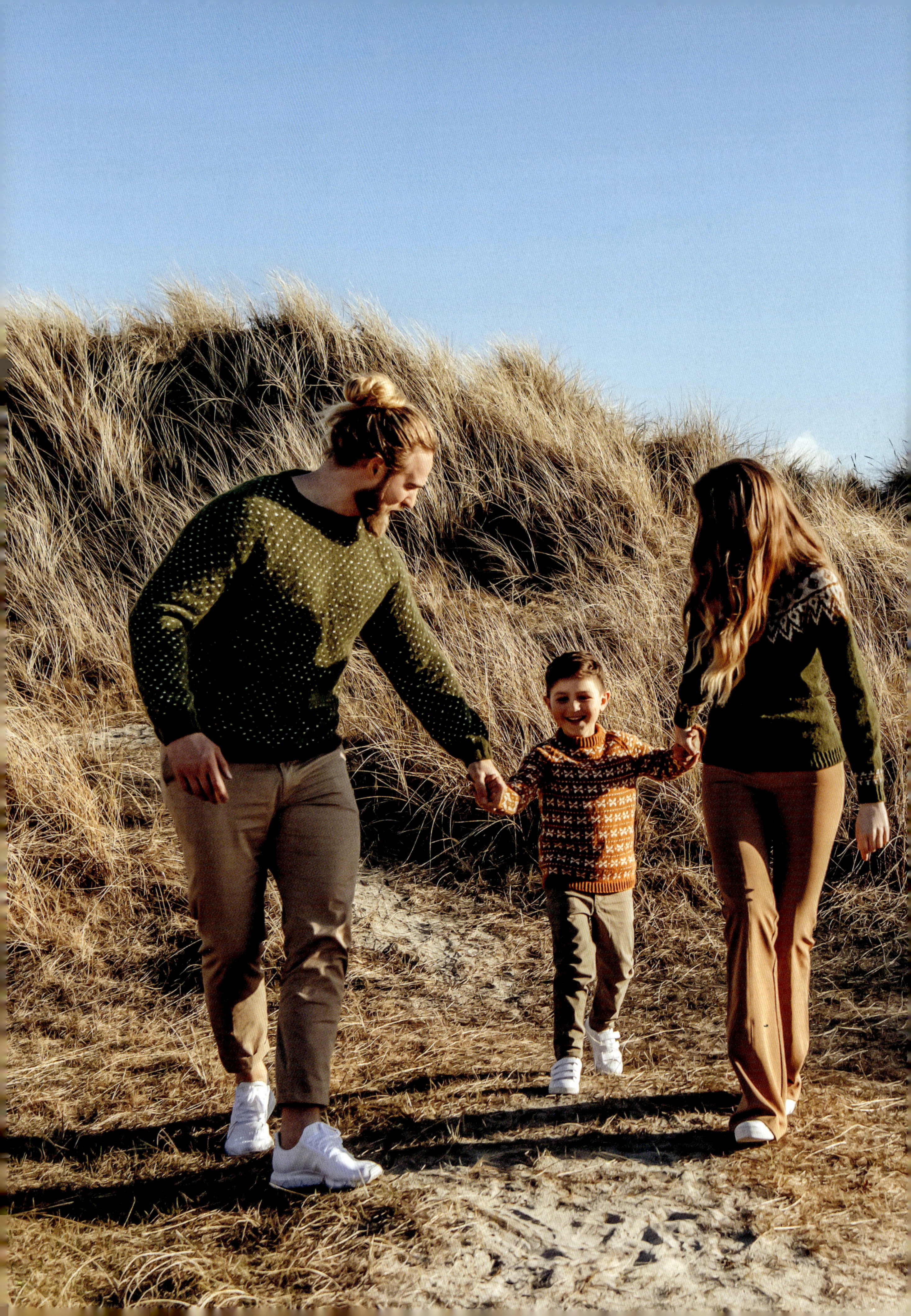

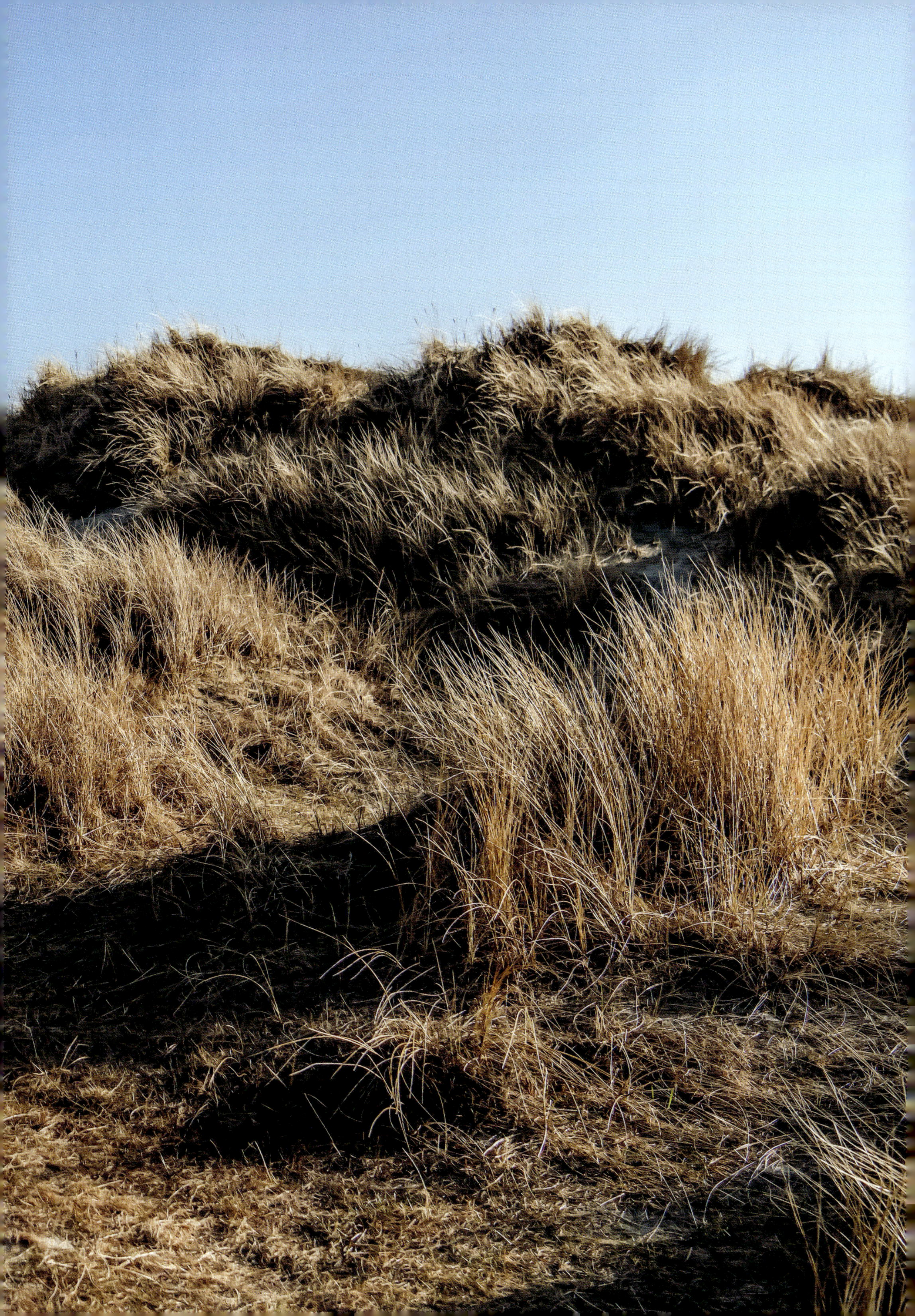

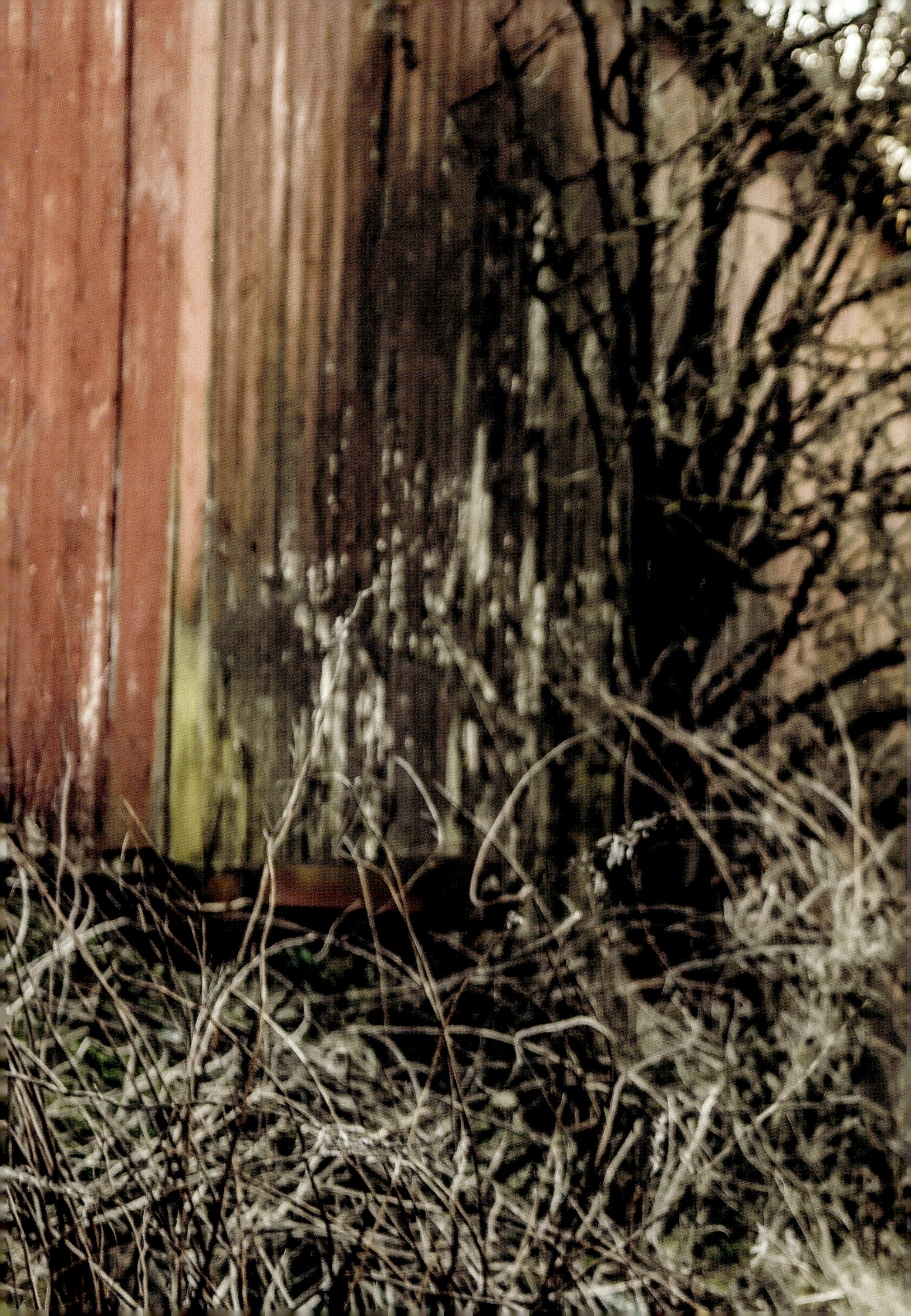

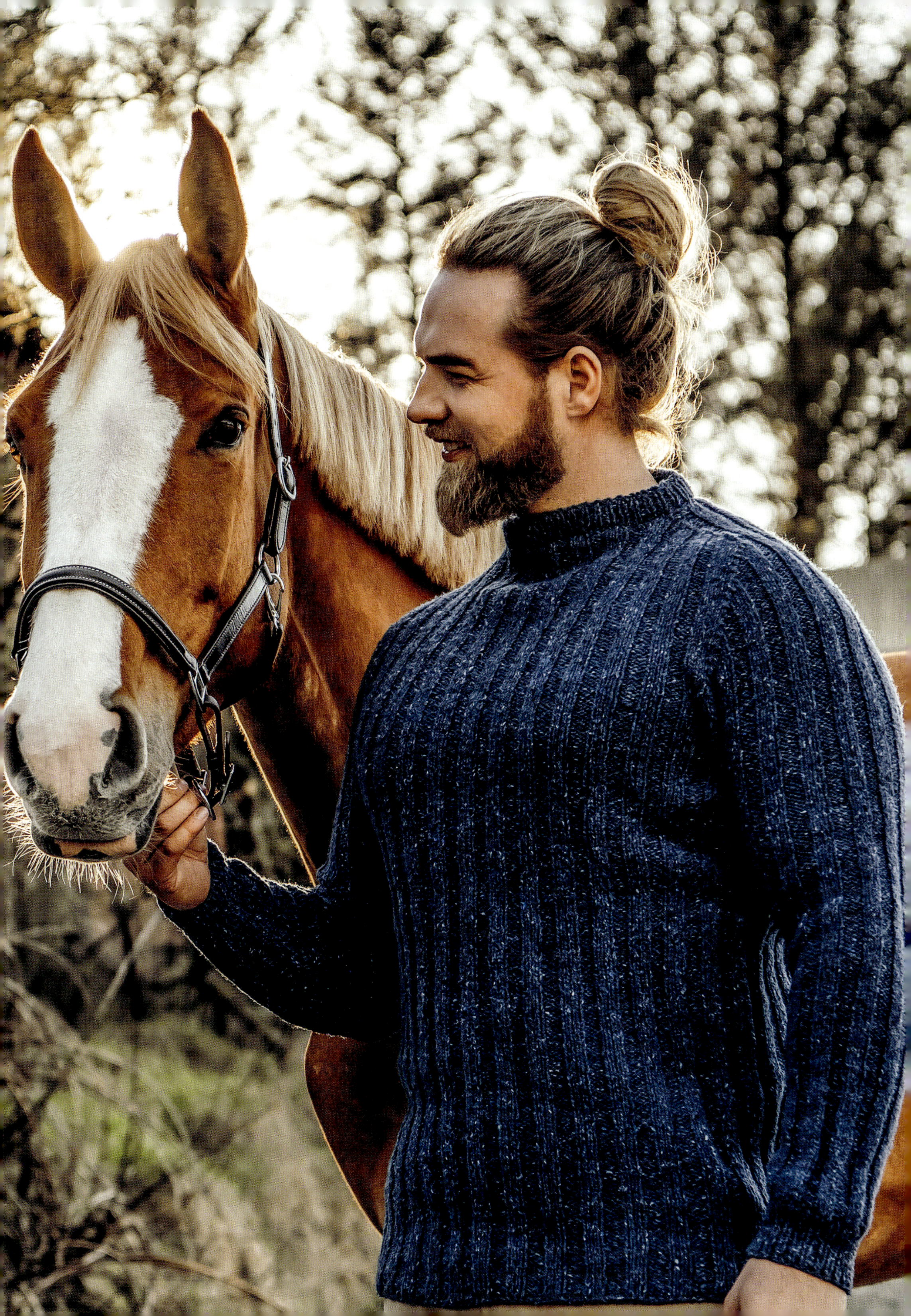